Linguagem e discurso
modos de organização

Patrick Charaudeau

Linguagem e discurso
modos de organização

Organização
Aparecida Lino Pauliukonis
Ida Lúcia Machado

Coordenação da equipe de tradução
Angela M. S. Corrêa
Ida Lúcia Machado

editora**contexto**

Copyright© 2008 Patrick Charaudeau

Todos os direitos desta edição reservados à
Editora Contexto (Editora Pinsky Ltda.)

Capa e diagramação
Gustavo S. Vilas Boas

Revisão
Angela M. S. Corrêa

Dados Internacionais de Catalogação na Publicação (CIP)
(Câmara Brasileira do Livro, SP, Brasil)

Charaudeau, Patrick
Linguagem e discurso: modos de organização / Patrick
Charaudeau ; [coordenação da equipe de tradução Angela M. S.
Corrêa & Ida Lúcia Machado]. – 2. ed., 4ª reimpressão. –
São Paulo : Contexto, 2019.

Vários tradutores
ISBN 978-85-7244-369-2

1. Análise do discurso 2. Comunicação 3. Linguagem
I. Título.

07-4281	CDD-401.41

Índice para catálogo sistemático:
1. Análise do discurso : Comunicação : Linguagem   401.41

2019

EDITORA CONTEXTO
Diretor editorial: *Jaime Pinsky*

Rua Dr. José Elias, 520 – Alto da Lapa
05083-030 – São Paulo – SP
PABX: (11) 3832 5838
contato@editoracontexto.com.br
www.editoracontexto.com.br

Sumário

Prefácio

A linguagem é própria do homem. Desde a Antiguidade que os filósofos o repetem, o que vem sendo confirmado pelas ciências sociais através de suas análises e experimentos.

É a linguagem que permite ao homem pensar e agir. Pois não há ação sem pensamento, nem pensamento sem linguagem. É também a linguagem que permite ao homem viver em sociedade. Sem a linguagem ele não saberia como entrar em contato com os outros, como estabelecer vínculos psicológicos e sociais com esse outro que é, ao mesmo tempo, semelhante e diferente. Da mesma forma, ele não saberia como constituir comunidades de indivíduos em torno de um "desejo de viver juntos". A linguagem é um poder, talvez o primeiro poder do homem.

Mas esse poder da linguagem não cai do céu. São os homens que o constroem, que o amoldam através de suas trocas, seus contatos ao longo da história dos povos. Assim, é forçoso considerar que a linguagem é um fenômeno complexo que não se reduz ao simples manejo das regras de gramática e das palavras do dicionário, como tendem a fazer crer a escola e o senso comum. A linguagem é uma atividade humana que se desdobra no teatro da vida social e cuja encenação resulta de vários componentes, cada um exigindo um "savoir-faire", o que é chamado de *competência*. Uma competência *situacional*, pois não há ato de linguagem que se produza fora de uma situação de comunicação. Isso nos obriga a levar em consideração a *finalidade* de cada situação e a *identidade* daqueles (locutores e interlocutores) que se acham implicados e efetuam trocas entre si. Uma competência *semiolinguística* que consiste em saber organizar a encenação do ato de linguagem de acordo com determinadas visadas (enunciativa, descritiva, narrativa, argumentativa), recorrendo às categorias que cada língua nos oferece. Enfim, a competência *semântica* que consiste em saber construir sentido com a ajuda de formas verbais (gramaticais ou lexicais), recorrendo aos saberes de conhecimento e de crença que circulam na sociedade, levando em conta os dados da situação de comunicação e os mecanismos de encenação do discurso.

Esse conjunto de competências constitui o que se chama de *competência discursiva,* e é fazendo-a funcionar que se produzem atos de linguagem portadores de sentido e de vínculo social.

*   *

*

Este livro é o resultado de um magnífico trabalho de adaptação, levado a efeito por um grupo de professores e pesquisadores brasileiros, a partir de alguns de meus trabalhos. Apresenta ao mesmo tempo os dados dessa concepção da linguagem e as maneiras de organizar a encenação discursiva, o que é a condição *sine qua non* para poder comunicar. Mas deve ser considerado um meio de analisar o discurso e não como um fim em si.

Espero que esse livro permita a todos os pesquisadores e professores, mas também a todos os apaixonados pela linguagem, analisar as especificidades dos discursos que circulam na sociedade brasileira, pois é fato que todo discurso é um testemunho das especificidades culturais de cada país.

Patrick Charaudeau
(Tradução: Angela M. S. Corrêa)

Apresentação

Esta obra é o resultado de um trabalho conjunto de alguns pesquisadores de três Laboratórios de Pesquisa em Análise do Discurso: o *CIAD-Rio* (Círculo Interdisciplinar de Análise do Discurso), da Faculdade de Letras da UFRJ, e o *NAD* (Núcleo de Análise do Discurso) da Faculdade de Letras da UFMG, no Brasil; e o CAD (Centre d'Analyse du Discours) de Paris XIII, na França. Por vários anos, os laboratórios de pesquisa brasileiros acima citados mantiveram convênios com o CAD, através das modalidades de acordo CAPES/COFECUB. Essa parceria trouxe boas contribuições para nossa pesquisa, seja na formação de professores e de pesquisadores, seja no intercâmbio e/ou na promoção de uma maior visibilidade das referidas instituições no exterior.

Apesar dessas profícuas relações, uma parte importante dos estudos de Patrick Charaudeau ainda não estava ao alcance do público brasileiro. Cientes dessa lacuna e da relevância do trabalho do referido teórico, os pesquisadores brasileiros se reuniram em torno de alguns de seus escritos, sobretudo aqueles que espelham as linhas gerais de sua *Teoria Semiolinguística*, traduzindo-os e adaptando-os para a língua portuguesa.

Gostaríamos de chamar a atenção do leitor para o caráter de "adaptação" acima mencionado. É possível que muitos pesquisadores que já tenham estudado a Teoria Semiolinguística reconheçam algumas passagens de obras já publicadas pelo supracitado pesquisador. No entanto, nossa equipe, sob sua supervisão, empreendeu um trabalho de junção de vários escritos, fazendo com que o presente livro esteja mais próximo de uma obra inédita do que de uma tradução/junção propriamente dita. Neste livro, muitos conceitos foram atualizados e/ou remodelados, vários quadros foram revistos e representados de acordo com o atual estágio da teoria, várias outras formulações ganharam matizes mais contemporâneos e os exemplos foram transpostos para a realidade brasileira.

A presente obra se justifica por várias razões. Cabe notar que o linguista que a inspirou sempre expôs concepções audaciosas e inovadoras sobre a Análise do Discurso. Destaquem-se entre elas: a noção de Ato de Linguagem e os papéis dados aos diferentes sujeitos que dele participam, sujeitos psicossociais e linguageiros, internos e externos a tal Ato; a partir daí, a importância que é dada tanto ao seu sentido explícito como ao seu sentido implícito, levando sempre em conta as circunstâncias do discurso que determinam tais Atos; os contratos que os regem; os diferentes procedimentos discursivos pelos quais o discurso pode se organizar e que são de ordem enunciativa, descritiva, narrativa e argumentativa.

Tal análise do discurso pretende, assim, compreender como o ser humano tem acesso a informações, partilha visões de mundo, produz conhecimento e interage com seus parceiros em diversas situações discursivas.

A disposição do livro obedece a duas grandes linhas de pensamento de Patrick Charaudeau, que são complementares: a primeira oferece uma reflexão sobre o Discurso e sobre os protagonistas do Ato de Linguagem, levantando a questão do sentido discursivo; a segunda expõe princípios básicos que dizem respeito à organização discursiva dos diferentes atos de comunicação com os quais somos confrontados enquanto sujeitos falantes ao longo de nossos dias, ao longo de nossas vidas.

Este livro representa também a concretização de mais uma etapa da parceria mantida, há anos, entre os pesquisadores do *CIAD-Rio* e do *NAD* com o criador da Teoria Semiolinguística, através de congressos, pesquisas e publicações conjuntas.

O livro tem dois objetivos básicos: (i) mostrar a visão que Patrick Charaudeau tem sobre o ato de linguagem: trata-se de um rico e complexo fenômeno de comunicação, uma atividade que se desenrola no teatro da vida de cada indivíduo e cuja colocação em cena resulta de vários componentes linguísticos e situacionais; (ii) divulgar para o público brasileiro noções analítico-discursivas que primam por sua coerência e clareza e que, por isso mesmo, constituem um excelente instrumental teórico, que pode ser aplicado na análise de diferentes *corpora* ligados a este objeto tão fluido, porém, tão fascinante que é o Discurso.

As organizadoras

PRIMEIRA PARTE

Uma problemática semiolinguística do estudo do discurso

Problemas de abordagem na análise do discurso

I. Introdução a uma problematização do discurso

1. Iniciamos este livro por uma exploração aérea de um determinado território, pois se é verdade que, no domínio dito das ciências humanas, os territórios acabam por se confundir pela impossibilidade de se definir fronteiras com exatidão, então torna-se necessário que o explorador-linguista comece por esboçar uma ideia das características e dos limites que determinam o território que quer explorar.

Desse modo, propomos-nos realizar um primeiro percurso de reconhecimento do que chamaremos o *campo da linguagem* e, assim como o explorador, utilizaremos documentos que já tratam da questão a fim de construirmos um certo saber inicial que nossa atividade ulterior confirmará, contestará ou deslocará.

Um esclarecimento se faz necessário: esta exploração não será nem histórica, nem exegética.

2. Ela não será histórica por duas razões. A primeira diz respeito ao objetivo. Não é nosso propósito fazer uma história das teorias linguísticas[1] a partir de sua origem. Seria necessário para isso todo um livro – ou mesmo vários livros – e vemos com dificuldade de que maneira se poderia escrever um livro concatenado a vários outros[2], a não ser no caso de se querer multiplicar os objetivos, o que nos levaria, no fim das contas, a confundi-los.

---

[1] "Linguística" é tomada aqui no sentido amplo, englobando as diferentes atividades que tratam da linguagem.

[2] Não negamos que possam existir tipos de escritura que integram "vários livros em um único", mas trata-se evidentemente de outro caso, que implica uma outra definição do termo "livro".

A segunda razão é de outra natureza. Ela provém diretamente de uma certa problemática da linguagem – problemática esta que pretendemos defender ao longo deste livro. De fato, o fenômeno que ocorre na história das teorias linguísticas não é o mesmo que se dá na história das teorias científicas, mais especificamente no domínio das ciências ditas exatas. Parece que, para estas últimas, o fenômeno de acumulação das teorias já existentes desempenha um papel mais determinante na constituição do objeto científico e dos instrumentos de análise, do que no caso das ciências humanas. É como se toda nova construção teórica tivesse que passar por um determinado itinerário de pensamento único: dessa forma, a acumulação do saber teria de seguir uma via prévia, já traçada e obrigatória para todos. Evidentemente, é preciso ser prudente quando se lança esse tipo de propósito, pois se buscássemos verificá-lo pelo testemunho dos cientistas, nos depararíamos com o problema da diversidade das representações do vivido. Encontraríamos, certamente, físicos ou químicos que diriam ser incapazes de definir um itinerário único e que acreditam que o deles não é o mesmo deste ou daquele colega. Inversamente, encontraríamos linguistas ou sociólogos para dizerem que não há mil itinerários a seguir para quem se interessa pelos problemas da linguagem ou da sociedade.

Há, entretanto, uma diferença notável no processo histórico destes dois domínios e que se deve, parece-nos, ao fenômeno da *interpretação* na atividade científica. Descrever esse fenômeno com exatidão em uma disciplina científica é quase que impossível. No entanto, as ciências exatas não constroem suportes, apoios, que lhes asseguram uma determinada fiabilidade nos instrumentos de análise? Nestas ciências, há a possibilidade de determinar campos de experiência, de estabelecer parâmetros, de proceder a operações de experimentação que são *verificáveis e reprodutíveis* por outros sujeitos, além do experimentador de origem.

Na linguística, sempre temos dificuldade para entrar no campo da experiência empreendida por um outro pesquisador. Não compreendemos os parâmetros da maneira pela qual nos são propostos e nunca estamos certos de poder reproduzir as operações de experimentação de uma maneira idêntica, isso porque raramente chegamos a um mesmo resultado. Nas ciências exatas há um trabalho de formalização, que garante a separação entre o objeto e o instrumento de análise, assim como sua respectiva autonomia[3]. Na linguística, nunca estamos certos de estar lidando com uma linguagem-objeto, com uma linguagem-instrumento de análise ou com uma linguagem-instrumento de interpretação. Apesar de todas as tentativas de construção de metalinguagens – inclusive aquelas que foram fundadas sobre bases lógico-matemáticas – não sabemos *colocar o objeto de estudo à distância*, nem construir axiomáticas que não sejam suspeitas de artifício científico ou não possam ser confundidas com a linguagem natural.

---

[3] O que não quer dizer sua independência.

Esta dificuldade de verificar, reproduzir, formalizar, enfim, de pôr o objeto linguístico à distância e de fixar os instrumentos de análise explica, para nós, a inexistência de um itinerário único e obrigatório concernente à formação do pensamento linguístico. Por outro lado, teríamos como prova o fato de que os linguistas modernos vêm de horizontes de pensamento diversos, tais como a filosofia, a literatura, as línguas estrangeiras, a gramática e a filologia e até mesmo a sociologia, a psicologia e a matemática, entre outras disciplinas. Defender o ponto de vista da unicidade de um percurso histórico em linguística seria, então, resultado de uma decisão e não de uma constatação. É claro que não negamos que haja sempre uma herança de pensamento. Toda teoria, assim como toda fala, define-se em relação a outras teorias, a outras falas. No entanto, essa herança *passa pelo sujeito que produz a teoria ou a fala*; o que significa reafirmar que há tantos percursos históricos quantos forem os sujeitos que teorizam[4].

Essa percepção nos leva à segunda condição preliminar: nossa exploração não será exegética.

3. Ela não será exegética porque, nesse caso também, seria necessário um livro para cada teoria, ou, mais exatamente, um livro *infinito* por teoria. Pensamos que todo sujeito que estuda a linguagem é incapaz de "se curto-circuitar" enquanto *sujeito analisante*. Se nunca acabamos de fazer exegeses sobre tal ou tal autor, não é por causa do caráter insondável de seu pensamento, mas, pura e simplesmente, porque nunca deixamos de ter sujeitos, a cada momento, diferentes em sua idiossincrasia, que falam sobre os textos. Pois a análise que produzimos não é mais do que um novo texto a respeito de um outro texto, que depende, por sua vez, de um outro texto, que depende, por sua vez, de um outro texto, etc. O sujeito que faz a exegese jamais está seguro de falar pelo (no lugar do) outro. *Ele nunca acabará com essa intertextualidade que se interpõe entre a linguagem e ele.*

A essa questão se acrescenta uma outra dificuldade: Como se pode estar ao mesmo tempo dentro e fora? Como poderíamos fazer a exegese de um pensamento referindo-nos a um outro pensamento? Parece-nos que é isso que orienta um certo maniqueísmo no mundo das teorias linguísticas. Já tivemos a ocasião de ler ou de ouvir linguistas interpretando semióticos, semióticos interpretando linguistas, semióticos interpretando os modelos dos outros a partir da semiótica, linguistas interpretando os modelos dos outros a partir da linguística. Isso nos permitiu constatar que cada representante de uma disciplina ou de uma teoria não se reconhece nas interpretações do outro.

4. Nosso ponto de vista é que podemos sempre falar sobre o texto de um outro, mas sem pretender fazer sua exegese. Por outro lado, não estaríamos condenados a essa atividade aberta, em uma recorrência infinita, que faz com que *produzindo meu texto eu fale também do texto de um outro* e que *falando do texto de um outro eu produza também meu texto?*

---

4   Evidentemente, há interseções entre esses percursos.

É por isso que, incapazes de fazer uma discriminação entre nossa fala e as múltiplas falas dos outros, não citaremos, ao longo desse percurso de reconhecimento, nem teorias específicas, nem os autores responsáveis pelo que, com o passar do tempo, ecoou em nosso pensamento e, posteriormente, se concretizou em palavras das quais reivindicamos uma modesta paternidade partilhada.

Vamos então fazer uma confissão bem sincera: o território do qual falávamos ao começar este capítulo será apenas *o território-lugar-do-meu-pensamento, lugar no qual vou me construir*. É por isso que o *nós* que utilizaremos será somente uma máscara colocada convencionalmente sobre o rosto do *eu*.

II. As diferentes atitudes diante da linguagem

Procuremos restabelecer, em linhas gerais, o que certas teorias linguísticas e semióticas propõem como atitudes diante da linguagem. Consideramos, para fazê-lo, a maneira como elas definem seu Objeto, seu Método e o que poderíamos chamar sua problemática do Conhecimento.

1. O Objeto

a) Uma determinada posição teórica consiste em conceber o ato de linguagem como produzido por um emissor-receptor ideal, em uma circunstância de comunicação neutra. Como resultado disso, temos a ideia de que *a linguagem é um objeto transparente*. Assim, sendo o processo de comunicação simétrico, o receptor só precisa percorrer, em sentido inverso, o movimento de transmissão da fala para encontrar a intencionalidade do emissor. Ele o fará com mais comodidade quando as circunstâncias de comunicação englobam esses protagonistas em um mesmo conhecimento.

De onde se conclui que:

– O ato de linguagem, qualquer que seja sua forma (palavra, frase, texto), *esgota sua significação em si mesmo*. Ele significa apenas seu explícito, considerado como algo que já está aí, objeto autônomo que não pode dizer outra coisa a não ser o que ele diz: "Fecha a porta" não quer dizer nada além de "Fecha a porta".

– Os seres de fala são desencarnados já que são definidos por sua semelhança com o outro e não por sua diferença. O receptor se assemelha ao emissor que é o representante típico de todo sujeito no lugar e espaço de produtor do mesmo ato de linguagem. "Fecha a porta" é a ação de todo sujeito que diz "Fecha a porta". Paradoxalmente[5], esses seres de fala não são nem individuais nem sociais. Eles estão, poderíamos dizer, fora do ato de linguagem.

---

[5] "Paradoxalmente" porque a maioria das teorias linguísticas define a Língua como testemunha do sujeito social e o Discurso como testemunho do sujeito individual.

– A competência desses seres de fala se encontra, inteira e unicamente, em sua aptidão para representar o mundo pelo explícito da linguagem: a competência que presidiu à produção de "Fecha a porta" em uma certa circunstância está limitada à capacidade de produzir esse enunciado.

b) Uma outra posição teórica consiste em conceber o ato de linguagem como produzido por um emissor determinado, em um dado contexto sócio-histórico. Disso resulta a ideia de que *a linguagem é um objeto não transparente*. Na realidade, neste caso, o processo de comunicação não é o resultado de uma única intencionalidade, já que é preciso levar em consideração não somente o que poderiam ser as intenções declaradas do emissor, mas também o que diz o ato de linguagem a respeito da relação particular que une o emissor ao receptor.

De onde se conclui que:

– O ato de linguagem não esgota sua significação em sua forma explícita. Este explícito significa outra coisa além de seu próprio significado, algo que é relativo ao contexto sócio-histórico. Um dado ato de linguagem pressupõe que nos interroguemos a seu respeito sobre as diferentes leituras que ele é suscetível de sugerir. O que nos leva a considerá-lo como um objeto duplo, constituído de um Explícito (o que é manifestado) e de um Implícito (lugar de sentidos múltiplos que dependem das circunstâncias de comunicação).

– Os seres de fala não são desencarnados já que são definidos em suas diferenças. O emissor é diferente do receptor pelo fato de que este último pode construir um sentido não previsto pelo emissor. Assim, "Fecha a porta" pode querer dizer "Estou com frio" para o emissor e pode querer dizer "Está barulhento lá fora" para o receptor.

– A competência desses seres de fala é múltipla. Ela não reside unicamente na aptidão para representar o mundo por um explícito linguageiro, mas na aptidão para significar o mundo como uma totalidade que inclui o contexto sócio-histórico e as relações que se estabelecem entre o emissor e o receptor. O que nos leva a dizer que, se no caso precedente a competência podia ser definida como uma soma de palavras e de frases (já que se trata de produzir somente o explícito), a competência aqui deve ser definida como um conjunto de combinações muito mais complexas.

2. O Método

O Método se define pela prática analisante que a teoria impõe, pelo fato de que a teoria é determinada pelo método e que, ao mesmo tempo, o institui.

a) Certas práticas se baseiam no que denominamos *atividade de abstração*. Essa atividade se processa por diferenciações na manifestação linguageira, pela quantidade de comparações, depois por transformações e/ou por analogias-homologias que permitem distinguir níveis de organização da estrutura linguageira cada vez mais gerais e, portanto, cada vez mais abstratos.

Observamos, entretanto, tendências diferentes no interior dessa mesma atividade. Uma consiste em considerar o ponto de chegada desse procedimento de abstração como *explicação última* do que é a estrutura linguageira; tal explicação é da ordem da constatação. É nesse contexto que se situa o velho debate estruturalista já apontado por Aristóteles: a explicação última é produto do objeto que seria assim estruturado (estruturalismo ontológico) ou ela é produto do modelo instrumental que, assim construído, estrutura o objeto (estruturalismo metodológico)?

A outra tendência considera que o ponto de chegada desse procedimento é, na realidade, o ponto de partida da atividade linguageira, o princípio gerador dessa mesma atividade.

Entretanto, chamamos a atenção para o fato de que o debate estruturalista enunciado anteriormente continua em vigor nessa segunda tendência. De fato, temos direito de perguntar se essas regras e princípios elementares, geradores da linguagem, são leis naturais ou regras construídas por seu valor operatório. E, nesse caso, as coisas não estão muito claras, pois as teorias reivindicam para si tanto uma concepção *substancialista* ("os princípios subjacentes à estrutura da linguagem são nesse ponto tão específicos e bem-articulados que é preciso considerá-los como biologicamente determinados, constitutivos da natureza humana e transmitidos geneticamente de pai para filho[6]"), quanto uma concepção puramente *operatória*.

Qualquer que seja a tendência, estamos diante de um mesmo tipo de atividade que, partindo da manifestação linguageira e procedendo por abstrações sucessivas, resulta em uma imanência classificatória representativa de uma estrutura de pensamento (a busca dos universais da linguagem).

b) Outras práticas baseiam-se em um outro tipo de atividade que chamaremos *atividade de elucidação*. Esta se dá pelo percurso da manifestação linguageira em função de um contexto, cujos dados variam, a fim de fazer com que surjam, dessas confrontações sucessivas, conjuntos significantes, testemunhos da relação do ato de linguagem com suas condições de produção-interpretação. Vemos que não se trata mais de retornar a um lugar original de explicação[7], mas sim de um jogo de deslocamentos *de um lado para outro*, gerador de uma intertextualidade aberta, lugar de conflito entre um sujeito coletivo e um sujeito individual.

A clivagem entre essas duas concepções do Método não coincide em todos os pontos com as duas concepções do Objeto que vimos anteriormente. É verdade que a maioria das práticas linguísticas corresponde, ao mesmo tempo, à concepção do objeto-transparente e à concepção da atividade de abstração; mas não podemos dizer o mesmo das práticas semióticas que se dividem entre a atividade de abstração (é preciso retornar a uma imanência do tipo lógico-conceitual ou lógico-cultural) e a atividade de elucidação.

---

[6]   Lyons, J. *Chomsky*, Paris: Seghers, 1971.

[7]   Evidentemente, também nesse caso, uma atividade de abstração, mas esta não se constrói em pirâmide em direção ao sempre mais abstrato.

3. O Conhecimento

A atividade de teorização provém de um esforço de objetivação para arrancar do mundo empírico uma explicação sem a qual ele permaneceria em um vivido sem significância. Chamamos de Conhecimento a resposta a uma interrogação sobre a relação vivido–teoria, resposta esta que deve fornecer o objetivo ou os objetivos da atividade de teorização.

a) Algumas teorias, considerando que a linguagem é um fenômeno existente em si e representativo da organização do mundo, têm como objetivo procurar saber *do que* fala a linguagem, isto é: *qual é o mundo já organizado que se encontra por trás* da linguagem. É nessa perspectiva que algumas dessas teorias declaram que a língua é uma teoria do mundo. Descrever essa língua é então descrever essa teoria do mundo, mas trata-se, ainda mais uma vez, de um ponto de vista ontológico (a teoria do mundo já está entre nós, mas escondida e ainda por descobrir) ou de um ponto de vista metodológico (o mundo seria a teoria que teríamos construído da língua)?

b) Outras teorias – considerando que a linguagem é um fenômeno que se dá somente na circunstância particular que a produz, que é testemunha não somente do mundo, mas das condições que presidem a sua construção – têm como objetivo procurar saber *como* fala a linguagem, isto é: *como a significação é significada.* Tais teorias consideram, por essa razão, que o sujeito está no centro da linguagem. Trata-se de um sujeito que "fala" a linguagem e é falado por ela. O *como* não é mais da ordem do *decorum* (da retórica), ele constitui o próprio fundamento do ato de linguagem, o que poderíamos denominar a sua significância. Encontramos essa posição em duas citações de filósofos: "Não explicar o discurso como um jogo de significações prévias; não imaginar que o mundo volte para nós uma face legível que teríamos somente que decifrar; ele não é cúmplice do nosso conhecimento; não há providência pré-discursiva[8]..." e "Experimentamos uma espécie de sentimento de poder penetrar os fenômenos: entretanto, nossa pesquisa não trata dos fenômenos, mas, digamos, das *possibilidades* dos fenômenos[9]."

4. Justificativas

Como havíamos anunciado ao começar este capítulo, ao longo dessa tentativa de definição das diferentes atitudes que presidem ao estudo da linguagem, não citamos teorias constituídas. Por outro lado, teríamos encontrado dificuldades em fazê-lo, pois, de fato, as coisas não são tão simples.

Uma teoria se define tanto por um discurso explícito definitório sobre ela mesma, quanto pela prática analisante que a caracteriza. Ora, apesar do esforço empreendido pelos autores ou discípulos da teoria para fechar o círculo e fazer com que a análise

---

[8]   Foucault, M., *L'Ordre du discours*, Paris: Gallimard, 1971.
[9]   Wittgenstein, L., *Tractus lógico-philosophicus,* suivi de *Investigations philosophiques*, Paris: Gallimard, 1961.

confirme a definição e, vice-versa, a fim de estabelecer a coerência de um sistema de pensamento, percebemos que a concordância está longe de ser absoluta. Isso ocorre porque teoria e prática não são entidades absolutas. A teoria é definida pelos discursos que sujeitos particulares sustentam e a prática traz o selo de sujeitos analisantes igualmente particulares. Assim sendo, não é surpreendente constatar que linguistas e semióticos não estejam todos em comum acordo no interior de cada uma dessas orientações.

É por isso que procuramos evidenciar, em relação ao Objeto, ao Método e ao Conhecimento, somente grandes tendências, que além (ou aquém) das diferenças entre as teorias constituídas, definem dois tipos de abordagem da linguagem:

– uma que se caracteriza por sua concepção de *linguagem-objeto-transparente*, por seu método *de atividade de abstração*, e se interessa por *do que* nos fala a linguagem;

– outra que se caracteriza por sua concepção de *linguagem-objeto-não-transparente*, por seu método *de atividade de elucidação*, e se interessa por *como* nos fala a linguagem.

III. O campo semiolinguístico

1. O propósito de nossas reflexões é mostrar como essas duas atitudes antinômicas são ambas necessárias ao campo semiolinguístico. Não se trata apenas de adicioná-las, mas de integrá-las em uma mesma problemática, pois a linguagem é produzida de tal forma que acaba sendo marcada pelo selo da *discordância* e da *concordância*.

Discordância que institui o sujeito falante como sujeito individual; concordância que o institui como sujeito coletivo. Discordância/ concordância, concordância/ discordância cujos traços são encontrados na função polêmica e na função de elucidação da linguagem (funções não acessórias, mas fundadoras da linguagem); no mecanismo que preside à formação dos falares (gíria, dialetos) e que explica sua diversidade; no fenômeno de criação dos signos que nascem em um uso e se constituem ao mesmo tempo em uma soma de relações de intercompreensão. Em suma, no jogo de *agressão e de cumplicidade* jogado pelos atores da linguagem, na afirmação de uma *especificidade* e de um *consenso* que se interpelam de forma dialética no mesmo ato linguageiro[10].

2. O campo semiolinguístico integra essas antinomias. O ato de linguagem não pode ser concebido de outra forma a não ser como um conjunto de atos significadores que *falam* o mundo através das condições e da própria instância de sua transmissão. De onde se conclui que o Objeto do Conhecimento é o *do que* fala a linguagem através do *como* fala a linguagem, *um constituindo o outro* (e não um *após* o outro). O mundo não é dado a princípio. Ele *se faz* através da estratégia humana de significação.

---

[10] Questão exposta com mais detalhes em nossa tese de doutorado: *Les conditions linguistiques d'une analyse du discours*. Sorbonne, 1977, pp. 8 a 37.

O Método seguido deverá então ser duplo: elucidante do ponto de vista do *como* e abstratizante do ponto de vista do *do quê*. E, por antecipação, diremos que uma análise semiolinguística do discurso é Semiótica pelo fato de que se interessa por um objeto que só se constitui em uma intertextualidade. Esta última depende dos sujeitos da linguagem, que procuram extrair dela possíveis significantes. Diremos também que uma análise semiolinguística do discurso é Linguística pelo fato de que o instrumento que utiliza para interrogar esse objeto é construído ao fim de um trabalho de conceituação estrutural dos fatos linguageiros.

Não se pode separar estes dois aspectos.

O que seria uma Linguística que não tivesse nada de significante a dizer sobre os atos linguageiros? O que seria uma Semiótica que negasse que a linguagem dá a si mesma e através de si mesma, seu próprio instrumento de análise?

3. O projeto Semiolinguístico deverá então tentar responder às questões fundamentais que sustentam toda teoria da significação:

– O que conhecemos do *signo* e como ele pode ser definido?

– O conceito de *comunicação* é pertinente em um tal projeto?

– O que é a *competência linguageira* e quais são seus componentes?

Enfim, o que é *analisar um texto* e, de uma maneira mais geral, *qual comentário* é possível fazer sobre os atos de linguagem?

Estas questões serão tratadas no decorrer deste livro.

O signo entre o sentido de língua e o sentido de discurso

I. A dupla dimensão do fenômeno linguageiro

1. Observação

Sequência[1] nº. 1: No bar Brasil

(Um grupo de pessoas sentadas em torno de uma mesa. Ambiente animado. Um garçom se aproxima do grupo.)
• *O garçom* (apontando para um maço de *Marlboro* que está sobre a mesa):
"De quem é este maço de cigarros?"
• *Alguém* (dirigindo-se à moça ao seu lado):
"É seu, não é, Cristina?"
• *Um outro* (dirigindo-se ao que falou antes):
"Você não entendeu que ele queria um cigarro? Você não tem reflexos."

Esse diálogo evidencia o que podemos denominar *expectativa múltipla* do ato de linguagem. Imediatamente, vemos que essa expectativa depende do ponto de vista dos atores envolvidos no diálogo.

O ponto de vista do garçom não nos é fornecido aqui. Não sabemos se ele: (1) "dá a entender ao proprietário do maço de cigarros que não deve deixá-lo sobre a mesa", (2) "pede um cigarro", (3) "quer falar algo sobre o fim do "cowboy" da publicidade da marca em questão" ou (4) "sobre o fato de cigarro fazer mal para a saúde", etc.

---

[1] "Sequência" no sentido de "parte retirada de um todo". Os exemplos são apenas sequências de discursos.

O ponto de vista dos dois outros protagonistas da cena é, de certo modo, mais claro. O primeiro parece compreender a questão do garçom como uma interpretação para o número (1); o segundo, para o número (2).

Assim sendo, percebemos que o problema da comunicação (utilizamos ainda esse termo, que será discutido mais adiante), não se situa nem no nível do que é dito explicitamente (questão sobre "a identidade do proprietário do maço de cigarros") nem no nível subjacente, ou seja, o do sentido que circula na manifestação explícita acima citada. A finalidade do ato de linguagem (tanto para o sujeito enunciador quanto para o sujeito interpretante) não deve ser buscada apenas em sua configuração verbal, mas, no jogo que um dado sujeito vai estabelecer entre esta e seu sentido implícito. Tal jogo depende da relação dos protagonistas entre si e da relação dos mesmos com as circunstâncias de discurso que os reúnem.

Assim, a expectativa é múltipla, justamente porque esse jogo de relações é aberto, variável. A sequência nº. 1, por nós exposta, não deve se limitar às poucas hipóteses de interpretação que acabamos de propor. Existem várias outras que podem se encadear a cada uma delas, fruto de diferentes pontos de vista dos atores envolvidos na comunicação. Por exemplo, imaginemos que o ator 1 (*Alguém*), por sua reação, quisesse dar a entender (para um outro) que ele compreendeu bem a hipótese número (2), mas que vai agir como se tivesse compreendido a hipótese número (1); o que poderia ser visto como uma forma de se fazer de inocente, de não cúmplice, face ao garçom. Podemos também imaginar que o ator 2 (*Um outro*), estivesse querendo dar a entender ao ator 1: "Você é bobo", com o pretexto de fazer passar para o garçom: "Sou seu cúmplice" (o que poderia ser expresso por uma piscada ou por um sorriso maroto), ou ainda para dar a entender às outras pessoas da mesa: "Eu sou rápido para compreender" etc.

2. Explicação

A observação que acabamos de fazer mostra que, a menos que se considere o ato de linguagem como uma peça de museu, isto é, como um objeto excepcional que se expõe ao olhar, retirado das circunstâncias que contribuíram para dar-lhe vida, esse ato tem uma dupla dimensão ou um duplo valor: denominaremos o primeiro de *Explícito* e o segundo de *Implícito*, lembrando que são indissociáveis.

a)   **O Explícito como testemunha de uma atividade estrutural da linguagem: a Simbolização referencial**

Tomemos a frase: "Fecha a porta."

Temos que admitir que é possível nela encontrar sentido, mesmo se estiver fora de um contexto, na medida em que a reconhecemos como diferente de: "*Abra a porta*" "Fecha a *janela*", "Fecha *uma* porta", "*Eu lhe peço para* fechar a porta", etc. Todas estas frases são alternativas à primeira e se originam de operações de comutação que estabelecem relações de oposição (paradigmas), e de combinação (sintagmas) entre os signos.

Essas operações – sobre as quais, no momento, não vamos nos pronunciar quanto à pertinência dos termos alternativos – resultam da formação do que chamaremos *paráfrases estruturais*, cuja característica essencial baseia-se no fato de serem *umas exclusivas em relação às outras*, isto é, elas não são nem concomitantes à mesma instância de fala (relação de exclusão), nem compatíveis numa relação interfrástica do gênero "Fecha a porta *porque* abra a porta" (relação de não compatibilidade). A produção dessas paráfrases estruturais permite que se efetue na linguagem *um jogo de reconhecimento morfossemântico* construtor de sentido, que remete à realidade que nos rodeia (atividade referencial), conceituando-a (atividade de simbolização). É por isso que vamos nomeá-la *Simbolização referencial*.

b)   O Implícito como testemunha de uma atividade serial da linguagem: a Significação

Retomemos o exemplo anterior, mas, levando em conta, dessa vez, as circunstâncias de produção, mais especificamente no que concerne à intencionalidade do sujeito falante.

Poderíamos, então, imaginar sem dificuldades que o sujeito falante, no mesmo instante em que enuncia "Fecha a porta", comunica ao seu interlocutor que "está com frio" (1), ou que "quer confiar-lhe um segredo" (2), ou que "os barulhos do corredor estão incomodando" (3). Ora, na medida em que o conhecimento das circunstâncias discursivas nos permitisse, poderíamos produzir frases elucidantes do tipo: "Estou com frio", "Tenho um segredo para lhe contar" ou "Os barulhos do corredor me incomodam". Tais frases, que evidenciam o sentido implícito (variável de acordo com as circunstâncias discursivas), são denominadas *paráfrases seriais*, porque sua característica essencial é o fato de não serem nem exclusivas do enunciado explícito, nem exclusivas umas das outras. Em outras palavras, ao contrário das paráfrases estruturais, elas são concomitantes à mesma instância de fala (é dito ao mesmo tempo "Fecha a porta" e "Estou com frio"), e são compatíveis em uma combinação interfrástica do gênero "Fecha a porta *porque* estou com frio". A produção dessas paráfrases permite que se efetue, na linguagem, um jogo de remissões constantes a alguma coisa além do enunciado explícito, que se encontra antes e depois do ato de proferição da fala. É um jogo construtor da significação de uma totalidade discursiva que remete a linguagem a si mesma como condição de realização dos signos, de forma que estes não signifiquem mais por si mesmos, mas por essa totalidade discursiva que os ultrapassa: vamos, pois, nomeá-la *Significação*[2].

---

[2]   Escolhemos o termo *Significação* apesar da existência de uma semântica que define de forma inversa Sentido e Significação ("/.../trata-se de atribuir a cada frase uma *significação* tal que possamos, a partir dessa *significação*, prever o *sentido* que terá seu enunciado nesta ou naquela situação de emprego". Ducrot, O., *Les mots du discours*). Nossa escolha é motivada por nossa preocupação em manejar uma terminologia que esteja próxima, sempre que possível, das representações que a sociedade constrói para si a respeito da sua linguagem e da sua cultura. Ora, acontece que quando se procura o *sentido* de uma palavra, é no dicionário que vamos buscá-lo (situação fora do contexto); porém, quando se trata de *significação* de um texto ou de uma conversa, estamos aí nos referindo ao fato de discurso (ou seja à sua situação de emprego).

c) A interação Explícito/Implícito em uma relação conflitual

Consideremos "Fecha a porta" como uma totalidade discursiva, o que nos permitirá verificar o que está semanticamente em questão para a compreensão de *porta* em cada uma das intenções supostas:

– no caso (1), *porta* é entendida como "meio de impedir a passagem do frio para o interior";

– no caso (2), *porta* é entendida como "meio de impedir a passagem da fala para o exterior";

– no caso (3), *porta* é entendida como "meio de impedir a passagem do barulho para o interior.

Percebemos que a compreensão total, em cada um desses casos, é diferente. Pretender que o signo *porta* seja sempre o mesmo, seria nos remeter, de um lado, à realidade física (e ainda seria necessário que essa realidade física fosse percebida da mesma forma nos três casos, o que não é garantido[3]) e, de outro, a uma definição, tida como primeira, tal como a encontramos nos dicionários. Além do mais, essa diferença de compreensão é confirmada se observamos o que a atividade estrutural de Simbolização referencial faz do signo *porta,* em cada um dos casos. Percebemos que *porta* constitui, para cada caso um conjunto paradigmático que é diferente em cada ocorrência. No paradigma (1), encontraremos as noções de "espessura térmica das paredes", de "vedação térmica de todos os lugares de passagem do frio (entre os quais a janela)"; no paradigma (2), encontraremos a noção de "falar em voz baixa", da qual estará excluída a *janela*; no paradigma (3), encontraremos as noções de "espessura sonora das paredes e da porta" ou de "falar alto para superar o barulho do exterior" das quais *janela* estará igualmente excluída.

Isto nos leva a pensar que não se pode determinar de forma apriorística o paradigma de um signo, já que é o ato de linguagem, em sua totalidade discursiva, que o constitui a cada momento de forma específica. Em outras palavras, longe de conceber que o sentido se constituiria primeiro de forma explícita em uma atividade estrutural e, em seguida, seria portador de um implícito suplementar no momento de seu emprego, dizemos que é o sentido implícito que comanda o sentido explícito para constituir a significação de uma totalidade discursiva.

Assim, questionamos a ideia de uma definição primeira e fora de contexto dos signos da linguagem.

Entretanto, se procuramos comparar o que está em jogo nas três compreensões de *porta*, não podemos nos impedir de constatar a presença de uma constante: "meio de impedir". Evidentemente, essa constante não tem um caráter absoluto. Não a encontraremos no ato de linguagem produzido por um marceneiro: "Terminarei a porta esta semana", no qual *porta* seria provavelmente portadora de uma compreensão do tipo: "parte de um móvel ou objeto de madeira a ser confeccionado". Mas a presença dessa constante mostra claramente que a linguagem, através de sua atividade

---

[3] Isso porque ela seria percebida através de três atos de linguagem diferentes.

estrutural de Simbolização referencial, se esforça para elaborar constantes parciais, na impossibilidade de poder recuperar a totalidade discursiva de cada ato de linguagem. Desde já, esclarecemos que, nesse caso, não se trata do significado propriamente dito do signo, mas, de um elemento de sentido que pode ser trazido por um determinado significante.

3. Definições

Serão aqui divididas em duas partes, em função do que foi dito anteriormente.

a) As constatações que efetuamos sobre o Implícito, o Explícito e suas interações nos levam a definir o fenômeno linguageiro como algo que se constitui em um duplo movimento.

O primeiro deles é exocêntrico, ou seja, movido por uma força centrífuga que obriga todo ato de linguagem (e, portanto, todo signo) a se significar em uma intertextualidade que é como um jogo de interpelações realizado entre os signos, no âmbito de uma contextualização que ultrapassa – amplamente – seu contexto explícito. A esse movimento, corresponde a atividade serial que garante a produção da significação do discurso.

O segundo movimento é endocêntrico, ou seja, movido por uma força centrípeta que obriga o ato de linguagem (e, logo, os signos que o compõem) a ter significado, ao mesmo tempo, em um ato de designação da referência (no qual o signo se esgota em função de troca) e em um ato de simbolização; nesse ato o signo se instala dentro de uma rede de relações com outros signos (rede comandada pela atividade serial) e se constitui como valor de diferença. Corresponde a esse movimento a atividade estrutural que garante a construção do sentido da Simbolização referencial.

Esse duplo movimento define claramente a linguagem como fenômeno conflitual no qual, de um lado, a atividade serial põe em causa, incessantemente, as tentativas que a atividade estrutural empreende para fixar o signo em um lugar definitivo de reconhecimento do sentido; de outro lado, a atividade estrutural, por sua vez, tenta *fixar, "congelar"*, o sentido comandado pela atividade serial.

b) Se, agora, considerarmos o ato de linguagem em seu resultado, diremos que ele se apresenta sob o duplo aspecto de um Explícito incompleto, do ponto de vista da significação desse ato[4] e de um Implícito que, tratando das condições de produção/interpretação da linguagem, determinaria[5] a significação desse ato de linguagem.

E já que esse Implícito está ligado às circunstâncias de produção/interpretação – que chamaremos de agora em diante *Circunstâncias de Discurso* (C de D) – podemos propor uma equação para representar nossa definição do ato de linguagem (A de L):

A de L = [Explícito x Implícito][6] C de D.

Tentaremos, a seguir, definir, com maior precisão, essas Circunstâncias de Discurso.

---

[4] O Explícito se apresentaria na interpretação como uma superfície lacunar repleta de espaços vazios de sentido.

[5] Como por um trabalho de preenchimento dos espaços vazios que a todo momento modificaria a textura do conjunto Explícito/Implícito.

[6] O signo x que liga o Explícito ao Implícito indica que se trata de uma relação de combinação tal como a definimos neste parágrafo, e não de uma relação de adição.

II. As condições de produção/ interpretação do ato de linguagem (ou circunstâncias de discurso)

1. Observação

Sequência nº 2: *Crônica esportiva*

(Crônica sobre o encontro de uma equipe de futebol polonesa com o time francês de Saint-Etienne, pela copa U.E.F.A. O cronista, depois de destacar o que qualifica como *atos de agressão* dos poloneses contra os jogadores do Saint-Etienne e as *respostas* dos jogadores deste último time, diz o seguinte:)

"Mas um jogo de futebol, sobretudo nesse nível, não é um confronto de intelectuais."

Interessa-nos o termo *intelectuais,* e nos perguntamos qual é, na fala do locutor, o saber comum que pode determinar a compreensão de tal palavra. Vamos descrever esse termo por uma série de oposições:

– *Intelectuais,* poderia estar se referindo a "mentes cuja única atividade seria a cerebral; logo, mentes opostas a dos esportistas, que só se preocupam com a questão física".

– "Desta forma, intelectuais não engajariam seu corpo em confrontos: por mais polêmicos que estes fossem, tentariam sempre vencê-los pela palavra. Já os esportistas, ao contrário, estariam, permanentemente, dirigindo seus corpos para a ação."

– Assim, "quando intelectuais discutem entre si, normalmente mantêm seus corpos à distância uns dos outros, seja separados por uma mesa, seja separados por um estrado, enfim, existe sempre um espaço qualquer que é fundamental e necessário para a transmissão do olhar e do discurso. Ou seja: uma situação oposta a dos jogadores de futebol em sua atividade esportiva, atividade esta que acaba por provocar choques físicos".

– Por outro lado, "essa atividade cerebral pressuporia serenidade e domínio de si: quem perde o controle facilmente e tenta resolver situações polêmicas através de lutas corporais não é, convenhamos, digno de ser chamado *intelectual.* Em oposição, teríamos a exaltação normal, espontânea e sem culpa do jogador de futebol, que solicita tais confrontos físicos."

Em suma, percebemos que, no caso em questão, o termo *intelectuais*[7] carrega consigo noções como "frieza", "distanciamento" e "moderação", opostas a "calor", "entusiasmo" e "generosidade" que caracterizariam, de modo implícito, o *esportista.* No caso do locutor em questão, as primeiras noções serão julgadas de modo negativo; as segundas, serão valorizadas, isso para sugerir aos ouvintes que "o corpo pode ser o lugar de uma determinada verdade".

---

[7]   Sobretudo, da maneira como tal conceito é visto na representação da sociedade francesa.

É preciso, porém, notar que:

1) O trabalho de elucidação do termo *intelectual,* acima proposto, não deve ser visto como uma tentativa de definição dessa palavra. Trata-se, sobretudo, de uma tentativa de descrever algumas das *representações coletivas* que uma determinada sociedade (ou um grupo social) constrói para si; seja através de outros discursos que ela produz em uma mesma ocasião, seja em outras circunstâncias. Nesse caso, lidamos com um *conjunto de possíveis interpretativos.*

2) Esses *possíveis interpretativos* nos são sugeridos pelo contexto e não pelo dicionário (que, diga-se de passagem, não nos fornece nenhuma das noções que correspondem a certas expectativas de significação). Poderíamos, facilmente, encontrar outros contextos nos quais a valorização seria inversa, ou seja, positiva para o *intelectual*: as mesmas noções ("serenidade" e "domínio") seriam então qualidades favoráveis, opostas à "exaltação" e à "espontaneidade", que apontariam para "primitivismo" e "confusão".

2. Explicação

Essa observação permite evidenciar os dois aspectos das condições de Produção/Interpretação do ato de linguagem, a saber:
– a relação que o sujeito enunciador e o sujeito interpretante mantêm face ao propósito linguageiro;
– a relação que esses dois mesmos sujeitos mantêm, um diante do outro.

a)   **Os saberes do Enunciador e do Interpretante sobre o propósito linguageiro, ou o investimento de suas práticas sociais.**

Para elucidar a compreensão da palavra *intelectual,* tivemos que usar um conjunto de representações coletivas, como foi visto, conjunto este que não esgotamos totalmente. Ora, uma vez mais, o que está semanticamente em questão, nessas representações coletivas, não nos foi fornecido por um saber absoluto, fixado definitivamente em um dicionário. Não, esse saber nos foi dado pelo fato de pertencermos a uma determinada comunidade social e partilharmos com seus membros experiências dos mais variados tipos (física, intelectual, afetiva, etc.). Além disso, não contentes em partilhá-las intuitivamente, estamos sempre a enunciá-las, isso com o intuito de tentar separar o que nos pertence, individualmente falando, daquilo que pertence à comunidade.

Evidentemente, essa separação entre consciência de um saber individual e consciência de um saber coletivo não é nem delimitada por um fechamento estanque, nem fixada de forma definitiva. O critério de determinação do saber individual é o critério de *diferença*. Mas essa diferença é, pela sua própria natureza, móvel. Podemos ter consciência de uma diferença diante de tal sujeito, de tal saber, mas essa diferença pode tornar-se semelhança em relação ao saber de um outro sujeito e será partilhada com ele. Assim, saber individual e saber coletivo deslocam-se constantemente em função do deslocamento das relações interindividuais e intercoletivas.

Imaginemos um exemplo. Digamos que Victor telefone para sua amante, Marta, e que esta lhe diga: "João está viajando" (João é o marido de Marta). As condições de saber que Marta e Victor partilham a respeito de João (casal de amantes versus marido da mulher) permitem compreender "João está viajando" como: "Estamos livres, nesse momento." Mas suponhamos agora que Marta tenha descoberto que, cada vez que João declara que vai viajar, ele se hospeda em um hotel que fica em frente à casa dos dois, para, justamente, vigiá-la. Poderíamos imaginar, também, que essa mensagem contivesse o seguinte significado: "Não é um bom momento para vir me ver". Nesse caso, seria necessário que Victor partilhasse desse saber, sem o qual ele poderia comprometer sua relação com Marta. Assim, as denominadas *Circunstâncias de Discurso* intervêm na partilha do saber dos protagonistas da linguagem, no que diz respeito a suas práticas sociais, na condição de sujeitos coletivos[8].

b)   Os saberes do Enunciador e do Interpretante, um a respeito do outro, ou o "filtro construtor do sentido" dos protagonistas do ato de linguagem

Esse segundo aspecto é correlativo ao precedente e resulta da observação da sequência n° 2. Todas as hipóteses interpretativas que efetuamos, para tentar delimitar a compreensão do termo *intelectual* dependiam de uma suposição que fazíamos sobre o que deveria ser o ponto de vista do cronista esportivo. Levando em conta que se trata de alguém que escreve regularmente em um jornal francês dedicado ao futebol, mas também a outros esportes em geral (*L'Équipe*), partimos de um pressuposto que circula nesse meio esportivo específico, francês, ou seja, o de que "intelectual não rima com futebol". Foi o que orientou nossa interpretação em direção a um valor negativo do termo *intelectual* no referido contexto. São pressuposições nossas; evidentemente, existe uma margem para engano. Mas, o que realmente importa, nesse caso, é evidenciar o fato que nós, numa posição de sujeito interpretante, filtramos, no conjunto dos saberes possíveis sobre o *intelectual*, um subconjunto de saberes em função do que supomos ser o saber do enunciador.

Inversamente, pode-se pensar que o enunciador produziu seu texto a partir da hipótese de que os interpretantes podem partilhar com ele o mesmo saber comum que valoriza a prática do esporte profissional. Esse enunciador poderia, por exemplo, formular pressupostos do tipo: "Meus leitores gostam muito de futebol, são favoráveis ao esporte, logo, vão valorizar seus praticantes"; mas, sabendo que a recepção de um texto é algo imprevisível, ele se esforçou para escrever de forma a evitar erros ou desvios de interpretação.

---

[8]   Que esse sujeito coletivo seja definido em uma relação interindividual, no quadro de um grupo ou, ainda, no quadro mais vasto de uma comunidade cultural.

Podemos, agora, restabelecer a integralidade do texto que havíamos truncado na apresentação da sequência nº 2, lembrando que tal corte foi, porém, necessário, para atender aos fins que nos interessam. O texto, em sua íntegra se apresenta assim: "Mas um jogo de futebol, sobretudo nesse nível, não é uma confrontação *serena* entre intelectuais *sentados em um sofá*"; vemos aí que o enunciador fornece elementos tais como *sereno* e *sofá* ao interpretante; ora, tais elementos vão permitir que o leitor opere um processo de *filtragem*, em seu potencial de *saberes possíveis* e partilhados em uma dada comunidade linguageira.

Consequentemente, o saber que os protagonistas da linguagem constroem sobre os diferentes propósitos contidos nas trocas comunicativas não é ligado apenas às referências ou experiências vividas por cada um deles. Esse saber depende igualmente dos saberes que tais sujeitos comunicantes supõem existir entre eles e que constituem os *filtros construtores de sentido*.

Poderíamos fazer as mesmas observações a respeito do exemplo que coloca em cena Marta, João e Victor. As condições para que Marta e Victor possam se compreender são que eles saibam que "João é o marido de Marta" e "o que João faz quando ele diz que vai viajar", mas também que eles se reconheçam do ponto de vista de "amantes um do outro". Marta e Victor dispõem então de filtros que lhes farão descartar como mais pertinente uma outra qualquer interpretação possível, do tipo: "João se esqueceu do encontro que havia marcado com você para falar de negócios".

3. Definição

Assim, para o sujeito interpretante, interpretar é criar hipóteses sobre: (i) o saber do sujeito enunciador; (ii) sobre seus pontos de vista em relação aos seus enunciados; (iii) e também seus pontos de vista em relação ao seu sujeito destinatário, lembrando que toda interpretação é uma suposição de intenção.

Não há circunstâncias linguageiras nas quais o sujeito interpretante pudesse deixar de criar hipóteses. Um amigo nos contou que, de vez em quando, se divertia fazendo uma experiência: tentava, durante almoços com outros amigos, enunciar frases *ingênuas*, como se sua única motivação fosse fazer constatações desprovidas de segundas intenções: (1) "Meu copo está vazio", (2) "A janela está aberta", (3) "Não me deram um garfo". Assim, ele pôde observar reações, por parte de seus amigos, do tipo: (1) "Você está com sede?", (2) "Você está com frio?", (3) "Pegue aquele (garfo) da outra mesa!".

Essa experiência nos pareceu bastante reveladora: vimos que o sujeito interpretante está sempre criando hipóteses sobre o saber do enunciador, como se fosse impensável que um indivíduo produzisse um ato de linguagem que correspondesse exatamente à sua intenção, ou seja, um ato de linguagem que fosse "transparente". De forma análoga, vimos que, para o sujeito enunciador, falar ou escrever é uma atividade que envolve criação de hipóteses sobre o saber do sujeito interpretante.

Assim, voltamos a definir as *Circunstâncias de discurso* como o conjunto dos saberes supostos que circulam entre os protagonistas da linguagem, ou seja:
– saberes supostos a respeito do mundo: as práticas sociais partilhadas;
– saberes supostos sobre os pontos de vista recíprocos dos protagonistas do ato de linguagem: os filtros construtores de sentido.

Enfim, podemos nos perguntar, nessa concepção, em que a Situação extralinguística se transforma. Ora, é preciso saber que, na tradição linguística, o contexto extralinguístico *Situação* é o contexto linguístico em oposição ao contexto linguístico (ou seja, o ambiente verbal manifesto). O contexto extralinguístico seria, então, constituído pelo ambiente material pertinente para a codificação ou a decodificação[9] da mensagem. É o que permitiria enunciar e compreender um termo como *isso* em "isso é bonito", se, por exemplo, locutor e interlocutor se encontrassem ambos diante de um quadro, em uma exposição de pintura. É também o que permitiria compreender corretamente atos de linguagem tais como "Passe mais uma carta" (enunciado no decorrer de um jogo de baralho) ou "Eu pego!" *(Ibid.,* durante um jogo de voleibol) ou ainda "Pode deixar que eu chuto" (*Ibid.,* durante um jogo de futebol), etc.

Isso tudo nos leva à nossa definição precedente, admitindo que o ambiente material não é pertinente por si mesmo, mas é pertinente pelo fato de que os interlocutores possuem o mesmo saber sobre o mundo que os cerca, em relação aos seus propósitos linguageiros. A *Situação extralinguística* faz parte das *Circunstâncias de discurso*, figura como um ambiente material transformado em palavra através dos filtros construtores de sentido, utilizados pelos atores da linguagem. Estes últimos criam a hipótese segundo a qual esse ou aquele ambiente semiotizado está inserido em um saber partilhado. Se uma pessoa sentada em um bar pede "uma caipirinha", e se o garçom do bar lhe traz uma bebida (e não uma pessoa do sexo feminino, vinda da roça, o que seria inverossímil, é claro) não é porque o ambiente material se impõe a esses dois interlocutores, mas porque o *contrato de comunicação* que os liga faz com que partilhem um mesmo ponto de vista. Portanto, são as *Circunstâncias de discurso* (vistas como um conjunto de saberes partilhados) que comandam o ambiente material e não o inverso.

III. A problemática do signo

Retomamos aqui nossas reflexões sobre o signo, dividindo-as em quatro partes. Comecemos pelo exame do duplo valor do signo.

1. A partir do que dissemos anteriormente, podemos afirmar que a significação de um ato de linguagem é uma totalidade não autônoma, já que ela depende de filtros

---

[9] Esse vocabulário pertence aos teóricos da comunicação e o encontramos também em certas teorias linguísticas.

de saberes que a construem, tanto do ponto de vista do Enunciador, quanto do ponto de vista do Interpretante. Correlativamente, conclui-se que não se pode afirmar que o signo seja uma unidade autônoma de sentido, pois ele também é preenchido por um saber que depende da expectativa particular de cada ato de linguagem e, portanto, dos filtros construídos e colocados pelo Enunciador e pelo Interpretante.

Somos assim tentados a dizer que não há signo na língua – no sentido da oposição língua-fala –, e que o signo existe somente no discurso (discurso no sentido de: totalidade de um ato de linguagem particular).

Entretanto, não se pode negar que palavras detêm um sentido mais ou menos estável, que faz com que não sejam intercambiáveis. Quando ouvimos "Fecha a porta", compreendemos que não foi dito "Abra a janela", e isso ocorre até mesmo quando não temos à nossa disposição *Circunstâncias de discurso* precisas.

Assim, retomamos o exame da questão do duplo valor do signo, mas, à luz da nossa problemática semiolinguística.

2. Peguemos uma moeda. Veremos que ela tem uma certa forma, uma certa dimensão, uma certa consistência. Além disso, sabemos, pela nossa prática social partilhada com os outros membros de uma mesma comunidade, que ela tem uma função de *troca* em um determinado circuito socioeconômico.

Vamos imaginar um outro uso para essa moeda: o de calçar uma mesa manca. Se a forma e a dimensão do objeto continuam a existir, sua função terá mudado completamente.

Imaginemos agora que vamos utilizar essa moeda para soltar um parafuso. Do ponto de vista da materialidade da peça, a pertinência estará na espessura de sua borda (que deverá corresponder ao espaço da fenda do parafuso) e no seu diâmetro (para poder operar uma força giratória no plano horizontal). Sua função será diferente das duas precedentes: a moeda irá substituir uma chave de fenda.

Imaginemos, enfim, que essa mesma moeda sirva para tampar o ralo de escoamento de uma pia. Sua forma, seu diâmetro e sua espessura serão pertinentes, mas, sua função será a de uma "tampa".

Eis as conclusões que tiramos dessas observações:
– para cada um dos usos imaginados, não se trata do mesmo objeto, se tomarmos como verdade o fato de que um objeto se define pelo que chamamos sua funcionalidade[10]. Nos exemplos anteriores, vimos a moeda como um objeto-calço, um objeto-chave de fenda e um objeto-tampa de ralo.
– há uma relação de pertinência recíproca entre a funcionalidade do objeto e um ou outro aspecto de sua materialidade.
– se continuamos a falar de "moeda", mesmo tendo em vista seus outros possíveis usos, isso se deve a um hábito cultural que privilegia uma das funções desse objeto.

---

[10] Conjunto das características que dá seu valor de uso a um objeto.

– além (ou aquém) de todos esses usos da moeda, observamos algumas constantes, contidas na materialidade do objeto através dos aspectos tornados pertinentes para uma certa função: espessura da borda, diâmetro ou forma circular.

3. Gostaríamos de nos servir dessas afirmações para evidenciar nosso conceito de signo linguageiro. Assim como no caso do objeto, o signo linguageiro se apresenta, do ponto de vista de seu de sentido, sob a dupla face de uma *qualificação referencial* e de uma *funcionalidade*.

A qualificação referencial resulta do valor de designação do signo que atribui uma carga semântica a uma determinada parte do mundo físico (inclusive para o que se convencionou chamar palavras abstratas)[11].

A funcionalidade resulta do valor de uso do signo, que depende de um determinado universo de discurso (também chamado, segundo certos semanticistas, "Domínio de experiência"[12]). Assim, paralelamente ao que observamos para a moeda, podemos refletir sobre o termo *olho* levando em conta somente a função marítima da palavra ou seja, aquilo "que permite a passagem da corda pelas bordas da vela de um barco"; nesse caso, um dos aspectos de sua qualificação física será: "circularidade oca". O que queremos dizer é que não há "unicidade de saber", nem "pluralidade de saber" sobre *um* signo (a polissemia), mas esta pluralidade existe porque estamos sempre diante de *vários* signos. Dizemos que o signo *mesa* não será o mesmo em função do saber investido para que sua compreensão comporte traços pertinentes: "sobre pés" (se queremos opor "comer à mesa" a "comer sentado na grama"); "comodidade" (se queremos opor "comer à mesa" a "comer na cama"); "grande espaço" (se queremos opor "mesa da sala de jantar" a "mesinha de centro") etc. Assim como no caso da moeda, se *olho* for definido, fora de um contexto, como "parte do rosto" ou "órgão da visão" (cf. os dicionários), isso ocorre somente em função de um hábito cultural (registrado e imposto pelo dicionário) que privilegiou um de seus usos, e não porque essa definição será o valor unitário e absoluto do signo.

Por outro lado, podemos observar que, além (ou aquém) desses valores de uso, há constantes de sentido que aparecem pontualmente. Por exemplo, o traço pertinente de "redondez" aparece associado à função "que permite a passagem da corda…" (*olhal*), como também às funções "que clareia-decora uma casa" (*olho de boi*), "que permite passar grãos" (*olho da mó*), etc.; o traço pertinente de "visualidade" aparece em *olho de Moscou*, em *olho elétrico* ou *olho mágico*.

---

[11] Prova disso é a atividade linguageira que transfere o mundo material para o mundo não material: aplicamos, damos, construímos uma ideia; procuramos, encontramos, esperamos uma solução. As qualificações que tornam perceptível: o medo é roxo, verde ou branco; a cólera é vermelha; a tristeza é sombria. A gestualidade que acompanha as apreciações (bom, ruim, talvez, etc.).

[12] Termo emprestado de B. Pottier e por nós redefinido em uma perspectiva semântico-lexical, em *Cahiers de lexicologie*, n. 18, 20, 21, 23. Paris: Didier-Larousse, 1971-72-73.

Essas constantes de *sentido* se constroem em razão do emprego de palavras em contextos semelhantes e em contextos diferentes. Empregos múltiplos, que vêm depositar sedimentos de sentido, cujo conhecimento é formador de um certo saber *metacultural* sobre os signos, saber este que os integra em uma taxinomia geral[13]. Se podemos reconhecer o traço de "redondez" como sendo um dos componentes de *olho* – pois uma marca linguística pode ser portadora de vários componentes – isso ocorre como o resultado de um determinado saber que se constituiu em razão dos diferentes usos que se valeram desse traço. Denominamos esse saber Núcleo metadiscursivo (NmD).

Desse modo, os elementos do Núcleo metadiscursivo de uma marca linguística são um *estar-aí*, como proposição de sentido, como testemunha de um contrato social que fixa o estatuto semântico do significante.

Essa montagem do signo, através de sua funcionalidade e de sua qualificação referencial no âmbito de um Domínio de experiência, gera, pela forte ocorrência do uso, um Núcleo metadiscursivo correspondente à atividade de Simbolização referencial (definida anteriormente).

4. Mas isso não é tudo. Sabemos, pois, que o ato de linguagem é portador de uma dimensão implícita construída por uma atividade serial que contribui para a produção de uma determinada especificidade de sentido: a significação. Sabemos também que esta significação não é uma operação de adição entre signos que teriam, cada um isoladamente, um valor autônomo. Ao contrário, a significação é uma manifestação linguageira que combina signos em função de uma intertextualidade particular e que depende de *Circunstâncias de discurso* particulares.

Nesse sentido, não se pode mais dizer que cada uma das unidades morfêmicas que compõem a manifestação linguageira seja uma unidade-signo portadora de um sentido pleno. Diremos que cada uma destas marcas somente contribui, com o auxílio de seu NmD, para construir *o que vai formar signo* na significação do ato de linguagem. Assim, a palavra *intelectual,* que analisamos anteriormente, não é uma unidade morfêmica plena de todos os sentidos que podemos lhe atribuir. Ela foi por nós considerada como uma marca que, inscrita em uma certa combinatória e em circunstâncias de discurso particulares, mobilizou o componente: "atividade do intelecto", ao mesmo tempo em que foi investida de uma pluralidade de sentidos oriundas do contexto. Essa marca apenas contribui para construir a *expectativa discursiva* de um determinado ato de linguagem.

Talvez vejamos melhor agora em que aspecto esta visão das coisas é diferente da visão linguística, tal como foi definida em nossa *Introdução*. Não se pretende dizer que todo signo proponha um sentido geral na língua, ao qual viriam juntar-se, em um segundo momento, efeitos de discurso. Para nos expressarmos nos mesmos termos,

---

[13] Que não é dissociada de uma prática social determinada.

reverteríamos de bom grado a proposição. Optando por não confundir as terminologias, afirmamos que o signo é algo complexo, que se constrói na instância linguageira em função de uma determinada expectativa discursiva; esta expectativa convoca marcas portadoras de um determinado NmD. Se, por exemplo, *olho* significa "desejo sexual" num contexto específico (cf. a poesia de Baudelaire), não foi *depois* disso que ele passou a significar "órgão da visão" na língua. *Olho* se semantiza *hic et nunc* como "desejo sexual" e, ao fazê-lo, convoca através de um itinerário complexo um de seus componentes metadiscursivos: "função projetiva de uma interioridade do indivíduo".

a) Eis porque não conservaremos a clássica oposição entre os conceitos de Denotação e Conotação[14]. Nesta acepção, a denotação é definida como *valor básico, primeiro* e *autônomo*, do signo na língua (valor fundamental) e a Conotação é somente considerada como um *valor segundo* que vem *juntar-se* ao precedente (sobressignificação) em razão da particularidade da realização discursiva. Assim, diz-se que tal signo é conotado pejorativamente em determinado contexto. Para nós, a noção pejorativa em questão é intrínseca a um conjunto discursivo que fará nascer e viver os signos *nesta* instância linguageira. Mais concretamente, não diremos que o signo *mulher* é conotado negativamente num dado contexto – o que pressuporia que existe um lugar neutro (a denotação) desse ponto de vista – diremos que, em determinados universos de discurso, *mulher* é portador de uma noção de "negatividade" encontrada na mesma esfera que a noção "sexo feminino" e que é esse conglomerado de noções que institui *mulher* como signo, *num determinado* ato de linguagem. Da mesma forma, os sentidos descritos em relação ao estudo da palavra *intelectual* na sequência nº 2 não são as conotações de uma denotação: "indivíduo que se define por uma atividade do intelecto".

Por outro lado, é preciso esclarecer que o que denominamos NmD não pode ser considerado como o significado denotativo de um morfema, pois este não existe enquanto tal e nem funciona de forma autônoma – a menos que se diga que toda noção, independente da sua importância, é um signo – o que seria uma asserção aceitável de nosso ponto de vista.

b) Esse é também o motivo pelo qual não utilizamos o termo *Significado*. O significado é um conceito que pode ser cômodo para certas análises semântico-lexicais. Porém, surge a questão: como apreendê-lo e defini-lo em uma perspectiva semiolinguística, já que cada um dos componentes do ato de linguagem contribui para o surgimento do que está em jogo no discurso ? Esta é a razão pela qual decidimos utilizar o termo *marca linguística*[15]. De fato, vimos que o ato de linguagem é o resultado de uma

---

[14] Descrevemos diferentes concepções dessa oposição Denotação/Conotação em nossa tese de Doctorat d'État: *Les conditions linguistiques d'une analyse du discours* [As condições linguísticas de uma análise do discurso], Universidade de Lille III, 1978.

[15] "Marca linguística" refere-se ao evento verbal. Mas poderemos falar de "marca icônica" tratando-se da imagem, ou de "marca gestual" tratando-se da gestualidade, etc.

dupla atividade: estrutural (a Simbolização referencial) e serial (a Significação). De um lado, temos a simbolização referencial, em seu movimento endocêntrico, que tende a unir uma forma material (gráfica ou fônica) a um determindado conteúdo de sentido produzindo uma *condensação semântico-formal*. De outro lado, temos a significação, em seu movimento exocêntrico, que tende a fazer essa união irromper em uma multiplicidade de relações sentido-forma, produzindo uma *disjunção semântico-formal* e impedindo que se estabeleça uma correspondência fixa, termo a termo, entre os recortes da forma e os do sentido.

Isso nos leva a definir a marca linguística como parte da matéria significante que é testemunha formal provisória de um jogo de ajustamento entre um sentido mais ou menos estável – resultado de uma atividade metacultural sobre a linguagem (o NmD) – e um sentido específico – construído pelas *Circunstâncias de discurso* – cuja combinação participa da finalidade ou da expectativa discursiva do ato de linguagem.

c) Enfim, eis porque pensamos que o problema do Referente-extralinguístico é um falso problema.

Na verdade, todo ato de linguagem veicula, através de sua expectativa discursiva[16], um saber sobre as representações linguísticas das práticas sociais dos protagonistas da linguagem. É normal que o aspecto perceptivo-sensorial da experiência se encontre integrado nesse saber e que seja, como o resto, memorizado na competência discursiva dos protagonistas[17].

Geralmente, a atividade de simbolização referencial da linguagem, em seu movimento endocêntrico, convoca o objeto físico ao mesmo tempo em que o integra em um universo de significâncias através de uma experiência que compreende percepções sensoriais. A competência linguageira de um sujeito é feita de uma multiplicidade de *madeleines de Proust** que se originam tanto de uma experiência coletiva (percepções sensoriais partilhadas), quanto individual.

Mas essa visão das coisas é somente aceitável na problemática semiolinguística definida neste livro, na qual se cria a hipótese de que é o ato de linguagem de um sujeito particular que, através da expectativa discursiva que representa, constrói o saber perceptivo-sensorial do referente linguageiro, e não o inverso.

5. Em suma, o saber linguageiro se constrói através de uma soma de atos de discurso que são portadores de múltiplas expectativas discursivas. Cada ato é a resultante

---

[16] Ou seja, daquilo que esperamos ao "lançar" um enunciado para o outro, nosso alocutário.

[17] Assim, a polêmica Russel-Jakobson a respeito "do gosto e do sentido de queijo" se neutraliza. Ambos têm parcialmente razão; pois se, de um lado, é verdade que não preciso ter experimentado um prato ou um alimento para conceber sua existência (concebemos uma determinada existência da palavra *caviar* antes mesmo de ter experimentado o alimento), por outro lado, não é menos verdadeiro que ter feito a experiência gustativa modifica a percepção que temos do alimento ("Quando sinto o cheiro gostoso de café, o gosto já me vem à boca!").

* Nota de tradução (N.T.): Trata-se de um tipo de bolinhos aos quais o autor francês faz referência em sua obra *Em Busca do Tempo Perdido*.

de duas atividades linguageiras (Simbolização referencial e Significação). Esse fato tem por consequência a colocação desse saber no centro de uma dupla construção semiolinguística:
– Construção de uma intertextualidade discursiva (movimento exocêntrico) no qual as marcas estão em relação de interpelação umas com as outras, através do contexto linguístico e das Circunstâncias de discurso criadas pela instância de uma fala coletiva e/ou individual. Nesse caso, diremos que a marca é portadora de sentido específico: a Significação.

– Construção de uma rede estrutural (movimento endocêntrico) na qual, graças a relações de contrastes (sintagmática) e de oposição (paradigmática), produz-se um tipo de sedimentação-decantação testemunha de um conhecimento metacultural sobre as marcas. Diremos, então, que a marca é portadora de sentidos com valor generalizante: o Núcleo metadiscursivo.

O que representamos pelo seguinte esquema:

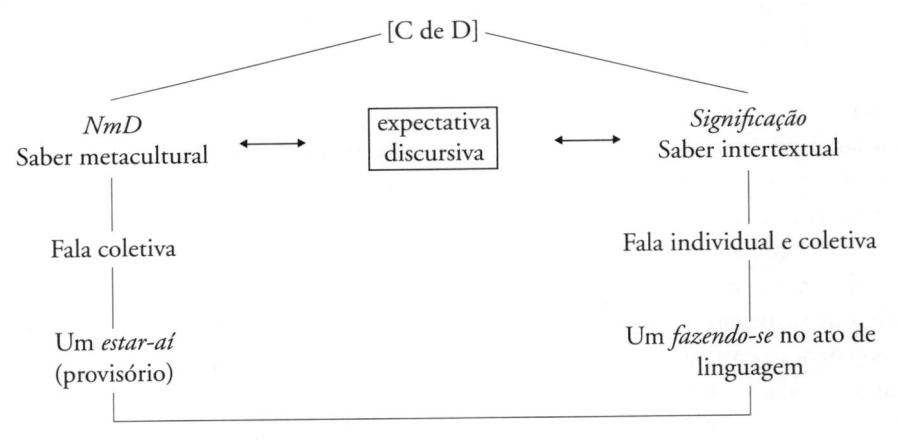

Surgimento dos sentidos do ato de linguagem
em um duplo movimento (exocêntrico/endocêntrico),
isto é: semiotização do mundo através do sujeito
individual e/ou coletivo (Representaçãoes sociolinguageiras).

Tudo se passa como se o signo nascesse em um primeiro contexto – mas, é possível determinar um primeiro contexto? – e recebesse um primeiro emprego que tornasse esse signo dependente das circunstâncias que presidiram seu nascimento (a expectativa discursiva). Em seguida, este primeiro emprego seria *explorado* através de uma atividade de abstração que manteria certos componentes do primeiro emprego para reutilizá-los em um segundo emprego que dependeria de novas circunstâncias. A partir da existência desses dois empregos e de sua possível comparação, se construiria uma primeira sedimentação semântica que constituiria um primeiro saber metacultural sobre o funcionamento dos signos: isso nos levaria à determinação de um núcleo metadiscursivo.

Porém, esse mecanismo pode se repetir ao infinito e pode, a cada momento, recolocar em questão (ou confirmar) o NmD anteriormente determinado, o que provoca uma sucessão de recomposição e/ou confirmação do NmD.

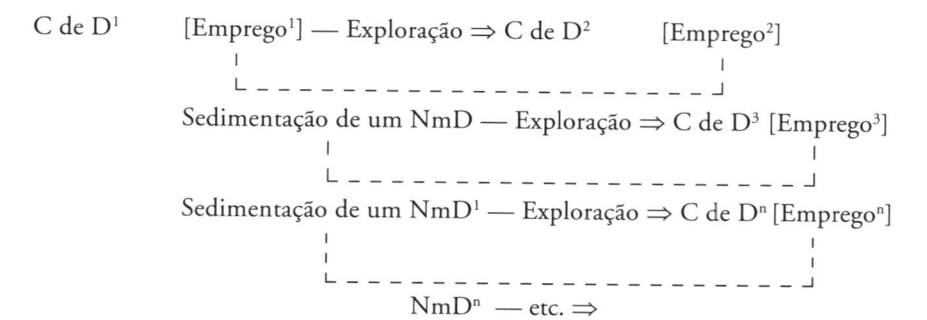

1. Exemplos de determinação do Núcleo metadiscursivo

EXEMPLO: *Intervir*

a)   Tomemos um primeiro *corpus*

(1) "O Secretário Geral da ONU *intervém* no conflito do Oriente Médio."

(2) "O cirurgião *interveio* às oito horas da noite."

(3) "Ele *intervém* a propósito na discussão."

(4) "O professor deve saber *intervir* oportunamente."

(5) "O advogado *interveio* junto à acusação."

(6) "As forças da ordem acabaram por *intervir*."

(7) "Esse aluno não *intervém* com frequência nas aulas."

(8) "Ele *intervirá* por mim na sessão da Câmara Municipal."

(9) "O governo declarou que nenhum estrangeiro deveria *intervir* nos negócios internos do país."

b)   Tomemos estas paráfrases interpretativas correspondentes

(1) O Secretário Geral da ONU *desempenha o papel de mediador* no conflito do Oriente Médio.

(2) O cirurgião *operou* às oito horas da noite.

(3) Ele *faz sempre reflexões pertinentes* na discussão.

(4) O professor deve saber *dar explicações no momento certo*.

(5) O advogado *apresentou um requerimento* à acusação.

(6) As forças da ordem acabaram por *se encarregar* da situação.

(7) Esse aluno *não participa muito* das aulas.

(8) Ele será meu *porta-voz* na sessão da Câmara Municipal.

(9) O governo declarou que nenhum estrangeiro deveria *intrometer-se* nos negócios internos do país.

Observações:

Cada uma das paráfrases depende de uma circunstância de discurso *suposta* e não têm, portanto, valor de equivalência absoluta. Por exemplo, a frase (6) poderia ser parafraseada, conforme a circunstância de discurso, por:

– As forças da ordem acabaram por *separar os beligerantes.*

– As forças da ordem acabaram por *dispersar a manifestação.*

– As forças da ordem acabaram por *restabelecer a lei*, etc.

Não especificamos a *Circunstância de Discurso* para cada frase, mas supomos que seja adequada para cada paráfrase.

Reduzimos voluntariamente a variação parafrástica na elucidação do verbo *intervir* e é por isso que obtivemos tanto glosas (*desempenhar o papel de mediador; apresentar um requerimento*), quanto sinônimos (*operar, mudar, intrometer-se*).

c)   **Comparação das sequências: as diferenças de sentido – a Significação**

Cada paráfrase do *corpus* elucida o verbo de uma forma particular, criando, a cada momento, um conjunto paradigmático diferente dos outros (o conjunto *intervém/ desempenha o papel de mediador* é diferente de *interveio/operou*, que é diferente de *intervir/se encarregar*, etc.)

Ora, a comparação dos conjuntos paradigmáticos nos quais se encontra um mesmo significante é o único meio experimental de constatar as diferenças e as semelhanças semânticas. Buscando julgar a totalidade significativa do signo, vemos aqui apenas diferenças. Podemos dizer que, do ponto de vista da significação discursiva, cada um destes usos do verbo *intervir* é portador de uma especificidade de sentido oriunda do contexto e da *Circunstância de Discurso*.

Correlativamente, se analisarmos *intervir* em cada um desses contextos discursivos, constataremos que o uso dessa forma verbal fornece, a cada momento, informações particulares sobre o actante-agente e o modo de ação. Assim:

– O ACTANTE-AGENTE
em (1) é um mediador;
em (2) é um agente que cuida e que exerce uma ação física;
em (3) é um falante tido como inteligente;
em (5) é um falante que negocia;
em (6) é um agressor ou um reparador (dependendo do ponto de vista), etc.

– O MODO DE AÇÃO
em (1) é uma mediação;
em (2) é uma eliminação de um mal;

em (3) é uma melhoria (faz o debate progredir);
em (4) é uma ajuda;
em (5) é uma negociação;
em (6) é uma agressão, etc.

Evidentemente, essa análise poderia ser mais fina, mais sutil. No entanto, quanto mais a refinamos em função das C de D, mais informações particulares são evidenciadas em cada caso, aumentando cada vez mais a especificidade semântica de cada emprego de *intervir*.

Diremos que cada marca linguística de *intervir* contribui, conforme sua combinatória, para dar um conjunto de informações sobre o actante-agente, sobre seu modo de ação, sobre o impacto que ele pode causar e, para além dessas informações, sobre o enunciador do discurso: ele pode julgar "o ato de intervenção" como: positivo, negativo, neutro ou outro.

Assim sendo, uma marca não é um signo, mas é a combinatória das marcas que, no contexto, *faz signo*.

d)   **Comparação das sequências: semelhanças de sentido – o Núcleo metadiscursivo**

Jogar o jogo das semelhanças não consiste em estabelecer agrupamentos semânticos (o grupo em que o modo de ação é uma *fala*, o grupo em que o modo de ação é um *ato material*, etc.), mas em refletir sobre a que condições corresponde o emprego da marca no contexto, e em decantar as condições, até que elas se tornem comuns ao maior número possível de empregos.

Assim, no caso em questão, podemos obter as seguintes condições mínimas:

– Existe uma *situação inicial* (S^1).
– Existe um *actante-agente* que faz uma *ação* a respeito de S^1.
– Este Actante: – tem *conhecimento* de S^1
                   – é *exterior* a S^1
                   – julga S^1 para *modificar*
                   – julga S^1 *modificável*
                   – se julga *capaz de modificar* S^1 ("Influenciador").

Observações:
– Esta seria a descrição do que denominamos Núcleo metadiscursivo.
– No entanto, não estamos certos de que se trate, integralmente, do mesmo NmD que foi definido por uma determinada semântica estrutural. Na verdade, se, de um lado, se refere ao maior denominador comum das significações de vários empregos, de outro lado, não se trata dos elementos sêmicos que representariam a estruturação do

mundo, mas, sim das *condições de realização discursiva* de uma marca, cuja combinação com outras marcas fará existir o signo.

– Enfim, diremos que, contrariamente ao que foi frequentemente declarado, não é o NmD que permite a tradução de uma língua natural para outra, mas sim o conhecimento do NmD em uma relação estreita com o contexto discursivo portador de um universo de discurso mais ou menos codificado.

e)   **Confronto com outros contextos**

Retornemos agora aos contextos discursivos abrindo, quando necessário, nosso *corpus* a outros exemplos, a fim de verificar a validade de nossa descrição.

Observamos que a estrutura metadiscursiva sofre algumas modificações:

• Às vezes, alguns componentes da estrutura são apagados:

– "Ele interveio *sem querer* nesta questão", por exemplo, apaga provavelmente (do ponto de vista do enunciador, em todo caso): o Actante tem conhecimento de S^1, o Actante julga S^1 para modificar, o Actante julga S^1 modificável, e o Actante se julga o Influenciador.

– Não é certo que em (7), mesmo na forma positiva, o Actante seja julgado ou se julgue Influenciador.

• Às vezes, os componentes não têm o mesmo valor conforme os discursos:

– em (2), por exemplo, o Actante não tem de julgar modificável S^1 da mesma forma que o Actante de (1) ou o de (4);

– em (1), (5) e (6), S^1 é julgado negativamente pelo Actante, o que não é o caso de (3), (7) e (8).

• Às vezes, enfim, certos contextos discursivos utilizam tão poucos elementos dessa estrutura que podemos nos perguntar se eles não devem tornar-se objeto de uma outra descrição, o que seria o caso de exemplos como:

"É um fator que pode *intervir* de maneira decisiva."

"O estado do fígado *intervém* sempre nesse tipo de doença."

"O exercício deve *intervir* no momento oportuno."

Desta forma, o problema apresentado é o de saber se devemos considerar que temos acesso a um único NmD que seria explorado de diversas maneiras, ou se devemos concluir que há um fracionamento diacrônico de um primeiro NmD que, em um momento determinado, torna possível a existência de vários outros NmD. De nossa parte, pensamos que cada contexto modifica o NmD anterior, tornando-o mais abstrato a cada uso.

O ato de linguagem
como *encenação*

I. O ato de linguagem
como ato interenunciativo

1. Sequência nº 3

> Victor decidiu entrar em um café para se proteger da chuva e refletir sobre aquele dia que, decididamente, começava muito mal. Sentou-se à mesa do fundo da sala: a garçonete aproximou-se dele e perguntou: 'O senhor fuma?' Ele levantou a cabeça e olhou com curiosidade para a jovem que estava ligeiramente inclinada, com as mãos para trás, olhando-o com gentileza. Victor achou a pergunta insólita e se questionava sobre o que ela poderia significar. A jovem o estava paquerando? Não, ora essa, que pretensão! E depois, eles nem se conheciam. Será que tinha uma cara de fumante assim tão evidente? Com que direito ela estava lhe fazendo essa pergunta? Ou então ela queria um cigarro; sim, só poderia ser isso. Victor pôs então a mão em seu bolso para pegar seu maço, mas não teve tempo de tirar nem a ponta do cigarro, pois a moça já tinha posto sobre a mesa o cinzeiro que trazia em suas mãos. Victor ficou com raiva de si mesmo por ter sido tão bobo. É evidente que ninguém gosta de ver tocos e cinzas de cigarro nas xícaras de café.

2. A sequência acima evidencia bem a assimetria da comunicação.

Victor, em seu lugar de sujeito interpretante, cria uma série de hipóteses sobre o que poderia ser a intenção de comunicação da garçonete. Na verdade, se sente impossibilitado diante do fato da pergunta da garçonete não corresponder aos procedimentos discursivos cotidianos que caracterizam a relação *garçom/cliente*, na situação *café/Bar*: "pedido de informação sobre a escolha do produto a ser consumido". A pergunta inesperada o leva a passar em revista diferentes interpretações. Assim sendo, Victor constrói para si mesmo imagens de um interlocutor que não é o enunciador real do ato de linguagem, mas o enunciador que ele, enquanto sujeito interpretante, imagina.

Da mesma maneira, podemos supor que a garçonete deve ter pensado na possibilidade de seu interlocutor interpretar corretamente a pergunta que ela havia formulado. O fato de perder a "aposta"[1], nos permite compreender que a garçonete havia construído para si uma imagem de seu interlocutor-destinatário que não correspondia a de seu interlocutor-interpretante.

Quando definimos as *Circunstâncias de discurso*, vimos que o ato de linguagem, como evento de produção ou de interpretação, depende "dos saberes supostos que circulam entre os protagonistas da linguagem". Estes saberes são correlativos à dupla dimensão Explícito/Implícito do fenômeno linguageiro. Tal fato confirma a assimetria observada acima entre o processo de produção e o processo de interpretação do ato de linguagem.

3. Em outras palavras, e designando por EU o sujeito produtor do ato de linguagem, e por TU o sujeito-interlocutor desse ato de linguagem, diremos que:
– O TU não é um simples receptor de mensagem, mas sim um sujeito que constrói uma interpretação em função do ponto de vista que tem sobre as circunstâncias de discurso e, portanto, sobre o EU (interpretar é sempre instaurar um processo para apurar as intenções do EU).
– Correlativamente, esse TU-interpretante (TU') não é o mesmo que o TU-destinatário (TU) ao qual se dirige o EU. Como consequência, o TU', ao fazer sua interpretação, reflete o EU com uma imagem (EU') diferente daquela que o EU acreditava (queria?) ter.
– Em outras palavras, o EU dirige-se a um TU-destinatário que o EU acredita (deseja) ser adequado ao seu propósito linguageiro (a "aposta" contida no ato de linguagem). No entanto, ao descobrir que o TU-interpretante (TU') não corresponde ao que havia imaginado (fabricado), acaba por descobrir-se como um outro EU (EU'), sujeito falante suposto (fabricado) pelo TU-interpretante (TU').

Assim, o ato de linguagem não deve ser concebido como um ato de comunicação resultante da simples produção de uma mensagem que um Emissor envia a um Receptor. Tal ato deve ser visto como um encontro dialético (encontro esse que fundamenta a atividade metalinguística[2] de elucidação dos sujeitos da linguagem) entre dois processos:
– processo de *Produção*, criado por um EU e dirigido a um TU-destinatário;
– processo de *Interpretação*, criado por um TU'-interpretante, que constrói uma imagem EU' do locutor.

---

[1] Pois, todo ato de linguagem é uma "aposta" que fazemos, "aposta" que tem por alvo nosso interlocutor que pode – ou não – interpretar corretamente a mensagem que estamos querendo lhe transmitir.

[2] Para a definição dessa atividade, cf. nosso artigo "Les bases de la technique métalinguistique d'élucidation" [As bases da técnica metalinguística de elucidação], in *Études de Linguistique Appliquée*, nº 11, Paris, Didier, sept. 1973.

O ato de linguagem torna-se então um ato *interenunciativo* entre *quatro sujeitos* (e não 2), lugar de encontro imaginário de dois universos de discurso que não são idênticos. O que representamos provisoriamente pelo seguinte esquema:

Universo de discurso do EU

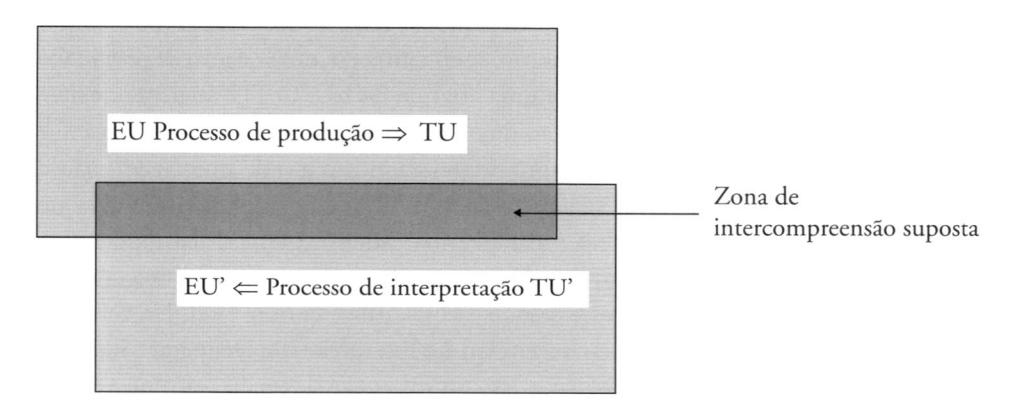

EU Processo de produção $\Rightarrow$ TU

Zona de intercompreensão suposta

EU' $\Leftarrow$ Processo de interpretação TU'

Universo de discurso do TU'

II. Definição dos sujeitos da linguagem

Esse desdobramento do EU e do TU, característico desta concepção do ato de linguagem, merece algumas especificações.

1. O sujeito destinatário (TUd) e o sujeito interpretante (TUi)

O TUd é o interlocutor fabricado pelo EU como destinatário ideal, adequado ao seu ato de enunciação. O EU tem sobre ele um total domínio, já que o coloca em um lugar onde supõe que sua intenção de fala será totalmente transparente para TUd.

Assim, sempre haverá um TUd presente no ato de linguagem, quer esteja explicitamente marcado, quer não. Em "Saia!", o TUd está marcado explicitamente; em "Ele saiu", o TUd não está marcado explicitamente, mas está presente, de acordo com as *Circunstâncias de Discurso* e de acordo com o *Contrato de comunicação* (que definiremos adiante). É preciso, igualmente, acrescentar a existência de vários TUd correspondendo a um mesmo ato de linguagem. O professor que escreve "Você precisa estudar mais" sobre o trabalho de um aluno pode estar se dirigindo tanto aos pais do aluno quanto ao próprio aluno. Todos eles são TUd.

O TUi (que anteriormente chamamos de TU') é, ao contrário, um ser que age fora do ato de enunciação produzido pelo EU. Isso não quer dizer que ele não intervenha no ato de linguagem, já que o ato de linguagem é uma totalidade que engloba os processos de produção e de interpretação. O TUi é o sujeito responsável pelo processo de interpretação que escapa, devido a sua posição, do domínio do EU. Assim sendo, se supomos que o TUd está em relação de transparência com a intencionalidade do EU, o TUi, ao contrário, se encontra em uma relação de opacidade com essa intencionalidade, já que não é uma criatura do EU. O TUi só depende dele mesmo e se institui no instante exato em que opera um processo de interpretação.

Desse modo, se o TUi está sempre presente em um ato de linguagem, não é no processo de produção. "Saia!" não implica um TUi, mas implica um TUd que é instituído como "sujeito que deve executar uma ordem". O TUd não pode fazer nada além disso. O TUi, ao contrário, pode transgredir essa ordem não a executando. Pode também obedecer: então, nesse caso, ele se identifica com o TUd. Na verdade, podemos dizer que o TUi tem por tarefa, em seu ato interpretativo, recuperar a imagem do TUd que o EU apresentou e, ao fazer isso, deve aceitar (identificação) ou recusar (não identificação) o estatuto do TUd fabricado pelo EU. Soma-se a esta questão o fato de que o TUi, devido à opacidade que o liga ao EU, pode detectar uma imagem do TUd que não corresponde à intencionalidade do EU.

Vejamos isso através de alguns exemplos:

– Marcos pergunta a Francisco "Esta noite você vem jogar?". Marcos faz sua pergunta a um Francisco-TUd supondo que ele vá responder (Marcos propõe o contrato de "pergunta-resposta"). Francisco-TUi pode responder com um sim ou com um não, o que não muda nada no contrato. Nesse caso, TUi aceita colocar-se no mesmo lugar e espaço do TUd. Mas TUi poderia decidir não responder. Nesse caso ele recusaria o contrato de fala, não se identificaria com o TUd e, com isso, certamente, faria o EU passar pelo vexame de ter sua pergunta ignorada.

Evidentemente, o TUi também é mais ou menos livre (ou sujeito a restrições) em suas reações, já que depende de um conjunto de *Circunstâncias de Discurso* que fazem com que se encontre numa relação de força face ao EU. Esse fato o leva a calcular os riscos de suas reações possíveis. Basta imaginar esse mesmo contrato de "pergunta-resposta" no contexto escolar. Se o aluno (TUi) recusa-se a responder uma pergunta feita em sala pelo professor, ele incorre em riscos de sanção que podem prejudicá-lo, enquanto aluno. O mesmo acontecerá em todas as circunstâncias de discursos totalitários.

– No ato de linguagem de um discurso publicitário, pode-se dizer que é fabricada uma imagem de um TUd a quem falta algo; esse Tud "deve procurar preencher essa falta". Então, uma hipótese é criada por parte do EU-publicitário, que supõe que o

TUi se identificará com a imagem do TUd que foi proposta. Porém, já vimos inúmeros casos em que esse tipo de "aposta" fracassa. Por exemplo, um caso ocorrido com uma conhecida marca de produtos de beleza: houve uma queda espetacular de vendas de seus produtos, no mundo inteiro, quando a campanha trocou sua modelo (uma bela mulher de mais de 40 anos) por três jovens de 25 anos. Ora, as mulheres (TUi) que usavam tal marca de produtos de beleza eram mulheres maduras, que se identificavam mais com a imagem (TUd) da mulher de mais de 40 anos, mas não com a imagem (outro TUd) das 3 mulheres jovens, que, como todo mundo sabe, não precisavam ainda usar os produtos da marca em questão...

– Vejamos, enfim, algumas reações de TUi diante do aviso "Entre sem bater" colado em uma porta. Pedimos a algumas pessoas que respondessem à pergunta "o que significa, para você, esta placa na porta de um lugar público?" Eis algumas das respostas que pudemos obter:

"É uma sala de recepção."
"Se batermos, incomodaremos as pessoas que se encontram no escritório."
"Na sala de recepção não há secretária nem funcionário."
 "Será que vai ter alguém para me atender?"
"Deve ser um lugar muito frequentado."
"Vou dar uma batidinha e entrar."

Observamos, sem entrar em detalhes, que os TUi constroem interpretações em função de suas experiências pessoais, isto é, de suas próprias práticas significantes.
Vamos resumir a oposição TUd/TUi:

– O TUd (sujeito destinatário) é um sujeito de fala, que depende do EU, já que é instituído por este último. Pertence, portanto, ao ato de produção produzido pelo EU.
– O TUi (sujeito interpretante) é um sujeito que age independentemente do EU, que institui a si próprio como responsável pelo ato de interpretação que produz.

Essa assimetria explica que o TUd possa ser o resultado do ato de produção do EU ou o resultado do ato de interpretação do TUi. Em outras palavras, o TUd do EU e o TUd do TUi não coincidem em todos os pontos.

2. O sujeito enunciador (EUe)
e o sujeito comunicante (EUc)

Ao argumentar sobre a assimetria da comunicação, havíamos observado que o TU' (isto é, o TUi), devido a sua interpretação, remetia ao EU uma imagem (EU') diferente daquilo que o EU acreditava (desejava) que ele fosse.

Esse desdobramento do lugar do EU nos leva a dizer que apenas o sujeito percebido (construído) pelo TUi é esse EU' que chamaremos a partir daqui de *sujeito*

Enunciador (designado por EUe). A esse EUe se opõe o EU produtor de fala que designaremos por EUc.

Assim sendo, o EUe é um ser de fala sempre presente no ato de linguagem: seja explicitamente marcado como em "Estou dizendo a você que *eu* não estou de acordo", seja em "Saia!" etc., seja apagado na configuração verbal do discurso como em "Ele disse que você está errado"[3].

Visto pelo lado do processo de produção, o EUe é uma imagem de enunciador construída pelo sujeito produtor da fala (EUc) e representa seu traço de intencionalidade[4] nesse ato de Produção.

Visto pelo lado do processo de interpretação, o EUe é uma imagem de enunciador construída pelo TUi como uma hipótese (processo de intenção) de como é a intencionalidade do Euc *realizada no ato de produção*.

Independentemente do lado em que esteja o foco, o EUe (assim como o TUd) é um ser que existe no e pelo ato de produção-interpretação. É esse ato que lhe dá um estatuto exclusivamente linguageiro, independente em parte, do EUc e do TUi. Em "Saia!", por exemplo, é o ato de linguagem nesta configuração particular que dá ao EUe o estatuto de "autoridade-dando-uma-ordem", ao mesmo tempo que dá ao TUd o estatuto de "submissão" (isto é: "devendo-executar-uma-ordem"). Em outras palavras, EUe e TUd são em parte transparentes, na medida em que estão inscritos no ato de linguagem pela configuração particular desse ato. Por exemplo, os estatutos que "Saia!" confere a EUe e a TUd não prejulgam a natureza do EUc (se efetivamente teria ou não autoridade) nem a reação do TUi (se vai se submeter ou não). Entretanto, esta transparência é apenas parcial, pois o ato de linguagem é uma totalidade que integra os sujeitos externos à configuração verbal que são EUc e TUi. Assim, chegou o momento de definirmos EUc.

O EUc é, como o TUi, um sujeito agente que se institui como locutor e articulador de fala, por nós denominado sujeito comunicante. Ele é o iniciador do processo de produção, processo construído em função das *Circunstâncias de Discurso* que o ligam ao TU e que constituem sua intencionalidade. Desta forma, o EUc é a testemunha de um determinado *real,* mas de um real pertencente ao seu universo de discurso.

No entanto, uma questão se coloca: como o EUc poderia se revelar em sua totalidade ? Ele sofre certas restrições impostas pelas *Circunstâncias de Discurso*[5], e também por saber que, nem sempre tais circunstâncias são idênticas às que envolvem o TUi, isso sem falar das práticas significantes coletivas que estão inscritas na linguagem...

---

[3] EUe é, aqui, enunciador de um discurso relatado.

[4] *Intencionalidade.* Empregamos esta palavra com um propósito preciso, pois, não se trata apenas do conjunto das intenções comunicativas plenamente concebidas e voluntariamente transmitidas. Trata-se de um conjunto de intenções que podem ser mais ou menos conscientes, mas que são todas marcadas pelo selo de uma coerência psicossociolinguageira. Não queremos reduzir o ato de linguagem a um fenômeno que se originaria de uma única intenção consciente. Queremos, ao contrário, tomá-lo em sua totalidade, isto é, o ato de linguagem é permeável aos impactos do inconsciente e do contexto sócio-histórico. Intencionalidade é diferente de *intenção* e equivale ao termo *projeto de fala*.

[5] Cf. tema detalhado posteriormente no *contrato de comunicação* ou contrato situacional.

No caso do exemplo "Saia!", EUc tentará organizar seu ato de linguagem nele colocando um EUe investido de autoridade, mas, esta atitude não terá sucesso se o TUi não o levar a sério – nesse caso, então, embora EUe tenha ares de autoridade, EUc não ganhará sua "aposta" e não será visto como alguém que detém uma autoridade. Assim sendo, postulamos que não há relação de transparência entre EUe e EUc. EUe é somente uma representação linguageira parcial de EUc. Entre EUe e EUc há a relação de englobado e englobante do primeiro para o segundo, e diremos que a mesma representação ocorre do ponto de vista do ato de interpretação: EUe é apenas *uma máscara de discurso* usada por EUc. É por isso que EUc, consciente desse estado de fato, pode jogar, com finalidades estratégicas, tanto o jogo da transparência entre EUe e EUc quanto o da ocultação de EUc por EUe.

Vejamos isso através de alguns exemplos:

– Alguns professores aceitaram parafrasear a fórmula bastante conhecida da caderneta escolar ou do boletim: "Deve se esforçar mais", a fim de elucidar a intenção subjacente a essa fórmula. À sua maneira, cada um deles tentou dizer que intenção pessoal poderia corresponder a esta apreciação. Eis algumas de suas paráfrases:

"Esse aluno é inteligente, mas não faz nada, é preciso que estude mais."
"Esse aluno não é muito bom, mas não se pode desencorajá-lo."
"O aluno é até inteligente, mas não se esforça o suficiente."
"O aluno é tão fraquinho que nem dá para acreditar."
"Seu filho não estuda."
"O aluno não é bom, mas com muito esforço poderá melhorar."

Se é possível, efetivamente, criar a hipótese de que cada uma dessas paráfrases corresponde a um igual número de intenções que seriam realizadas linguageiramente pela fórmula em questão, então temos fundamento para dizer que a fala configurada é uma máscara. Pois a apreciação "Deve se esforçar mais" traz à cena um EUe que mascara a intencionalidade do EUc – intencionalidade representada por uma ou outra paráfrase. Podemos observar que, de acordo com o caso, o EUe oculta o EUc em maior ou menor grau ou que há uma maior ou menor distância entre EUc e EUe (isso vai depender das referências de quem observa-julga essa ocultação ou essa distância). Em todo caso, nunca afirmaremos que EUe é totalmente transparente com relação a EUc.

Vamos relatar agora uma pequena experiência: mostramos esta frase a um grupo de pessoas: "Não se mendiga seu direito. O direito é obtido através de uma luta digna". Em seguida, pedimos às pessoas que imaginassem – pois, no processo de interpretação a imaginação tem um lugar de destaque – qual seria a posição político-ideológica do autor da supracitada frase. Repetimos a mesma experiência com públicos diferentes e obtivemos as seguintes respostas:

"É uma pessoa que pertence a um grupo oprimido."
"É um militante sindicalista."
"É um homem de esquerda."
"É um revolucionário."
"É um partidário da luta armada para a conquista dos direitos do trabalhador."

Em seguida, revelamos que a frase é uma adaptação de um aforismo de... Hitler. O público sentiu, então, que um texto interpretado fora de suas circunstâncias de produção induz à construção de uma imagem do EU que responde às referências sociolinguageiras de cada indivíduo. Esta frase fez com que o público (os participantes de nossa experiência) percebesse também que o EUe isoladamente não permite o acesso a EUc e que não somos obrigados a passar por EUc para criar hipóteses sobre EUe – pois é EUe e não EUc que produz o que se pode chamar de *efeito de discurso*. Enfim, pareceu-me ter ficado claro para todos que o ato de linguagem é algo que é operacionalizado pelo EUc – isso porque, assim que identificamos quem era o sujeito comunicante, vimos que a totalidade das interpretações do grupo se modificou imediatamente.

A partir disso, notamos que a noção de *autor* de uma frase não é uma noção clara, nem operante, pois, recobre um sujeito duplo: o EUe e o EUc. Cabe lembrar ainda que, tanto um quanto outro, são vistos de forma diferente, caso a abordagem se refira ao ato de produção ou ao ato de interpretação.

– O EUc participa da totalidade do ato de linguagem, apesar de sua posição de exterioridade em relação à configuração verbal do ato, e o conhecimento que o TUi pode ter do EUc intervém no processo interpretativo. Assim se explicam os atos de fala performativos. Para que o enunciado "Está encerrada a sessão" seja sentido como a realização da ação que descreve, é preciso que seu autor tenha "poder para fazê-lo" (por exemplo, um presidente de uma determinada sessão pode fazer essa declaração). Dito de maneira mais clara: para que *um ato de linguagem* (e não *um ato de fala* sob sua única forma configurada) seja percebido como performativo, é preciso que o EUe descreva uma ação através de sua fala e que o TUi possa imaginar que o EUc tenha um "poder" efetivo com relação à ação descrita (assim, não se trata mais de uma realidade, mas de uma estratégia).

Esta definição nos permite especificar alguns pontos:

– Uma vez mais, a noção de emissor não é uma noção operante, já que, para julgar o ato performativo somos levados a distinguir o responsável pelo ato de fala (EUe) do responsável pelo ato de produção (EUc). Além disso, o ato performativo não deve ser julgado apenas pelo ponto de vista do EU, pois é preciso ainda que o TUi tenha os meios para julgar a relação EUc-EUe. Esse fato nos leva a constatar que o EUc não é um ser único, fixado de uma vez por todas. Ele é o que o processo interpretativo diz dele (diz-me qual é sua interpretação e te direi como vês o EUc). Em outros termos, EUc depende do conhecimento que TUi tem dele. Ora, um mesmo ato de linguagem pode ser interpretado por diferentes TUi e com isso, o EUc pode ser conhecido de diferentes maneiras. Assim, uma mesma fala poderá ser interpretada como "provocadora", "demagógica", "denunciadora" e/ou "irônica" conforme o TUi.

– De uma maneira geral, todo ato de linguagem envolve *n* estratégias para o EUc e muitas possibilidades interpretativas para o TUi. Assim, pode-se compreender o que se convencionou chamar a *delegação da fala*: quando um orador começa sua intervenção dizendo "Estou falando aqui em nome do sindicato X...", ele pede ao auditório que o reconheça como um EUe que fala em nome de um EUc-sindicato (na realidade, esse EUc apaga a si mesmo atrás de um terceiro: é a instituição quem fala). As estratégias da imprensa *rosa* também devem ser compreendidas dessa maneira. Ao revelar ao grande público a vida privada de artistas e políticos, ela constrói os EUc dessas personalidades que, em seguida, *legitimarão* os EUe. Esse tipo de imprensa pode fazer e desfazer carreiras bem-sucedidas: o cantor de uma dada canção de amor (enquanto EUe) poderá subir na parada de sucessos se o público descobrir que ele teve uma desilusão amorosa (enquanto EUc). Inversamente, se revelar que uma pessoa pública cometeu um delito, (enquanto EUc), o público não acreditará em sua sinceridade quando tal pessoa for falar (enquanto EUe)[6].

Por esta razão, o EUc (mesmo quando é construído pelo TUi) está sempre no lugar e no espaço de *testemunha do real*[7]. Assim sendo, quando lemos um slogan revolucionário escrito em um muro, fora da situação de crise sociopolítica que o gerou, ele nos parece "esvaziado", pois as razões de sua origem se perderam no tempo e no espaço. Isso se dá porque tal slogan nos remete a um EUe, mas sem que tenhamos a possibilidade de apreender um EUc nem a situação de produção do enunciado. Por outro lado, se o slogan for lido no exato momento da crise, ele nos remeterá a um Eue e, mais que isso, a um EUc e à situação de produção. Compreenderemos o enunciado com mais facilidade porque somos sujeitos interpretantes (TUi) mergulhados na mesma crise, no momento de sua produção e, por isso, suscetíveis de estabelecer uma identificação com as testemunhas do real "vivido".

Resumiremos a oposição EUc/EUe.

– O EUe (sujeito Enunciador) é um sujeito de fala (como o TUd) realizado e instituído na fala. O EUe é responsável por um certo *efeito de discurso* produzido sobre o Interpretante. Porém, como esse *efeito de discurso* depende igualmente do que é o TUi, é o TUi que, em compensação, constrói (para si) uma certa imagem do EUe. Assim, o EUe é sempre uma imagem de fala que oculta em maior ou menor grau o EUc.

---

[6] Cf. o caso Watergate nos Estados Unidos.

[7] Não conferimos a *real* um valor absoluto. Não consideramos que haja em algum lugar uma realidade fixa, indiferente à linguagem e mais verdadeira que ela. Conferimos a *real* um valor de *estatuto* imaginado pelo homem. Trata-se muito mais de um *como se* a realidade verdadeira exterior à linguagem existisse.

– O EUc (sujeito comunicante) é um sujeito agente (como o TUi), localizado na esfera externa do ato de linguagem, mas, responsável por sua organização. O EUc é o iniciador-responsável pelo ato de produção e é a relação EUc-EUe que produz um certo *efeito pragmático* sobre o Interpretante. O EUc é sempre considerado como uma *testemunha do real*, mas, dentro desse " real", depende do conhecimento que o TUi tem sobre ele.

3. Os dois circuitos do ato de linguagem e o esquema de representação

Vamos retomar as diferentes observações já apresentadas e integrá-las em uma definição geral:

a) O ato de linguagem não pode ser considerado somente como um ato de comunicação: tal ato não é apenas o resultado de uma única intenção do emissor e não é o resultado de um duplo processo simétrico entre Emissor e Receptor.

Todo ato de linguagem resulta de um jogo entre o implícito e o explícito e, por isso: (i) vai nascer de circunstâncias de discurso específicas; (ii) vai se realizar no ponto de encontro dos processos de produção e de interpretação; (iii) será *encenado* por duas entidades, desdobradas em sujeito de fala e sujeito agente[8]. O ATO DE LINGUAGEM e os SUJEITOS serão, pois, representados pelo seguinte esquema:

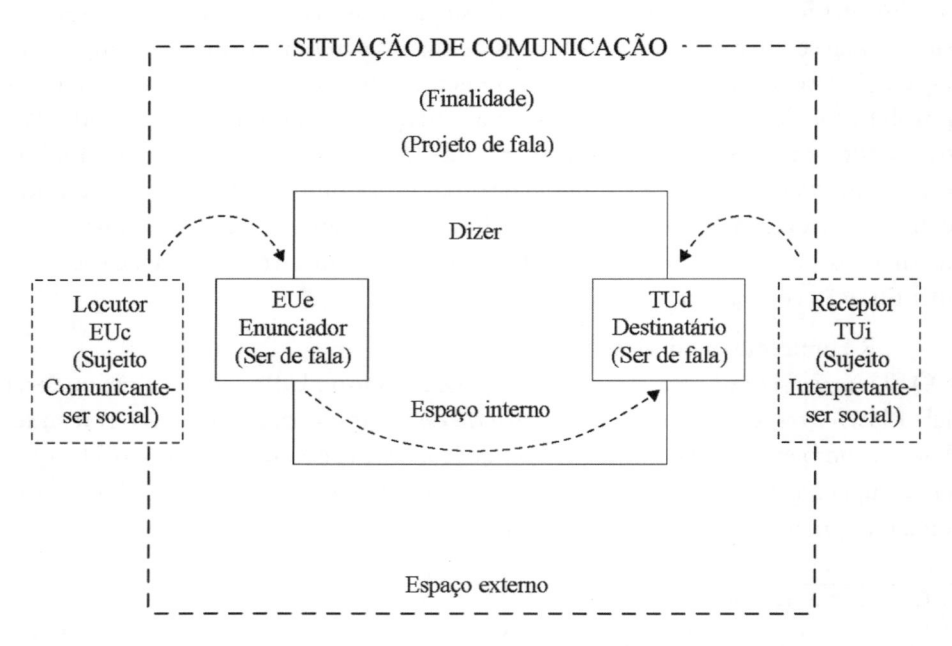

---

[8]　Ou seja: EUc / EUe e TUd / TUi, os quatro sujeitos do ato de linguagem.

b) Devido a esse desdobramento, observamos que o ato de linguagem, em sua totalidade, compõe-se de dois circuitos de produção de saber:

– *o circuito da fala configurada (espaço interno)* no interior do qual se encontram seres de fala, que são instituídos como imagem de sujeito enunciador (EUe) e de sujeito destinatário (TUd), oriundos de um saber intimamemente ligado às representações linguageiras das práticas sociais;

– *o circuito externo à fala configurada (espaço externo)* onde se encontram os seres agentes que são instituídos como imagem de sujeito comunicante (EUc) e de sujeito interpretante (TUi), conforme um saber ligado ao conhecimento da organização do "real" (psicossocial) que sobredetermina estes sujeitos.

A esta visão, devemos acrescentar que o mundo falado por estes sujeitos tem uma dupla representação, de acordo com a esfera em que se encontram: quando esse mundo é considerado no circuito de fala, corresponderá a uma representação discursiva; se ele for considerado no circuito externo, como testemunha do real, corresponderá a uma representação da situação de comunicação.

c) Ilustraremos esse esquema do ato de linguagem com alguns exemplos, lembrando que ele permite descrever estratégias de discurso simples, tais como:

"Mentira"	– EUe diz *p*. – EUc sabe (pensa) *não-p*. – EUc faz com que TUi se identifique com um TUd que acredita que EUc pensa *p* (grau de credibilidade).
"Segredo"	– EUe não diz nada sobre algo que sabe sobre *p*. – EUc sabe algo sobre *p* e poderia, talvez, transmiti-lo a TUd. – TUi cria a hipótese (ele sente) de que EUc sabe algo sobre *p*, mas, não quer transmiti-lo a ele.
"Provocação"	– EUe diz *p* e constrói uma imagem de TUd desfavorável a TUi. (Ele sabe que TUi ≠ TUd). – EUc quer fazer com que TUi reaja (defesa reveladora).
"Demagogia"	– EUe diz *p* e constrói uma imagem de TUd favorável a TUi. (Ele sabe que TUi = TUd). – EUc quer, pela identificação de TUi com TUd, que TUi lhe seja favorável (busca uma certa cumplicidade).

– O referido esquema permite, igualmente, compreender como funcionam outras estratégias mais complexas e como o estatuto dos protagonistas pode se transformar, de um caso para outro. É o que pode acontecer no caso "pesquisa de opinião". A *questão-sondagem* põe em cena um EUe – que solicita uma opinião – e um TUd – que tem sua opinião solicitada a respeito do conteúdo da questão. Porém, esta *questão* integra um conjunto construído por um EUc-instituto-de-pesquisa X, que pressupõe (e, logo, fabrica):

• a existência, na sociedade, de determinados *objetos ou seres de valor* (personalidades políticas, por exemplo);

• a existência de uma *preocupação* por parte dos indivíduos dessa sociedade em relação a esses objetos/seres de valor – é por isso que os *não opinaram* representam sempre uma porcentagem mínima pois interrogar é dar importância ao objeto da interrogação;

• e a existência de uma *variação codificada das opiniões*, que corresponde a respostas que obedecem uma certa graduação na enunciação: nelas vão aparecer modalizadores do tipo "às vezes", "sempre", "nunca" etc.). O EU impele o TUi a responder de acordo com o estatuto que é dado ao TUd. O TUi, por sua vez, se vê na imposição de responder a partir do instante em que aceita participar da pesquisa e só pode fazê-lo identificando-se com o TUd. Além disso, o TUi, ao responder, torna-se um EUe, que não pertence a si mesmo. Tal fato ocorre porque, de um lado, o EUc não pode se revelar inteiramente no EUe (por seguir as imposições do estatuto do TUd), e de outro lado, porque, após o tratamento dos dados da pesquisa, sua resposta reaparece, mas, ela foi, por assim dizer, absorvida em meio às outras respostas individuais e logo, reduzida ao título de opinião pública. Assim sendo, temos o caso de um TUd (o questionado) transformado em EUe (aquele que responde) e de novo transformado em "resultado de pesquisa". Cúmulo da perversão: tal resultado é apresentado como se viesse de um terceiro ou da "vox populi".

– Esse esquema permite também descrever o jogo enunciativo de um texto literário. Escolhemos este trecho do *Pequeno Príncipe* de Saint-Exupéry:

> Vivi portanto só, sem amigo com quem pudesse realmente conversar, até o dia, cerca de seis anos atrás, em que tive uma pane no deserto do Saara. Alguma coisa se quebrara no motor. E como não tinha comigo nem mecânico ou passageiro, preparei-me para empreender sozinho o difícil conserto. [...]
> Na primeira noite, adormeci pois sobre a areia, a milhas e milhas de qualquer terra habitada. Estava mais isolado que o náufrago sobre numa tábua, perdido no meio do mar. Imaginem então a minha surpresa, quando, ao despertar do dia, uma vozinha estranha me acordou. Dizia:
> – Por favor... desenha-me um carneiro!
> – Hem!
> – Desenha-me um carneiro...
> Pus-me de pé, como atingido por um raio. Esfreguei os olhos. Olhei bem. E vi um pedacinho de gente inteiramente extraordinário, que me considerava com gravidade./.../
> – Mas... o que fazes aqui?

E ele repetiu-me então, brandamente, como uma coisa muito séria:
– Por favor... desenha-me um carneiro...
Quando o mistério é muito impressionante, a gente não ousa desobedecer./.../[9]

Podemos dizer que esta narrativa é escrita de maneira autobiográfica, na medida em que sua narração é assumida por um *eu*. Na realidade, esse *eu* é apenas uma marca gramatical que aparece na configuração verbal da narrativa e que remete a diversos estatutos enunciativos do EU. No que diz respeito a essa sequência, diremos que a marca *eu* remete a:

• Um *EUe-Enunciador* da narrativa, que conta uma história, apresenta diálogos ("Dizia", "repetiu-me"), descreve acontecimentos ("uma pane"), lugares ("no deserto"), personagens ("um pedacinho de gente...", "Estava mais isolado que..."), enfim, elementos da narrativa que formam a história.

• Um *EUc-Contador (narrador)* que se dirige diretamente ao leitor: "Imaginem então a minha surpresa", "Quando o mistério é muito impressionante, a gente não ousa desobedecer." Um traço da organização narrativa a ser mencionado é a utilização do pretérito perfeito do indicativo ("vivi", "adormeci pois sobre a areia", "Pus-me de pé") que assinala a presença de acontecimentos "vividos" no passado, marcados na própria instância da narrativa. Os verbos no presente do indicativo também criam um jogo de atualização da narração, ou seja, trata-se de um evento no passado que se direciona para o presente.

A *interpelação* do leitor (construção e implicação de um TUd), a atualização da história através do *pretérito perfeito*, do *presente do indicativo* e de enunciados com valor de aforismo são fatores que contribuem para dar a ilusão de que estamos diante de uma narrativa oral que nos seria apresentada por uma pessoa em carne e osso, ou seja, por um EUc, o que provoca um efeito de real. A construção dessa estratégia de discurso se estrutura a partir do efeito produzido por um contrato de *confidência*.

• Um *EUc-Aviador* que poderia ter tido, realmente, essa aventura. Esse EUc seria então uma espécie de testemunha direta e viva de uma realidade pessoal. Assim sendo, lhe é permitido falar de seres e de eventos como se estes também fossem testemunhas dessa realidade[10]. Assim o leitor poderá criar a imagem de representações desse *eu,* considerando-o como um personagem fictício de uma história, e/ou como um personagem real e/ou como um EUc – um personagem real que nos conta a história.

• Um *EUc-Escritor* que tem um certo projeto de escritura e que, para executá-lo, organiza seu ato de linguagem, a fim de transformá-lo em ato de escritura literária e dirige-

---

[9] Antoine de Saint Exupéry. *O pequeno príncipe* (Le petit prince). Trad. para o português de D. Marcos Barbosa, 25ª ed. Rio de janeiro: Livraria Agir Editora, 1983, p.11-12.

[10] Na realidade, trata-se de um efeito de real que dependerá do crédito que o TUi poderá fornecer ao EUe e que poderá, eventualmente, sustentar um determinado saber sobre o EUc (neste caso, por exemplo, saber que Saint-Exupéry foi um piloto de avião).

se a um leitor que imagina ter conhecimento do "contrato literário". É esse EUc-escritor que, podemos dizer, parece se deliciar elaborando um jogo lúdico entre os contratos de *"confidência"*, de *"real"* e de *"maravilhoso"*, com os quais adorna sua narrativa.

III. Contratos e estratégias de discurso

1. O ato de linguagem, do ponto de vista de sua produção, pode ser considerado como uma expedição e uma aventura.

a) Uma expedição quanto a seu aspecto intencional. Nessa perspectiva, podemos dizer que um ato de linguagem participa sempre de um projeto global de comunicação concebido pelo sujeito comunicante (EUc). Assim, o EUc deve organizar[11] o que está disponível no conjunto de suas competências, levando em conta a margem de liberdade e de restrições de ordem relacional[12] de que dispõe. Deve também desejar que seu ato tenha sucesso; ora, a garantia de tal sucesso estará na coincidência de interpretações que poderá ocorrer entre o sujeito interpretante (TUi) e o destinatário (TUd).

Para ser bem-sucedido nessa expedição, o sujeito comunicante fará uso de *contratos* e de *estratégias*.

A noção de *contrato* pressupõe que os indivíduos pertencentes a um mesmo corpo de práticas sociais estejam suscetíveis de chegar a um acordo sobre as representações linguageiras dessas práticas sociais. Em decorrência disso, o sujeito comunicante sempre pode supor que o outro possui uma competência linguageira de *reconhecimento* análoga à sua. Nesta perspectiva, o ato de linguagem torna-se uma *proposição* que o EU faz ao TU e da qual ele espera uma contrapartida de conivência.

Se retornamos ao estudo da sequência nº 2, constataremos que o cronista – enquanto EUc – forneceu ao leitor do artigo um certo número de elementos (os filtros construtores de sentido), para que este pudesse reconhecer a palavra *intelectual* como portadora de *negatividade*.

A noção de *estratégia* repousa na hipótese de que o sujeito comunicante (EUc) concebe, organiza e encena suas intenções de forma a produzir determinados *efeitos* – de persuasão ou de sedução – sobre o sujeito interpretante (TUi), para levá-lo a se identificar – de modo consciente ou não – com o sujeito destinatário ideal (TUd) construído por EUc. Para fazê-lo, o EUc poderá utilizar contratos de reconhecimento, como os que acabamos de definir, mas poderá também recorrer a outros procedimentos, que oscilam entre dois polos:

---

[11] É preciso criar a hipótese de que a linguagem faz parte de um conjunto de condutas coerentes internas ao sujeito. A incoerência seria sempre *um julgamento feito pelo outro*.

[12] O sujeito está no centro de um conjunto de relações psicossócio-humanas.

– a fabricação de uma *imagem de real* como lugar de uma *verdade* exterior ao sujeito e que teria força de lei;

– a fabricação de uma *imagem de ficção* como lugar de *identificação* do sujeito com um outro, imagem esta que constitui um lugar de projeção do imaginário desse sujeito.

A partir daí, vemos que falar ou, em outras palavras, comunicar é um ato que surge envolvido em uma dupla aposta ou que parte de uma expectativa concebida por aquele que assume tal ato : (i) o "sujeito falante" espera que os contratos que está propondo ao outro, ao sujeito-interpretante, serão por ele bem percebidos e (ii) espera também que as estratégias que empregou na comunicação em pauta irão produzir o efeito desejado.

b) Entretanto, toda essa *encenação* intencional se encontra revista e corrigida – ou pode até mesmo ser mal recebida – pelo sujeito interpretante que detecta e interpreta, à sua maneira, tais contratos e as estratégias. Por esta razão, o ato de linguagem não é apenas uma expedição, mas é também uma aventura. Ora, a aventura é o que está inscrito no campo do imprevisível. Se, de um lado, o sujeito comunicante é senhor de sua encenação, do outro lado (o da recepção propriamente dita), ocorre o contrário: (i) o sujeito interpretante pode não dominar completamente os efeitos produzidos na instância de comunicação do sujeito comunicante; voltamos a lembrar que EUc tem controle total apenas somente sobre o destinatário, ou seja TUd; (ii) mas, pode também ocorrer que o sujeito comunicante não seja capaz de dominar seu próprio inconsciente e deixe transparecer evidências que não estão contidas em seu ato de linguagem; em outras palavras, pode produzir, no sujeito-interpretante efeitos não previstos ou desejados[13]; e, por fim, cabe lembrar (iii) que, muitas vezes, o sujeito-interpretante não está totalmente consciente do contexto sócio-histórico que deu origem ao ato de comunicação, o que pode alterar, consideravelmente, sua interpretação.

Vejamos alguns exemplos:

– EUc pode dizer a seu interlocutor: "Você vai se cansar se continuar a andar assim tão depressa" na intenção de incitá-lo a andar mais rápido. Há a "aposta" ou a expectativa (por parte de EUc) de que seu "contrato irônico-humorístico" será percebido pelo interlocutor. Mas pode acontecer que isso não ocorra e o interlocutor, tomando o ato dito por EUc no primeiro grau, diminua o passo. EUc terá assim perdido sua "aposta", pois não terá obtido o efeito esperado, simplesmente porque o sujeito interpretante não reconheceu o contrato que lhe foi proposto.

Porém, esse mesmo tipo de *contrato* pode ser utilizado pelo sujeito comunicante (EUc) como uma *estratégia de subterfúgio*. É fácil imaginar que EUc dê uma ordem a alguém que não aceite esta ordem (enquanto TUi), invertendo a relação de autoridade.

---

[13] É o caso particular da *denegação*, que não está na intenção do sujeito comunicante – caso contrário não estaríamos diante de uma denegação, mas de uma questão de estratégia – e que pode ser julgada como tal somente pelo sujeito interpretante.

TUi poderá dizer: "Como você ousa me dar uma ordem?". EUc estrategicamente retruca dizendo: "Não! Você não entendeu! Eu estava apenas brincando! Imagine se vou te dar ordens...".

– O discurso político se caracteriza por um jogo polêmico, que utiliza constantemente contratos e estratégias para convencer ou seduzir o outro. Digamos que EUc tenta fabricar uma imagem de sujeito destinatário (TUd) que acredita ser coincidente com a do sujeito interpretante. Assim, no contexto desse tipo de discurso, podemos notar a construção de uma imagem de "fusão identitária" como uma estratégia de dramatização, para fazer com que uma nação se sinta integrada em um mesmo grau de cidadania: não é *parte* dela que conta, mas seu *todo*. Esse fato pode ser visto claramente na declaração abaixo:

Sequência nº 5 (*as marcas que contribuem para fabricar uma imagem de TUd foram por nós sublinhadas*):

"Quero dizer para vocês que sou Presidente de todos, sem distinção de credo religioso, sem distinção de compromissos ideológicos. Sou Presidente de todos sem me preocupar com a origem social de cada um.(...)" .[14]

– Enfim, o sujeito comunicante (EUc) usa estratégias, fabricando para si mesmo diversas imagens de enunciador (EUe).

Sujeitos como este, ou seja, aqueles que estão cientes de sua posição de autoridade, podem ainda reativá-la, fabricando uma imagem de EUe autoritária. É o caso do professor que diz a um aluno: "Pra fora!". Mas, esse mesmo professor pode também construir uma imagem de EUe não autoritária, colocando uma "máscara de benevolência" sobre seu EUc autoritário: "X, saia da sala agora, por favor. Vai ser melhor para todos". Poderemos chamar essa estratégia de hipocrisia, demagogia, ironia, etc. de acordo com as *Circunstâncias de Discurso*. É diante de uma dessas estratégias que nos encontramos quando EUc, tendo a certeza de saber alguma coisa, expressa-se como se a ignorasse. Dizemos que ele "se faz de inocente", que ele "banca o bobo", e até mesmo combinando essa estratégia com outra, dizendo que "está jogando verde para colher maduro".

c) Consequentemente, o sujeito comunicante, ao fabricar para si uma certa imagem de EUe, pode reativar seu estatuto de EUc, ocultá-lo, deixá-lo apenas transparecer, torná-lo ambíguo, ampliá-lo (blefar), etc., de acordo com o grau de credibilidade que pensa ter junto ao sujeito interpretante. Trata-se do fenômeno da *legitimação de fala*[15]. Em última análise, se o EUc sabe que está *legitimado* no circuito externo (EUc -TUi),

---

[14] Discurso proferido pelo Presidente Luiz Inácio Lula da Silva no Parlatório do Palácio do Planalto durante a cerimônia de posse de seu segundo mandato, em 01/01/2007.

[15] Termo igualmente utilizado pela escola de sociologia de P. Bourdieu, com uma acepção da mesma ordem, mas inserido em uma problemática que não é inteiramente semelhante à nossa.

poderá permitir-se a construção de qualquer imagem de EUe: assim, um professor poderia dizer contraverdades na sala de aula, estas seriam tomadas como verdades pelos alunos que pensam que o professor deve representar o Saber. Inversamente, o sujeito comunicante pode ter necessidade de se fazer legitimar e pode então declarar: "Eu falo em nome de...", em nome de um sindicato, de um partido político, de uma comissão de estudo, de um grupo profissional, de uma associação de defesa, etc. Nesse caso, ele convoca o auditório a considerar que o EUe ali percebido é apenas o porta-voz de um EUc *regulamentado e legitimado socialmente*[16].

Lembramos ainda que a *legitimação* da fala não advém apenas da vontade do sujeito comunicante, pois, como acabamos de ver, é, às vezes, <u>difícil</u> para o EUc prejulgar a reação do sujeito interpretante...

2. Ao considerar o ato de linguagem como o encontro de dois processos que envolvem quatro protagonistas, ligados por um duplo circuito (interno e externo), somos levados a constatar que estes sujeitos se encontram por si próprios *sobredeterminados* pelas circunstâncias de fala que os ultrapassam.

Tomemos os enunciados seguintes:

(a) "Vocês não passarão pela praça da *República*."
(b) "É a festa no *Viaduto do Chá*."
(c) "Ainda há gasolina na avenida *Ipiranga*."
(d) "Divirta-se na *Estação da Luz*."
(e) "Você tem pouca esperança na avenida *Paulista*."

Tomados isoladamente, cada um desses enunciados pode gerar interpretações diversas; para (a), podemos pensar que se trata de uma manifestação, uma passeata; para (b), que é um lugar de espetáculos; para (c), que, em situação de falta de gasolina, existe ainda um lugar onde se pode encontrá-la; para (d), que foi criado um novo parque de diversões, etc. Mas consideradas na *Circunstância de Discurso* que presidiu sua produção, esses enunciados, aparentemente tão diferentes uns dos outros, tornam-se parcialmente equivalentes (ao menos pela indicação de lugar) quanto à informação que eles transmitem.

Para melhor explicar o que foi dito, vamos considerar que o sujeito que produz esses enunciados é uma locutora de rádio que interrompe de vez em quando seu programa de variedades musicais para "dar-informações-sobre-o-estado-do-trânsito-em-São-Paulo". Esta locutora fala, pois, para um destinatário "motorista-interessado-

---

[16] Nesse sentido, parece-nos que uma das características de maio de 1968 foi a tentativa de romper com essa tradição da delegação da fala. Durante um certo tempo, foi considerado pelos estudantes franceses, participantes dessa manifestação, que a tomada de palavra não deveria ser justificada por uma legitimação externa ao circuito de fala. Isso constituía uma maneira de dizer: "Nós queremos apenas EUe, não temos necessidade de saber quem é o EUc" (atitude subversiva por excelência).

nessas-informações". Esses enunciados têm um mesmo implícito em comum que podemos assim descrever: "Há um engarrafamento na rua X" ou "O trânsito está difícil na rua X". Denominamos *Implícito codificado* o implícito que resulta dos estatutos do EUc e do TUi e da relação imaginada que os interdefine.

Vejamos outros exemplos:

– Imaginemos uma pessoa que entre em um táxi e, sem dar seu itinerário, comece a contar seus problemas familiares ao motorista. Há uma grande chance deste ficar espantado e interromper seu passageiro para perguntar-lhe aonde quer ir. A partir do momento em que uma pessoa entra em um táxi, ela se institui como "cliente-que-informa-ao-motorista-o-lugar-aonde-quer-ir" e, ao mesmo tempo, institui seu interlocutor como "motorista-que-deseja-ser-aceito-pelo-cliente-e-que-pode-levá-lo-ao-lugar-onde-ele-deseja-ir". Isso explica porque basta o passageiro dizer "Praça *da República*" para que o táxi arranque, fenômeno que poderia ser visto como uma espécie de ato mágico por algum persa* que não conhecesse o contrato linguageiro que liga (ou sobredetermina) esses dois sujeitos. Continuando com o nosso imaginário 'persa': ele ficaria ainda mais espantado se pudesse observar que o mesmo enunciado "Praça *da República*" produziria outros efeitos em outras circunstâncias, por exemplo, se fosse dirigido por alguém ao motorista ou cobrador de um ônibus que se dirigisse para a citada praça. O 'persa' observaria que o referido enunciado, nesta situação, daria lugar a um "Sim" (seguido de uma troca de tíquetes ou dinheiro) ou a um "Não". Nesse caso, é outro contrato que sobredetermina EUc e TUi.

– Retomemos agora um outro exemplo já estudado: uma pessoa senta-se num café e pede *uma caipirinha*. O que faz com que lhe tragam uma "bebida" e não uma pessoa do sexo feminino, vinda da roça? Ao nosso ver, é a existência de um *Implícito codificado* que coloca as duas partes ("cliente" e "garçom") num mesmo terreno de conivência discursiva e que lhes permite produzir/interpretar *caipirinha* como "bebida". Dizemos que estas duas partes são sobredeterminadas por um mesmo *Ritual sociolinguageiro* que faz com que apenas o ser coletivo esteja em questão nesta expectativa discursiva.

3. Denominamos *Contrato de comunicação* o ritual sociolinguageiro do qual depende o *Implícito codificado* e o definimos dizendo que ele é constituído pelo conjunto das restrições que codificam as práticas sociolinguageiras, lembrando que tais restrições resultam das condições de produção e de interpretação (*Circunstâncis de Discurso*) do ato de linguagem. O *Contrato de comunicação* fornece um estatuto sociolinguageiro aos diferentes sujeitos da linguagem. Assim, as estratégias discursivas mencionadas anteriormente devem ser estudadas em função desse Contrato.

---

* N.T.: Referência ao romance *Cartas Persas* (publicado pela primeira vez em 1721) de Montesquieu, no qual um cidadão persa, personagem imaginado pelo autor, relata em suas cartas os "curiosos" hábitos e costumes dos nobres franceses.

– O caso dos performativos se explica pela existência do referido Contrato. Se o "sim", pronunciado pelo presidente de uma assembleia e endereçado a alguém que levantou a mão, significa "Você tem a palavra", é porque o *Contrato de comunicação* coloca, de um lado, o presidente da assembleia na posição de "outorgar a palavra" e, de outro, coloca qualquer membro da mesma assembleia na mesma posição de "pedir a palavra ao presidente". Porém, o "sim" significaria outra coisa numa outra circunstância.

– Há alguns anos, um jornalista-humorista fez a experiência de entrevistar um ministro no momento em que este descia de um avião, deixando inaudível uma parte de suas perguntas. O resultado foi este: "Senhor Ministro, como ... – e aí o jornalista dizia qualquer coisa em uma linguagem incompreensível, mas, cuja entonação deixava crer que a questão continuava – ... com seus colaboradores?" E o ministro respondia sem hesitação nem espanto: "Bem, eu lhe digo que fui calorosamente acolhido e que tive contatos muito interessantes com as personalidades do novo governo." Esse pequeno jogo continuou com quatro ou cinco perguntas sem que o ministro pedisse ao jornalista para repetir a pergunta uma só vez. É que o ministro, literalmente *"fisgado"* pelo *Contrato de comunicação* – "um jornalista só pode estar aqui para pedir informações sobre a viagem política que acabo de fazer" –, respondia em função do *Implícito codificado* que a *Circunstância de Discurso* determinava.

– As circunstâncias que determinam o Contrato de comunicação são de ordem socioinstitucional. Dessa forma, no contexto da escola, o professor tem o estatuto de "possuidor do saber" e o aluno tem tanto o estatuto de "não possuidor do saber" quanto o de "alguém que deve adquirir um saber". Isso justifica o aspecto injuntivo da *Interrogação*. O professor poderá até querer convencer o aluno de que, enquanto professor, não sabe tudo, mas o Contrato de comunicação que o liga ao aluno não lhe permite ser um "não possuidor do saber", já que legitima o professor *a anteriori*, antes mesmo que este entre na sala de aula.

– Enfim, notamos o prazer perverso daqueles que, numa reunião, deixam que as pessoas falem sem que elas saibam com quem estão falando. Depois de um certo tempo, estes estrategistas sem escrúpulos revelam seu estatuto de autoridade (EUc) e impõem, no mesmo instante, um novo Contrato de comunicação para melhor exercer seu poder.

Muitos outros exemplos poderiam ser aqui fornecidos. Por hora, resumimos este capítulo insistindo no fato de que todo ato de linguagem depende de um Contrato de comunicação que sobredetermina, em parte, os protagonistas da linguagem em sua dupla existência de sujeitos agentes e de sujeitos de fala (fenômeno de legitimação). Esse contrato englobante e sobredeterminante orienta o julgamento dos outros contratos e estratégias discursivas encenados por estes sujeitos.

Esta modalidade de definição do ato de linguagem apresenta um projeto semiolinguístico que, mesmo permanecendo no contexto de uma problemática linguageira, permite tratar os aspectos sociológicos e psicológicos dos quais a linguagem é portadora.

Essa problemática está mais localizada no campo da linguagem que no campo da sociologia. Não podemos nos inscrever na afirmação sociológica segundo a qual o poder não se encontra nas palavras, mas no estatuto social das pessoas que as empregam. Em nossa concepção, as estratégias de poder exercidas em uma sociedade são o resultado de *um jogo de ser e de parecer* entre o estatuto social dos sujeitos do circuito comunicativo (EUc/TUi) e o estatuto linguageiro dos sujeitos que a manifestação linguageira constrói (EUe/TUd).

IV. O que é analisar um ato de linguagem?

Em nossa perspectiva – que se opõe ao mito da comunicação como fenômeno de transmissão intencional de informação[17] – duas questões, correlativas uma à outra, se apresentam:

– o que quer dizer: analisar um ato de linguagem, ou qual comentário se pode fazer de um texto[18]?

– uma classificação dos fatos linguageiros é possível, e o que essa classificação supõe?

1. Começamos por considerações negativas. Analisar um ato de linguagem não pode consistir em dar conta apenas da intenção do sujeito comunicante (EUc). De um lado, porque o único objeto de observação de que dispõe o sujeito analisante é um texto já produzido. Para o analista, não há uma forma de observar o conjunto do mecanismo que presidiu a produção do texto. Mesmo tentando reconstituir esse mecanismo, por analogia, mesmo se nos colocarmos no lugar do produtor do texto, será difícil para nós apreender nossas próprias operações psico-sócio-biológico-mentais. Em outros termos, a análise de um ato de linguagem não pode pretender dar conta da totalidade da intenção do sujeito comunicante.

Nesse sentido, uma questão se impõe: esta análise estaria fadada a somente dar conta de um único ponto de vista do sujeito interpretante, já que toda análise é interpretação. Então, tudo o que foi dito sobre os textos, tanto do passado quanto do presente, não teria nenhum valor de verdade intrínseca e seria relativo aos pontos de vista daqueles que os interpretam[19]?

---

[17] Esse mito resiste por muito tempo em nossa sociedade.

[18] Texto = ato de linguagem em sua configuração linguageira.

[19] Valéry já havia dito que o que lhe parecia essencial no ato poético não *era o que o poeta queria dizer, mas o que o leitor compreendia*.

Para nós, esse dilema não existe. Analisar um texto não é nem pretender dar conta apenas do ponto de vista do sujeito comunicante, nem ser obrigado a só poder dar conta do ponto de vista do sujeito interpretante. Deve-se, sim, dar conta dos *possíveis interpretativos* que surgem (ou se cristalizam) no ponto de encontro dos dois processos de produção e de interpretação. O *sujeito analisante* está em uma posição de *coletor* de pontos de vista interpretativos e, por meio da comparação, deve extrair constantes e variáveis do processo analisado.

Sugerimos, assim, que a tradicional questão feita a um texto sob a forma: "Quem fala?" seja substituída por outra: "Quem o texto faz falar?", ou "quais sujeitos o texto faz falar", já que sabemos que um ato de linguagem é composto de vários sujeitos (EUc-EUe; TUd-TUi).

2. Resta-nos falar sobre os *possíveis interpretativos*. Lembremos que são testemunhas das práticas sociais que caracterizam um grupo ou uma comunidade humana. Logo, constituem as representações linguageiras das experiências dos indivíduos que pertencem a esses grupos, enquanto sujeitos individuais e coletivos. Porém, estas representações não são construídas a esmo: são organizadas através de elementos linguageiros, semânticos e formais, que são, por sua vez, compostos de várias ordens de organização.

Numa perspectiva semiolinguística, estes elementos constituem um *instrumento* que serve para interrogar o(s) texto(s), neles fazendo surgir os *possíveis interpretativos*.

Propomo-nos, pois, a seguir, refletir sobre esses componentes da organização discursiva. Mesmo sabendo que podem aparecer reunidos, em determinados textos ou então, que um deles pode predominar sobre o outro, vamos dividi-los em quatro modos, a fim de melhor explicar como são formados, o como, o quando e o porquê de serem utilizados.

Entramos aqui na segunda grande divisão de nosso livro, a que vai tratar dos *Modos de organização do discurso*.

(Tradução da primeira parte: Emilia Mendes e Marcio Venicio Barbosa)

SEGUNDA PARTE

Os modos de organização do discurso

Princípios de organização do discurso

Ao empreendermos a tarefa de elaborar uma "gramática do sentido e da expressão", em 1992, tínhamos por objetivo descrever as categorias da língua do ponto de vista do sentido e da maneira como são usadas pelo locutor para construir um ato de comunicação. O que apresentamos a seguir retoma e adapta, para o público de língua portuguesa, o conteúdo da última parte dessa gramática, que vem a ser o verdadeiro fundamento da linguagem: o discurso.

Esse campo, nos últimos anos, tem dado origem a múltiplas abordagens: *análise do discurso, gramática do discurso, gramática de texto, gramática comunicativa* etc. Disso resulta uma enorme diversidade de pensamento, de teorias e métodos que abordam o *discurso* e o *texto,* o que causa dificuldades para se chegar a conclusões claras num domínio relativamente complexo.

Um certo modismo vem acrescentar-se a tal situação: no ensino de línguas, por exemplo, só se fala em *comunicação, atos de fala, métodos comunicativos, gramáticas textuais* etc. Adotam-se termos que, por vezes, carecem de rigor conceitual, apresentados como se fossem uma panaceia.

É necessário, pois, ser prudente quando se pretende descrever os fenômenos de *discurso* e de *comunicação.* Mas, ao mesmo tempo, não se pode deixar de apresentar instrumentos de reflexão (e de descrição) que permitam compreender (e analisar) melhor esses fenômenos.

Assim sendo, apresentaremos aqui conceitos e categorias de base que participam do funcionamento da *comunicação verbal.*

I. O que é comunicar?

Representamos **o ato de comunicação** como um *dispositivo* cujo centro é ocupado pelo **sujeito falante** (o locutor, ao falar ou escrever), em relação com um outro parceiro (o interlocutor).

Os componentes desse dispositivo são:

– a **Situação de comunicação** que constitui o enquadre ao mesmo tempo *físico* e *mental* no qual se acham os parceiros da troca linguageira, os quais são determinados por uma *identidade* (PSICOLÓGICA E SOCIAL) e ligados por um *contrato de comunicação*.

– os **Modos de organização do discurso** que constituem os *princípios de organização* da matéria linguística, princípios que dependem da finalidade comunicativa do sujeito falante: *ENUNCIAR, DESCREVER, CONTAR, ARGUMENTAR*.

– a **Língua**, que constitui o material verbal estruturado em categorias linguísticas que possuem, ao mesmo tempo e de maneira consubstancial, uma *forma* e um *sentido*.

– o **Texto**, que representa o resultado material do ato de comunicação e que resulta de escolhas conscientes (ou inconscientes) feitas pelo sujeito falante dentre as *categorias de língua* e os *Modos de organização do discurso*, em função das restrições impostas pela *Situação*.

Assim sendo, "comunicar" é um fenômeno mais complexo do que propagam alguns trabalhos especializados em comunicação, pois não consiste apenas em transmitir uma informação. Essa ideia remonta às "gramáticas gerais" do século XVII, tendo sido retomada pela filosofia e pela lógica do século XIX e enfim institucionalizada pela Escola do século XX sob a fórmula: "A linguagem é o reflexo do pensamento". Assim, bastaria "conceber claramente" (pelo pensamento) para "expressar-se claramente" (pela linguagem); sabe-se agora que os processos de *concepção* e de *compreensão* estão intrinsecamente ligados aos processos de *produção* da linguagem. *Pensamento* e *linguagem* constituem-se um ao outro numa relação de *reciprocidade*.

"Comunicar" é proceder a uma *encenação*. Assim como, na encenação teatral, o diretor de teatro utiliza o espaço cênico, os cenários, a luz, a sonorização, os comediantes, o texto, para produzir *efeitos de sentido* visando um público imaginado por ele, o locutor – seja ao falar ou ao escrever – utiliza componentes do dispositivo da comunicação em função dos efeitos que pretende produzir em seu interlocutor.

Assim, os textos podem ser objeto de uma categorização em *gêneros* (publicitários, científicos, de informação, de instrução, etc.), e não devem ser confundidos com Modos de Organização, já que um mesmo gênero pode resultar de um ou de vários modos de organização de discurso e do emprego de várias categorias de língua.

Exemplos:

a) Os **anúncios de oferta de emprego** constituem um tipo de texto que utiliza em sua maior parte um modo de organização Descritivo e Narrativo: *"Rede de lojas procura gerente de vendas tendo, no mínimo, 30 anos, experiência de gestão, que saiba animar uma equipe, e possua fluência em inglês."*

Mas o sujeito falante também pode utilizar o Argumentativo: *"Se você for um excelente vendedor, você pode, em um ano, conseguir sua independência financeira."*

Do ponto de vista da encenação Enunciativa, o sujeito falante pode interpelar o destinatário do anúncio: *"Deseja trabalhar com autonomia? Então este anúncio lhe interessa"* – utilizando categorias de língua que modalizam o enunciado de maneira ALOCUTIVA (quando predominam as marcas da 2ª pessoa no discurso – cf. o capítulo "Modo de organização enunciativo").

Ou pode apresentar os parceiros desse ato de comunicação como protagonistas de uma narrativa: *"Importante laboratório de cosméticos procura Diretor executivo"* – utilizando categorias de língua que modalizam o enunciado de maneira DELOCUTIVA (quando predominam as marcas da 3ª pessoa – cf. o capítulo "Modo de organização enunciativo").

b) Uma **intenção de comunicação** de "pedido de informação" pode ser configurada em diversos gêneros textuais: **carta administrativa, carta pessoal, interpelação de rua** ("perguntar a hora"), **entrevista** (sondagens), e encenada através de um Modo de organização ora Descritivo, ora Argumentativo.

c) Um **modo de organização do discurso** como o Argumentativo pode ser encontrado em diversos gêneros textuais, em maior ou menor grau de incidência: **artigo** ou **trabalho científico, manual escolar, editorial** ou **comentário de imprensa, publicidade, discussões-debates** e mesmo **discussões-conversas.**

d) Quanto às **categorias de língua,** não constituem um princípio de classificação de discursos nem de textos, pois podem ser encontradas em todos os tipos de textos.

Como preparação ao estudo dos Modos de Organização do Discurso, procederemos a seguir à definição dos componentes do *dispositivo do ato de comunicação.*

II. A situação de comunicação

1. Situação e contexto

As noções de **situação** e de **contexto** são muitas vezes confundidas. Assim, em trabalhos de linguística ou de didática veem-se as expressões "contextos linguísticos", "contexto discursivo", "situação linguística" e "situação discursiva", todas elas parecendo designar, de maneira geral, "tudo o que cerca o enunciado estudado". Em alguns casos se propõe uma distinção entre "contexto linguístico" que se refere à vizinhança imediata de uma palavra ou de uma sequência, e "contexto discursivo" que se refere ao texto como um todo, o qual contém a palavra ou a frase em questão.

Em outros casos, propõe-se distinguir a "situação" que se refere ao ambiente físico e social do ato de comunicação, e o "contexto", que se refere ao ambiente textual de uma palavra ou de uma sequência de palavras.

É esta última distinção que nos parece mais eficaz e, por isso, postulamos que *contexto* é interno ao ato de linguagem e sempre configurado de alguma maneira (texto verbal, imagem, grafismo, etc.) enquanto *situação* é externa ao ato de linguagem, embora constitua as condições de realização desse ato.

Além do mais, é sempre possível distinguir, se for de utilidade, um *contexto linguístico* e um *contexto discursivo.*

O *contexto linguístico* designaria então a vizinhança verbal de uma determinada palavra, podendo variar em dimensão.

O *contexto discursivo* designaria os atos de linguagem existentes (aqueles que já foram produzidos) numa determinada sociedade e que intervêm na produção / compreensão do texto a interpretar. Por exemplo, para compreender (nos anos 90) a manchete de jornal *"Junto ao muro"*, é necessário mobilizar os atos de linguagem concernentes à *"queda do muro de Berlim"*.

2. Componentes da situação de comunicação

Todo sujeito falante (locutor) ocupa o centro de uma *situação de comunicação* que constitui um *espaço de troca* no qual ele se põe *em relação* com um parceiro (interlocutor). Essa relação se define de acordo com as características seguintes:

a) características físicas

[os parceiros]

> – estão *presentes* fisicamente um ao outro ou não?
> – são *únicos* ou *múltiplos*?
> – estão *próximos* ou *afastados* um do outro, e como estão *dispostos* um em relação ao outro?

[o canal de transmissão]

> – é um canal *oral* ou *gráfico*?
> – é *direto* ou *indireto*? (telefone, mídias)
> – que outro *código semiológico* é utilizado (imagem, grafismo, sinais, gestos etc.)

b) características identitárias dos parceiros

> – sociais (idade, sexo, raça, classe...)
> – socioprofissionais (médico, escritor, publicitário, empregador/ empregado, político...)
> – psicológicas (inquieto, nervoso, sereno, frio, espontâneo, amável, agressivo, ingênuo...)
> – relacionais (os parceiros entram em contato pela primeira vez ou não; eles se conhecem ou não; têm uma relação de familiaridade, ou não).

c) características contratuais

> – *troca / não troca*. O contrato admite uma troca dialogal (também chamada de interlocutiva – como nas conversas e diálogos do cotidiano), ou ao contrário não admite a troca (como numa conferência, pelo menos na parte "exposição do conferencista"). Os debates e reuniões de trabalho são frequentemente estruturados em torno de momentos de *troca* e de *não troca*. Geralmente o *contrato de troca* implica uma situação de comunicação *dialogal*, e o contrato de *não troca* uma situação *monologal* (também chamada de *monolocutiva*).

– os *rituais de abordagem*. Estes constituem as restrições, obrigações ou simplesmente condições de estabelecimento de contato com o interlocutor. Numa situação de diálogo, trata-se de *saudações, manifestações de polidez, pedidos de desculpas etc.*, e numa situação monolocal escrita, *aberturas / fechamentos* de cartas, *títulos* de matérias de jornal ou de obras, *slogans* publicitários, *prefácios, avisos*, etc.

– os *papéis comunicativos*. Trata-se dos *papéis* que os parceiros da troca devem assumir, em virtude do *contrato* que os liga.

Vimos como, numa Situação de "aula", espera-se que o professor assuma determinados papéis: que ele *interrogue, explique*, dê *comandos* de trabalho, *anime* a aula, *avalie* etc.; da mesma forma espera-se que o aluno *responda* às perguntas, *execute* um trabalho etc. Ou ainda, num "debate de televisão", espera-se que o "animador" *apresente* os convidados, *faça perguntas, distribua os turnos de fala* etc.

Trata-se, evidentemente, de papéis que são *esperados*, que dependem estritamente de um determinado tipo de situação, mas papéis aos quais os parceiros podem não se conformar.

3. Observação sobre a oposição língua falada / língua escrita

Não existe uma oposição simples e nítida entre "língua falada" e "língua escrita".

As distinções resultam da combinação particular dos componentes de cada situação de comunicação, conforme descritos anteriormente.

É preciso, de início, considerar:

– se os parceiros estão *presentes* um ao outro

– se o canal de transmissão é *oral* ou *gráfico*

– se a troca é *permitida* ou *não*.

Em seguida, será possível constatar quais são as consequências de tal ou qual combinação sobre o comportamento linguageiro dos interlocutores, e, por conseguinte, sobre a organização da configuração verbal.

É, pois, mais conveniente falar de *situação dialogal* e de *situação monologal*.

3.1. Em situação dialogal

Quando os parceiros da comunicação estão *presentes* fisicamente um ao outro, o contrato permite a *troca*, o canal de transmissão é *oral* e o ambiente físico é *perceptível* pelos dois parceiros, o locutor se encontra numa situação na qual ele pode perceber imediatamente as reações do interlocutor. Ele está, numa certa medida, "à mercê" do interlocutor, o que o leva a *antecipar* o que este quer dizer, a *hesitar*, a se *corrigir*, ou a *se completar*.

Em compensação ele pode, por um lado, apoiar-se no ambiente físico para limitar-se a designar os objetos, e por outro, utilizar a entonação, os gestos e a mímica para reforçar sua expressão.

Essas características explicam particularidades da configuração verbal:
– uma *ordem de palavras dita afetiva*, com anteposição dos elementos de informação julgados (ou sentidos como) os mais importantes pelo locutor;
– uma *construção segmentada* de sequências de palavras em acumulação, quase sem "ligações lógicas";
– uma *alternância de termos* que ora têm um sentido "genérico", ora um sentido "específico", o que corresponde ao desenvolvimento do pensamento em *tempo fraco* e *tempo forte* do ponto de vista da informação.

Essas particularidades contribuem para construir uma configuração verbal dita *em redundância progressiva*, como se pode ver no seguinte exemplo (transcrição de uma troca dialogal): *"O teu livro /ele já te devolveu?"*
– *anteposição*: *o teu livro*;
– *construção segmentada*, com rompimento da coesão do grupo sujeito-verbo-objeto;
– *alternância de termos* de valor *genérico* (*teu, te, ele*) e *específico* (*livro*).

3.2. Em situação monologal

Quando os parceiros *não estão presentes* fisicamente um ao outro, e quando o contrato *não permite a troca*, o canal de transmissão pode ser *oral* ou *gráfico*. Nesse caso o locutor se encontra numa situação na qual ele *não pode perceber* imediatamente as reações do interlocutor (pode apenas imaginá-las). Logo, não está "à mercê" de seu interlocutor e pode organizar o que vai dizer de maneira *lógica* e *progressiva*.

Isso explica o fato de que a configuração verbal correspondente a essa situação comporta particularidades que se opõem às da situação precedente:

– *ordem das palavras* dita *progressiva*
– *construção contínua* e *hierarquizada*
– uma *sucessão de termos* cujo sentido está *hierarquizado*
– uma *explicitação necessária*, quando o canal de transmissão é gráfico, daquilo que poderia ser significado através da entonação e da mímica.

O seguinte exemplo ilustra esse tipo de configuração:

> [...] Nascida nas páginas dos jornais e das revistas, no dia a dia das redações, ao sabor das circunstâncias, a crônica é, por natureza, matéria efêmera, fadada a rápido esquecimento. Isto, em tese. Porque, em verdade, o que se observa, particularmente no Brasil, onde formou toda uma tradição literária, é uma superação da crônica em sua transitoriedade, ganhando ela assim condições excepcionais de duração. Nem podia ser de outra forma, visto que a crônica, como gênero de trabalho jornalístico, tem sido uma área de atividade de alguns de nossos melhores escritores. O que equivale a dizer que ela tem encontrado um tratamento que, transcendendo o interesse efêmero do jornal ou da revista, realmente a projeta num plano de permanência literária.
>
> (Herberto Sales. À maneira de uma introdução. In: ___. (org.)
> *Antologia escolar de crônicas*. Rio de Janeiro: Edições de Ouro, 1971. p. 10.)

Observação: Essas duas situações dialogal e monologal podem alternar-se como na seguinte passagem de uma crônica de Carlos Drummond de Andrade, em que, na realidade, uma está encaixada na outra:

"– O seguinte. Quero fazer análise de grupo, doutor. Não se preocupe com a formação do grupo. Eu formo sozinho, compreende? Posso contar ao senhor uma pá de vidas que vou levando. Até que essa multiplicidade não me encucava. [...] Mas comecei a me aborrecer quando os meus diferentes eus entraram a exigir de mim funcionamento sincrônico em lugares distantes uns dos outros."

(Carlos Drummond de Andrade. Oito em um. In: ___.
Poesia e prosa. Rio de Janeiro: Nova Aguilar, 1983. p. 1435-6.)

Ou como no *telejornal*, numa *conferência-debate*, numa *aula,* etc.

Situação de comunicação.

SITUAÇÃO	COMPONENTES SITUACIONAIS	CONSEQUÊNCIAS PARA O LOCUTOR	CONFIGURAÇÃO VERBAL
DIALOGAL	**Presença dos parceiros**	**Percepção imediata** pelo locutor das reações do interlocutor	• Ordem das palavras "afetiva"
	Contrato de troca	**Locutor "à mercê"** do interlocutor – antecipação, **hesitação, retificação, complementação**	• Construção segmentada • Alternância de termos de valor genérico/ específico ⇒ "Redundância progressiva"
	Ambiente físico comum	**Utilização de elementos** percebidos pelos dois parceiros	• Economia de palavras e utilização de dêiticos
	Canal oral	**Utilização de entonações,** gestos e mímica	• Superposição de signos
MONOLOGAL	**Não presença dos parceiros**	**Não percepção imediata**	• Ordem das palavras "Progressiva"
	Contrato de não troca	**Locutor "não à mercê"** do interlocutor: reflexão e organização lógica	• Construção "contínua e hierarquizada" • Sucessão de termos com valor semântico progressivo
	Ambiente comum	**Utilização ou não** dos elementos dos ambientes	Explicitação ou não do ambiente
	Canal oral ou gráfico	**Utilização ou não** da entonação, gestos e mímicas	Explicitação ou não da entonação ou dos gestos

III. Modos de organização do discurso

Os procedimentos que consistem em utilizar determinadas categorias de língua para ordená-las em função das finalidades discursivas do ato de comunicação podem ser agrupadas em quatro *Modos de organização:* o *Enunciativo,* o *Descritivo,* o *Narrativo* e o *Argumentativo.*

Cada um desses Modos de organização possui uma *função de base* e um *princípio de organização.*

A *função de base* corresponde à finalidade discursiva do Projeto de fala do locutor, a saber: O que é "enunciar"? O que é "descrever"? O que é "contar"? e o que é "argumentar"?

O *princípio de organização* é duplo para o Descritivo, o Narrativo e o Argumentativo.

Com efeito, cada um desses modos propõe, ao mesmo tempo: uma *organização do "mundo referencial"*, o que resulta em *lógicas de construção* desses mundos (descritiva, narrativa, argumentativa); e uma *organização* de sua *"encenação"* (descritiva, narrativa, argumentativa).

O Modo *Enunciativo* tem uma função particular na organização do discurso. Por um lado, sua vocação essencial é a de dar conta da posição do locutor com relação ao interlocutor, a si mesmo e aos outros – o que resulta na construção de um *aparelho enunciativo*; por outro lado, e em nome dessa mesma vocação, esse Modo *intervém* na encenação de cada um dos três outros Modos de organização. É por isso que se pode dizer que este Modo *comanda* os demais, razão pela qual será tratado em primeiro lugar.

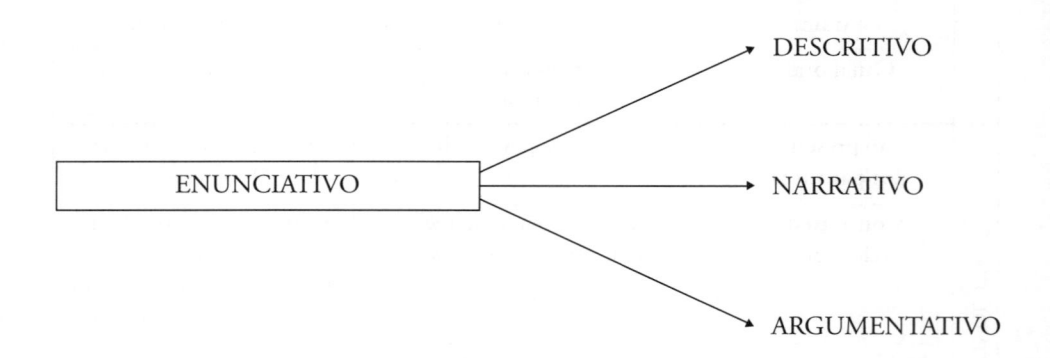

Modos de organização do discurso.

MODO DE ORGANIZAÇÃO	FUNÇÃO DE BASE	PRINCÍPIO DE ORGANIZAÇÃO
ENUNCIATIVO	**Relação de influência** (EU -> TU) **Ponto de vista do sujeito** (EU -> ELE) **Retomada do que já foi dito** (ELE)	• **Posição** em relação ao **interlocutor** • **Posição** em relação ao mundo • **Posição** em relação a **outros discursos**
DESCRITIVO	**Identificar e qualificar** seres de maneira objetiva / subjetiva	• **Organização da construção descritiva** (Nomear-Localizar-Qualificar) • **Encenação descritiva**
NARRATIVO	**Construir a sucessão das ações** de uma história no tempo, com a finalidade de fazer um relato.	• **Organização da lógica narrativa** (actantes e processos) • **Encenação narrativa**
ARGUMENTATIVO	**Expor e provar casualidades** numa visada racionalizante para influenciar o interlocutor	• **Organização da lógica argumentativa** • **Encenação argumentativa**

IV. Encenação discursiva e gêneros

1. A encenação ("mise-en-scène")

O locutor, mais ou menos consciente das restrições e da margem de manobra proposta pela *Situação de comunicação*, utiliza *categorias de língua* ordenadas nos *Modos de organização do discurso* para produzir sentido, através da configuração de um *Texto*. Para o locutor, falar é, pois, uma questão de estratégia, como se ele se perguntasse: "Como é que vou / devo falar (ou escrever), levando em conta o que percebo do interlocutor, o que imagino que ele percebe e espera de mim, do saber que eu e ele temos em comum, e dos papéis que eu e ele devemos desempenhar".

Melhor dizendo, fala-se (ou escreve-se) organizando o discurso em função de *sua própria identidade, da imagem que se tem de seu interlocutor* e *do que já foi dito.*

Assim, para conseguir que o interlocutor execute uma determinada ação, poder-se-á, em função de todas essas circunstâncias, "dar-lhe uma ordem" *("Distribua esses convites ainda hoje!"*), "fazer-lhe um pedido" (*"Você poderia distribuir esses convites ainda hoje?"*) "fazer uma constatação" mostrando surpresa (*"Esses convites ainda não foram distribuídos!"*), ou "contar" uma história para incitá-lo a fazer (*"Era uma vez uma secretária que esqueceu de distribuir os convites para uma festa na empresa..."*).

2. Os sujeitos da comunicação

Vimos que a Situação de comunicação determina a identidade social e psicológica das pessoas que comunicam. E que, ao comunicar, essas pessoas se atribuem também uma *identidade propriamente linguageira* que não tem a mesma natureza da identidade psicossocial.

Embora esses dois tipos de identidade se confundam na instância de fala do locutor, é necessário distingui-las para se compreender como se configura aquilo que está em jogo no ato de comunicação.

Distinguiremos então, completando o que expusemos anteriormente:

a) *os parceiros* do ato de linguagem, seres *sociais e psicológicos,* externos ao ato mas inscritos nele, e que são definidos por um certo número de *traços identitários* cuja pertinência depende do ato de comunicação considerado.

Um desses parceiros é o *Locutor-emissor* que produz o ato de comunicação (o "sujeito comunicante"), o outro é o *Interlocutor-receptor* que recebe o discurso do locutor, o interpreta e reage por seu turno (o "sujeito interpretante").

b) *os protagonistas* da enunciação, seres de *fala, internos* ao ato de linguagem, e que são definidos por *papéis linguageiros.*

Um desses protagonistas é o *Enunciador* que realiza esses papéis linguageiros intervindo ou apagando-se no discurso; o outro é o *Destinatário* a quem o locutor atribui um lugar determinado, no interior de seu discurso.

Não existe então o mesmo tipo de relação entre Destinatário e Interlocutor de um lado, e Enunciador e Locutor do outro. O Destinatário depende do Locutor (é pelo lugar que este lhe confere que ele existe), enquanto o Interlocutor que interpreta só depende de si mesmo.

Vê-se nitidamente essa diferença se comparamos a Situação de comunicação *dialogal,* na qual Locutor, Enunciador / Destinatário e Interlocutor se encontram na mesma instância de fala, com a Situação de comunicação *monologal escrita,* na qual Locutor e Enunciador / Destinatário se encontram na mesma instância de fala, enquanto o Interlocutor se encontra numa instância de fala posterior.

Um ato de comunicação "irônico", por exemplo, só pode ser explicado admitindo-se a existência de quatro sujeitos.

Representação do dispositivo da encenação da linguagem. [1]

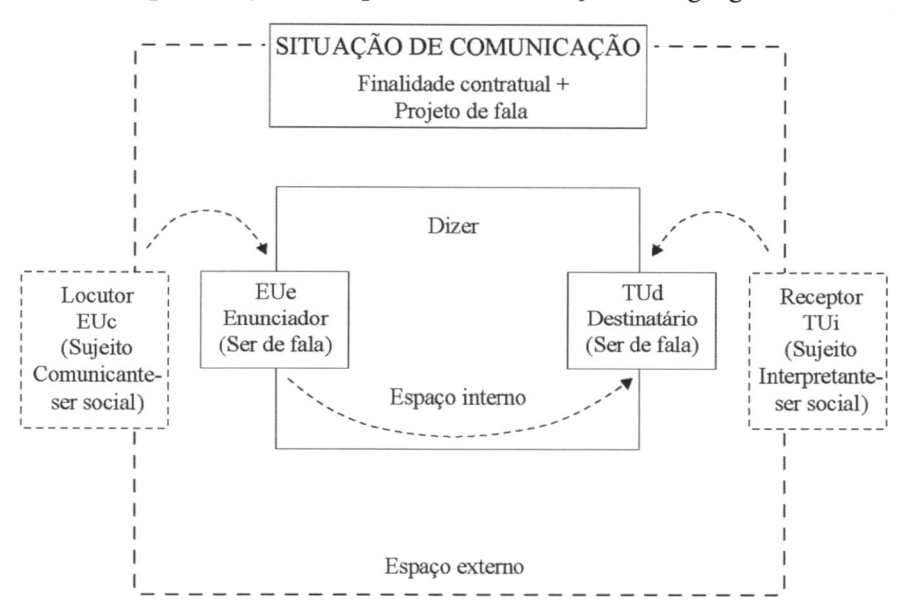

Com efeito, para que *"É uma bela solução!"*, dito a alguém que acaba de fazer uma tolice seja compreendido como uma "crítica" ou uma "reprovação", é preciso que:

– o Locutor-emissor *pense*: "julgamento negativo";

– o Enunciador *diga*: "julgamento positivo";

– o Destinatário *perceba*, graças a um indício fornecido pelo Locutor, que por trás do "dito" há um "julgamento inverso".

– o Interlocutor-receptor *esteja em condições de perceber* esse indício.

3. Texto e gêneros

O Texto é a *manifestação material* (verbal e semiológica: oral / gráfica, gestual, icônica etc.) da encenação de um ato de comunicação, numa situação dada, para servir ao Projeto de fala de um determinado locutor. Ora, como as finalidades das Situações de comunicação e dos Projetos de fala são compiláveis, os Textos que lhes correspondem apresentam constantes que permitem classificá-los em *Gêneros textuais*.

---

[1] Retomamos aqui o esquema apresentado no capítulo precedente, com pequenas modificações.

Os gêneros textuais tanto podem coincidir com um Modo de discurso que constitui sua organização dominante quanto resultar da combinação de vários desses modos.

Por exemplo, o Gênero *científico* (que varia, evidentemente, segundo a disciplina e o suporte que o veicula) é essencialmente organizado segundo um modo Argumentativo, mas pode conter passagens descritivas e narrativas.

O Gênero *publicitário*, entretanto, caracteriza-se pela combinação de vários desses Modos de organização, com uma tendência mais marcada para o Descritivo e o Narrativo, quando se trata de publicidades de rua (cartazes) ou de revistas populares, recorrendo ao modo Argumentativo quando se trata de publicidades encontradas em revistas técnicas especializadas. O mesmo ocorre com a Imprensa em geral, onde se encontram Gêneros com tendência descritiva e narrativa (relatos, reportagens, "faits divers"[2]) e outros com tendência argumentativa (comentários e análises).

Como as pesquisas neste campo da Análise do discurso ainda não são conclusivas, propomos apenas algumas correspondências entre Modos de discurso dominantes e alguns Gêneros, dispostos no quadro a seguir:

---

[2]   Pequenas notícias diárias. (Cf. Ferreira, Aurélio Buarque de Holanda. *Novo Aurélio Século XXI*. 3. ed. Rio de Janeiro: Nova Fronteira, 1999.) Caracterizam-se por relatar fatos do quotidiano que tenham um caráter insólito.

Correspondências entre modos de discurso e gêneros textuais.

GÊNEROS	MODOS DE DISCURSO DOMINANTES	OUTROS MODOS DE DISCURSO
Publicitários	• **Enunciativo** (Simulação de diálogo) • Variável; **Descritivo** no slogan	Narrativo (quando se conta uma história) E **Argumentativo**, nas revistas especializadas
Imprensa – "Faits divers" – Editoriais	• **Narrativo** e **descritivo** • **Descritivo** e **Argumentativo**	Enunciativo Pode haver apagamento ou intervenção do jornalista
– Reportagens – Comentários	• **Descritivo** e **Narrativo** • **Argumentativo**	
Panfletos políticos	• **Enunciativo** (Apelo)	Descritivo (Lista de reinvidicações) Narrativo (ação a realizar)
Manuais escolares	• Variável segundo as disciplinas, mas com a onipresença do **Descritivo** e do **Narrativo**	Enunciativo (nos comandos das tarefas) Mais **Argumentativo** em algumas disciplinas (matemática, física, etc.)
De informação – receitas – informações técnicas – regras de jogos	• **Descritivo** • **Descritivo** e **Narrativo** (fazer) • **Descritivo** e **Narrativo**	
Relatos – romances – novelas, contos – de imprensa	• **Narrativo** e **Descritivo**	Enunciativo Intervenção variável do autor-narrador segundo o gênero (Autobiografia, depoimento, notícia, etc.)

(Tradução e adaptação: Angela M. S. Corrêa)

Modo de organização enunciativo

I. Definição e função do modo enunciativo

1. Considerações

O *Modo de organização Enunciativo* não deve ser confundido com a Situação de Comunicação. Nesta última, encontram-se os *parceiros* do ato de linguagem – *seres sociais*, externos à linguagem. No Enunciativo, o foco está voltado para os *protagonistas*, seres de fala, internos à linguagem.

Este modo também não deve ser confundido com a *Modalização*. A Modalização é uma *categoria de língua* que reúne o conjunto dos procedimentos estritamente linguísticos, os quais permitem tornar explícito o ponto de vista do locutor.

O Enunciativo é uma *categoria de discurso* que aponta para a maneira pela qual o sujeito falante age na *encenação* do ato de comunicação, embora Modalização e Enunciativo estejam intimamente ligados, tal como ocorre entre a Ação e o Narrativo, de um lado, e a Qualificação e o Descritivo, de outro. Isto porque assim como as categorias de língua permitem a constituição do discurso, as categorias de discurso têm sua contrapartida nas categorias de língua.

2. O que é enunciar?

O verbo **enunciar** encerra uma certa ambiguidade.

Pode referir-se à totalidade de um ato de linguagem: "enunciar leis", "enunciar princípios", "enunciar propostas interessantes", sendo sinônimo de expor, formular, exprimir.

Em sentido restrito, pode corresponder tanto ao *Propósito referencial* do ato de linguagem (que por vezes é chamado de *enunciado*) quanto ao *ato de enunciação*, que é distinto do propósito e ao mesmo tempo o engloba.

Efetivamente, todo ato de linguagem se compõe de um *Propósito referencial* que está encaixado num *Ponto de vista enunciativo* do sujeito falante, integrando ambos uma *Situação de Comunicação*:

[Situação de comunicação (Ponto de vista enunciativo (Propósito))]

No âmbito da análise do discurso, que é a nossa perspectiva, o verbo **enunciar** se refere ao fenômeno que consiste em organizar as *categorias da língua*, ordenando-as de forma a que deem conta da posição que o sujeito falante ocupa em relação ao *interlocutor*, em relação ao *que ele diz* e em relação ao *que o outro diz*.

Isso permite distinguir as três funções do Modo Enunciativo:

– Estabelecer uma *relação de influência* entre locutor e interlocutor num comportamento ALOCUTIVO

– Revelar o *ponto de vista* do locutor, num comportamento ELOCUTIVO.

– *Retomar* a fala de um terceiro, num comportamento DELOCUTIVO.

II. Componentes da construção enunciativa

1. A relação de influência do locutor sobre o interlocutor ou "comportamento ALOCUTIVO"

O sujeito falante enuncia sua posição em relação ao interlocutor no momento em que, com o seu dizer, o *implica* e lhe impõe um comportamento. Assim, o locutor age sobre o interlocutor (ponto de vista *acional*).

Quaisquer que sejam a identidade psicossocial e o comportamento efetivo do interlocutor, este é instado, pelo ato de linguagem do locutor, a ter uma determinada reação: responder e/ou reagir (*relação de influência*).

Além disso, o sujeito falante, na instância de sua enunciação, atribui "papéis linguageiros" a si e ao interlocutor. Esses papéis são de dois tipos:

– O sujeito falante se enuncia em *posição de superioridade* em relação ao interlocutor, atribuindo a si papéis que *impõem* ao interlocutor a execução de uma ação ("fazer fazer" / "fazer dizer"). Essa *imposição* do locutor sobre o interlocutor estabelece entre ambos uma *relação de força*. É o caso das modalidades de "Injunção", "Interpelação", etc.

– O sujeito falante se enuncia em *posição de inferioridade* em relação ao interlocutor e assume papéis nos quais necessita do "saber" e do "poder fazer" do interlocutor. Produz-se uma "solicitação" do locutor ao interlocutor, o que estabelece entre ambos uma *relação de petição*. É o caso das modalidades de "Interrogação" e de "Petição".

2. A relação do locutor consigo mesmo ou "comportamento ELOCUTIVO"

O sujeito falante enuncia *seu ponto de vista* sobre o mundo (o Propósito referencial), sem que o interlocutor esteja implicado nessa tomada de posição.

O resultado é uma enunciação que tem como efeito *modalizar subjetivamente* a verdade do Propósito enunciado, *revelando* o ponto de vista *interno* do sujeito falante. Desse modo, o Propósito referencial é situado no universo de discurso do sujeito falante.

O "ponto de vista sobre o mundo" pode ser especificado como:

– Ponto de vista do *modo de saber*, que especifica de que maneira o locutor *tem conhecimento* de um Propósito. Corresponde às modalidades de "Constatação" e de "Saber/ Ignorância".

– Ponto de vista de *avaliação*, que especifica de que maneira o sujeito *julga* o Propósito enunciado. Corresponde às modalidades de "Opinião" e de "Apreciação".

– Ponto de vista de *motivação*, que especifica a *razão* pela qual o sujeito é levado a realizar o conteúdo do Propósito referencial. Corresponde às modalidades de "Obrigação", "Possibilidade" e "Querer".

– Ponto de vista de *engajamento*, que especifica o grau de *adesão* ao Propósito. Corresponde às modalidades de "Promessa", "Aceitação/ Recusa", "Acordo/ Desacordo", "Declaração".

– Ponto de vista de *decisão*, que especifica tanto o *estatuto* do locutor quanto o *tipo de decisão* que o ato de enunciação realiza. Corresponde à modalidade de "Proclamação".

3. A relação do locutor com um terceiro ou "comportamento DELOCUTIVO"

O sujeito falante *se apaga* de seu ato de enunciação e não implica o interlocutor.

Ele *testemunha* a maneira pela qual os discursos do mundo (provenientes de um terceiro) *se impõem a ele*. O resultado é uma enunciação aparentemente objetiva (no sentido de "desvinculada da subjetividade do locutor") que faz a retomada, no ato de comunicação, de Propósitos e Textos que não pertencem ao sujeito falante (ponto de vista *externo*).

Nesse caso, apresentam-se duas possibilidades:

– *O Propósito se impõe por si só*. O locutor diz "como o mundo existe" relacionando-o a seu modo e grau de *asserção*. É o caso das modalidades de "Evidência", "Probabilidade", etc.

– *O propósito é um Texto* já produzido por um outro locutor, e o sujeito falante atuaria apenas como um *relator* (que, como sabemos, pode ser mais ou menos objetivo). Ele relata "o que o outro diz e como o outro diz". É o caso das diferentes formas de "Discurso relatado".

Observação: O ato de enunciação que descreve a "relação com um terceiro" é de fato peculiar. Sabemos que todo ato de linguagem depende, de um modo ou de outro, do sujeito falante e de seus diferentes pontos de vista.
Trata-se, portanto, de um "jogo" protagonizado pelo sujeito falante, como se fosse possível a ele não ter *ponto de vista*, como se pudesse desaparecer por completo do ato de enunciação e deixar o discurso falar por si.

III. Procedimentos da construção enunciativa

Os procedimentos da construção enunciativa são de duas ordens:

– Ordem Linguística: Procedimentos que explicitam os diferentes tipos de relações do ato enunciativo, através dos processos de modalização do enunciado.

– Ordem Discursiva: Procedimentos que contribuem para pôr em cena os outros Modos de organização do discurso (Descritivo, Narrativo, Argumentativo).

1. Procedimentos linguísticos

Além das categorias de língua que dependem da posição do sujeito falante no ato de enunciação (a Pessoa, a Atualização, a Dependência, a Designação, a Situação no tempo etc.), a categoria da Modalização explicita os diferentes tipos de relação do enunciativo.

2. Procedimentos discursivos

Esses procedimentos serão descritos nos diferentes Modos de Organização do Discurso:

– Na *encenação descritiva*, eles são abordados nos diferentes *efeitos de saber*, de *realidade / ficção*, de *confidência* e de *gênero*.

– Na *encenação narrativa*, são abordados nas maneiras de *implicar* o Destinatário-Leitor, nos modos de *intervenção* do narrador, *estatutos* e *pontos de vista* do narrador.

– Na *encenação argumentativa*, são abordados nos tipos de *posição do sujeito* que argumenta e nos tipos de *valores dos argumentos*.

Apresentamos a seguir o quadro dos procedimentos da construção enunciativa, pondo em relação os Comportamentos Enunciativos, as Especificações enunciativas e as Categorias de Língua que lhes são correspondentes, para, posteriormente, abordarmos estas últimas em particular:

Procedimentos da construção enunciativa.

COMPORTAMENTOS ENUNCIATIVOS	ESPECIFICAÇÕES ENUNCIATIVAS	CATEGORIAS DE LÍNGUA
RELAÇÃO DE INFLUÊNCIA (relação do locutor ao interlocutor) ⇒ ALOCUTIVO	**Relação de força** (locutor/interlocutor) + -	Interpelação Injunção Autorização Aviso Julgamento Sugestão Proposta
	Relação de pedido (locutor/interlocutor) - +	Interrogação Petição
PONTO DE VISTA SOBRE O MUNDO (relação do locutor consigo mesmo) ⇒ ELOCUTIVO	Modo de saber	Constatação Saber/ignorância
	Avaliação	Opinião Apreciação
	Motivação	Obrigação Possibilidade Querer
	Engajamento	Promessa Aceitação/recusa Acordo/desacordo Declaração
	Decisão	Proclamação
APAGAMENTO DO PONTO DE VISTA (relação do locutor com um terceiro) ⇒ DELOCUTIVO	**como o mundo se impõe**	Asserção
	como outro fala	Discurso relatado

IV. Procedimentos linguísticos da construção enunciativa: as categorias modais

1. Modalidades ALOCUTIVAS[1]

As categorias modais de "Interpelação", "Injunção", "Autorização", "Aviso", "Julgamento", "Sugestão" e "Proposta" configuram uma *relação de força* em que o locutor se coloca em posição de superioridade com relação ao interlocutor. Já as categorias de "Interrogação" e de "Petição" configuram uma *relação de pedido* na qual o locutor se coloca em posição de inferioridade com relação ao interlocutor.

1.1. Interpelação

Papel do locutor:
– *estabelece* com seu enunciado a identidade de uma pessoa humana (ou de um ser tido como tal).
– *destaca* a pessoa dentre um conjunto de interlocutores possíveis designando-a por um termo de identificação mais ou menos específico.
– *espera* do interlocutor que este reaja à "Interpelação", reconhecendo-se na identificação.
– *atribui a si* um estatuto que o autoriza a *interpelar*.
Papel do interlocutor:
– *vê-se obrigado* a significar sua presença, ou reconhecer-se como alvo do apelo que o identifica.

Exemplos de **interpelação:**
"**Ei! Você aí!**"[2]
"**Bom dia!**"
"-*Pai*, eu posso sair com meus colegas?
- Pode, *filho*"
"**Táxi!**"
"Às ordens, **Coronel!**"
"Oi, **camarada!**"
"Traidor sujo!"

---

[1]   Para um tratamento detalhado das modalidades enunciativas, consultar: Charaudeau, Patrick. *Grammaire du sens et de l'expression*. Paris: Hachette, 1992. Cap. 14, p. 569 a 629.

[2]   Estes exemplos, bem como os demais deste capítulo, são sequências discursivas que supomos estarem inscritas em Situações Discursivas adequadas.

1.2. Injunção

Papel do locutor:
– *estabelece* com seu enunciado uma ação a realizar ("a dizer" ou "a fazer").
– *impõe* essa ação ao interlocutor de maneira *cominatória* ("mandar que", "ordenar que", "intimar a"), para que este a execute.
– *atribui a si* um estatuto de poder (autoridade absoluta).

Papel do interlocutor:
– é *tido como* competente para executar a Injunção ("poder fazer").
– *recebe* uma obrigação de fazer (ou de *dizer*) à qual se espera que ele se submeta.
– *não tem alternativa*. Qualquer recusa de execução comporta, em diferentes graus, um risco de sanção.

– Exemplos de **injunção:**
"**Saia** daqui!" (Configuração explícita).
"**Estou mandando** o senhor se retirar." (Configuração explícita).
"**Fora daqui!**" (Configuração explícita).
"Então, vai sair ou não?" (Configuração implícita).
"Você pega as suas coisas e vai embora agora." (Configuração implícita).
"Gostaria que você saísse imediatamente." (Configuração implícita).

A **proibição** é uma variante da **injunção**, pois estabelece uma ação a não realizar:
"Eu te **proíbo** de sair antes de mim!"
"**Proibido** fumar".
"**Não feche** a porta!"
"Você **não está autorizado** a falar."

1.3. Autorização

Papel do locutor:
– *estabelece* com seu enunciado uma ação a realizar ("a dizer" ou "a fazer").
– *sabe* (ou *supõe*) que o interlocutor quer executar uma ação.
– *julga* que o interlocutor está apto a executar a ação e que as circunstâncias são adequadas.
– *concede* ao interlocutor o direito de executar a ação.
– *atribui a si* um estatuto de poder, garantidor desse direito.

Papel do interlocutor:
– é *tido como* detentor de um "querer fazer".
– *recebe* o "direito de fazer".
– *utiliza* ou não esse direito.

– Exemplos de **autorização:**
"Eu te **autorizo** a sair". (Configuração explícita).

"Eu te **dou a permissão** para sair". (Configuração explícita).

"Eu lhes **concedo** o direito de residência". (Configuração explícita).

"Tudo bem!" (Configuração implícita – o locutor dá a palavra a alguém que a havia pedido).

"Sente-se!" (Configuração implícita: o locutor oferece uma cadeira ao interlocutor).

"**Podem** falar agora". (Configuração implícita).

"**Você pode** ir à praia depois de fazer o dever". (Configuração implícita).

1.4. Aviso

Papel do locutor:

– *estabelece*, no seu enunciado, uma ação a realizar por ele mesmo, que pode estar ligada a uma condição.

– *sabe* (*supõe*) que o interlocutor ignora (ou quer ignorar) a intenção dele, locutor.

– *sabe* (*supõe*) que declarar sua intenção ao interlocutor é preveni-lo contra qualquer risco de degradação da situação. Essa declaração pode até expressar uma ameaça (a título preventivo).

Papel do interlocutor:

– *é tido como* não ciente da intenção do locutor.

– *acha-se dotado* de uma informação que deveria permitir-lhe prevenir-se contra um risco ou tomar conhecimento deste. Ele pode dizer: "Estou (fui) avisado".

– Exemplos de **aviso:**

"**Estou avisando** que não estou mais disposto a suportar essa situação." (Configuração explícita).

"**Eu te informo que** tomo o avião para Paris no próximo dia 7 de março". (Configuração explícita).

"Se isso continuar, vou tomar uma atitude." (Configuração implícita)

"Só fico sob condições razoáveis." (Configuração implícita).

1.5. Julgamento

Papel do locutor:

– *estabelece* com seu enunciado uma ação realizada.

– *postula* que o interlocutor é responsável por esse ato (de dizer ou de fazer).

– *julga* que esse ato é bom ou mau.

– *declara* sua aprovação ou desaprovação qualificando o interlocutor ("Sentença").

– *atribui a si* a autoridade moral daquele que pode julgar.

Papel do interlocutor:

– *é tido como* tendo realizado um ato de que seria responsável.

– *acha-se qualificado* pelo julgamento do locutor (o interlocutor pode dizer: *"Sou acusado / sou elogiado..."*).

– Exemplos de **julgamento positivo**:

"**Aprovo** totalmente a sua atitude, meu caro!" (Configuração explícita).

"**Parabéns** pelo sucesso!" (Configuração explícita).

"Você esteve magnífica!" (Configuração implícita).

– Exemplos de **julgamento negativo**:

"**Eu o acuso** de ter invadido minha casa!" (Configuração explícita).

"**Eu condeno** sua atitude nesse caso." (Configuração explícita).

"**Não aprovo** sua conduta." (Configuração explícita).

"Você arrombou minha porta!" (Configuração implícita).

"Seu comportamento não é correto!" (Configuração implícita).

1.6. Sugestão

Papel do locutor:

– *estabelece* com seu enunciado uma ação a realizar (ou a não realizar).

– *sabe* (ou *supõe*) que o interlocutor está numa situação desfavorável.

– *propõe* ao interlocutor executar a ação descrita como um meio de melhorar a situação.

– *age como se* estivesse no lugar do interlocutor (*"eu, no seu lugar"*)

– *atribui a si* um estatuto de saber (mais ou menos confirmado pela experiência).

Papel do interlocutor:

– *é tido como* envolvido numa situação desfavorável.

– *é o beneficiário* de uma "proposta de fazer" para melhorar sua situação.

– *é dotado de liberdade* para utilizar ou não essa proposta.

– Exemplos de **sugestão**:

"Eu te **aconselho** a não chamar atenção." (Configuração explícita).

"**Sugiro** que se mude o método de trabalho." (Configuração explícita).

"**Recomendo** a leitura desse artigo". (Configuração explícita).

"**No teu lugar**, eu contava logo o que aconteceu." (Configuração explícita).

"**Se eu fosse você**, telefonava para avisar." (Configuração explícita).

"Você deveria, numa tal situação, ser mais modesto." (Configuração implícita).

"Seria melhor não tocar no assunto." (Configuração implícita).

1.7. Proposta

Papel do locutor:

– *estabelece* com seu enunciado uma ação a realizar.

– *oferece:* realizar ele mesmo essa ação em benefício do interlocutor; ou realizar essa ação em conjunto com o interlocutor, beneficiando os dois.

– *atribui a si* uma posição de "poder fazer", já que é ele quem faz a oferta, mas o resultado depende da *aceitação* do interlocutor

Papel do interlocutor:
– *recebe* uma oferta da qual ele deve ser beneficiário ou cobeneficiário.
– *é o beneficiário* de uma "proposta de fazer" para melhorar sua situação.
– *acha-se em situação* de ter de *aceitar / recusar* a oferta.

– Exemplos de **proposta:**
"**Eu te proponho** a função de crítico de cinema em nosso jornal." (Configuração explícita).
"Hoje, **eu proponho** tutu de feijão com couve à mineira." (Configuração explícita).
"Posso ajudar?" (Configuração implícita)
"E se a gente fosse até a praia?" (Configuração implícita)

1.8. Interrogação (Pedido para dizer)

Papel do locutor:
– *estabelece* com seu enunciado uma informação a adquirir.
– *pede* ao interlocutor para *dizer* o que ele sabe (pedido de informação ou de anuência).
– *revela sua ignorância* com relação ao que pergunta (a menos que finja ignorar).
– *impõe* ao interlocutor um papel de "interrogado".
– *atribuir a si* o direito de questionar (visto que só questiona quem pode; é preciso que a relação do locutor com o interlocutor o autorize).

Papel do interlocutor:
– *é tido como* tendo competência para responder.
– vê-se na obrigação de responder alguma coisa (atitude que não tomaria se não tivesse sido interrogado), mas confessar que não sabe não implica *necessariamente* uma sanção.

– Exemplos de **interrogação** como **pedidos de informação:**
"Você vai sair?"
"Quem telefonou?"
"Onde você vai?"
– Exemplos de **interrogação** como **pedidos de anuência:**
"Foi o seu marido que telefonou?"
"Eu estou com a razão, não estou?"
"Você acha certo o que ele fez?"

1.9. Petição (Pedido para fazer)

Papel do locutor:
– *estabelece* com seu enunciado uma ação a realizar.
– *vê-se* numa situação desfavorável.
– *julga-se* impotente para melhorar a situação por si mesmo.
– *pede* (com insistência) ao interlocutor para realizar essa ação para melhorar a situação dele, locutor.

Papel do interlocutor:
– *é tido como* tendo aptidão para realizar a ação pedida pelo locutor.
– *é instituído* como realizador do pedido do locutor.
– *é tido* (por razões diversas) como não disposto a desempenhar esse papel espontaneamente.

– Exemplos de **petições** como **pedidos para fazer:**
"**Peço** que você apoie minha candidatura." (Configuração explícita).
"**Solicito** providências urgentes." (Configuração explícita).
"**Imploro** o perdão de Sua Majestade." (Configuração explícita).
"Você **pode** me ajudar?" (Configuração implícita).
"**Quer** trazer um chocolate para mim?" (Configuração implícita).

2. Modalidades ELOCUTIVAS

Como já foi dito, o Comportamento ELOCUTIVO não implica o interlocutor naquilo que é dito. Esse comportamento se dá quando o locutor expressa seu ponto de vista, configurando-se linguisticamente através de categorias modais específicas.

2.1. Constatação

Papel do locutor:
– *reconhece* um fato do qual ele diz limitar-se a *observar a existência* da maneira mais exterior e mais objetiva possível. É claro que o simples fato de expressar uma "Constatação" é uma maneira de *tomar conhecimento* dessa existência (*"agora eu sei por experiência própria"*) mas é também uma maneira de significar que ele se *recusa a avaliar. ("Eu não julgo, eu constato.")*.

Papel do interlocutor:
– não está implicado.
– é a testemunha de uma "Constatação".

– Exemplos de **constatação** em configuração explícita:
"**Constato** que não há mais reservas no banco."
"O que eu **observo** é que não se pode confiar nele".
"**Estou vendo** que seu carro está com problemas".
Qualquer enunciado na *forma afirmativa*, descrevendo um fato objetivo, sem verbo de modalidade, é suscetível de corresponder à Modalidade de Constatação (configuração implícita):
"– E então, ele trouxe o que prometeu?
– Nada. (eu constato)."

2.2. Saber / Ignorância

Papel do locutor:
– uma informação é *pressuposta* e o locutor *diz* se tem ou não conhecimento dela. Para a modalidade de "Saber", a informação pressuposta é reconhecida em sua verdade pelo locutor: *"Eu sei que..."*.
Para a modalidade de "Ignorância", a informação pressuposta não pode ser reconhecida em sua verdade pelo locutor: *"Eu não sei se...", "Eu ignoro se..."*.

Papel do interlocutor:
– não está implicado.
– é a testemunha de um "Saber" ou de uma "Ignorância".

Exemplos de **saber / ignorância** em configuração explícita:
"**Eu sei** onde ele foi."
"**Ignoro** se ele vai voltar ainda hoje."
"**Não sei** o que fazer."
Configuração implícita: faz-se pela "Interrogação" uma vez que esta é reveladora da posição de *não saber* do locutor. E também, em todo enunciado na *forma afirmativa,* está subentendido que *o locutor sabe.*

2.3. Opinião

Papel do locutor:
– um fato ou uma informação é *pressuposta* e a partir daí o locutor *explicita* a posição que o fato ou a informação ocupam em seu *universo de crenças.* Assim, o locutor *avalia* a verdade de seu propósito e, ao mesmo tempo, *revela* qual é o seu ponto de vista.

Papel do interlocutor:
– não está implicado.
– é a testemunha da "Opinião" do locutor.
A "Opinião" pode especificar-se em duas atitudes de crença:

"Convicção" – implica *dúvida* a respeito da validade do propósito, a respeito do qual, entretanto, o locutor exprime sua *certeza total.* Essa certeza *é própria* ao locutor: *"Tenho uma convicção íntima* de que ele vai conseguir."

"Suposição" – implica *dúvida,* e o locutor exprime seu ponto de vista quanto ao grau de certeza da validade do propósito. Vai desde uma "certeza forte" (mas não total) ao "pressentimento", passando pela negação da própria crença: *"Não creio que* ele ouse fazer uma coisa dessas."

Exemplos de **opinião** em configuração explícita:
Para a *Convicção*:
"**Estou persuadido de que** conseguiremos obter bons resultados."

"**Estou convencido de que** nosso projeto será aprovado."
"**Estou certo de que** tenho uma solução."
"**Não duvido** em absoluto de suas aptidões."
Para a *Suposição:*
"**Suponho que** agora essa história tenha chegado ao fim."
"**Imagino que** suas intenções sejam as melhores."
"O que **me parece** é que haveria uma solução melhor."
"**Duvido que** a equipe esteja entrosada."
"**Não creio que** ele vá recusar nossa proposta."
"**Sinto que** não deveriam deixá-lo fazer o que quer."

Configuração implícita: as modalidades de "convicção" e "suposição" podem estar presentes implicitamente em todo enunciado emitido num tom (pela entonação ou pelo gesto) *afirmativo* ou *dubitativo.*

2.4. Apreciação

Papel do locutor:
– um fato é *pressuposto* e a esse respeito o locutor *diz* qual é o seu sentimento.

Assim, o locutor *avalia* não mais a verdade do propósito, mas seu *valor,* revelando *seus próprios sentimentos.* Trata-se então de uma avaliação de ordem *afetiva,* na qual o locutor *se apropria* do Propósito (ponto de vista interno) *qualificando-o* segundo um julgamento que não se baseia na razão, mas no *afeto.*

Esse julgamento é necessariamente *polarizado,* isto é, varia entre os polos: *julgamento favorável* ("Acho positivo que...") / julgamento desfavorável ("Acho negativo que...").

Além da diferenciação do julgamento apreciativo ao longo desses polos, a "Apreciação" pode incidir sobre diferentes domínios de valor: o Ético, o Estético, o Hedônico, o Pragmático, que são abordados em detalhe na seção que trata da *Encenação Argumentativa.*

Papel do interlocutor na Apreciação:
– não está implicado.
– é a testemunha da "Apreciação" do locutor.

Exemplos de **Apreciação favorável** em configuração explícita:
"**Estou feliz** por você estar aqui."
"**Estou satisfeito** com o seu trabalho."
"**Acho formidável** que eles trabalhem juntos."
Exemplos de **Apreciação desfavorável** em configuração explícita:
"**Estou triste** por isso acabar assim."
"**Acho uma pena** que isso tenha acontecido."

Configuração implícita: todo enunciado que comporte uma *apreciação positiva ou negativa,* sob outras formas diferentes dos verbos de modalidade, numa construção exclamativa, pode corresponder à modalidade de Apreciação desde que o contexto permita que esta seja atribuída ao locutor: *"Bem pensado"*. Deve ser diferenciada, no entanto, da "Asserção apreciativa" (ver adiante) que neutraliza o papel do locutor.

2.5. Obrigação

Papel do locutor:
– *estabelece*, com seu enunciado, uma ação a fazer cuja realização depende apenas dele.
– *diz* que deve realizar essa ação, seja por coerções do próprio locutor ("Obrigação interna"), seja sob a pressão de uma ordem emanando de uma instância de Autoridade ("Obrigação externa").

A "Obrigação interna" só depende do locutor. As coerções, neste caso, podem ser tanto de *ordem moral* (quando o locutor justifica seu projeto de fazer em nome de um *valor ético*), quanto de *ordem utilitária* (quando o locutor *justifica* seu projeto de fazer em nome de um *valor pragmático*).

A "Obrigação externa" não depende do locutor, mas sim de um outro que tem poder para dar uma ordem ao locutor ("Injunção"). Assim sendo, este se submete à ordem que se torna *o motivo de seu fazer*: *"**Tenho que** partir porque recebi uma ordem para fazê-lo."*

Papel do interlocutor:
– não está implicado.
– é a testemunha da "Obrigação" do locutor.

Exemplos de **obrigação:**
"**Devo** dizer, para ser honesto, que eu tinha tomado minhas precauções." (interna)
"**Tenho de** explicar melhor o que quero dizer." (interna)
"**Preciso** ajudá-lo porque ele faz parte da família." (interna)
"Fui expulso. **Tenho que** ir embora daqui." (externa)
"Não há saída. **Devo** me submeter a suas imposições." (externa)
"**Sou obrigado** a obedecer." (externa)

2.6. Possibilidade

Papel do locutor:
– *estabelece*, com seu enunciado, uma ação a fazer cuja realização depende apenas dele.
– *diz* que tem *aptidão* (ou uma disposição de ânimo) que lhe permite realizar a ação.

A notar que, se um locutor é levado a dizer que tem *capacidade* para realizar uma ação, é porque, de alguma forma, essa capacidade é posta em questão. Trata-se, aqui, de uma modalidade que se refere ao *poder fazer* do locutor.

Quando esse *poder fazer* só depende do locutor, trata-se de uma "Possibilidade interna", que revela uma *aptidão* (ou *disposição*) *natural* (física ou intelectual) do locutor para realizar a ação em causa: *"Posso fazer isso sozinho" (= Sou capaz).*

Quando o *poder fazer* depende de um outro, trata-se de uma "Possibilidade externa", que revela que o locutor *recebeu a autorização* de realizar a ação. Nesse caso, há uma relação de complementaridade simétrica entre a modalidade de "Autorização" e a de "Possibilidade": "**Eu o autorizo** a sair" permite dizer "**Estou autorizado** a sair", ou "**Eu posso** sair."

Papel do interlocutor:
– *não está implicado*.
– é a *testemunha* da "Possibilidade" do locutor.

Exemplos de **Possibilidade:**
"Farei tudo o que **eu puder** (tudo o que **me for possível**) para ajudá-lo. (interna)
"**Posso**, mas não quero." (interna)
"**Sou capaz** de derrubar essa árvore." (interna)
"**Tenho aptidão** intelectual suficiente para passar no concurso." (interna)
"**Estou em condições** (**tenho possibilidades**) de realizar essa tarefa."
"**Posso** ir embora, senhor?" (externa)
"Como agora me deram autorização, **posso** revelar a senha deste programa." (externa)

> **Observação:** Não se deve confundir o verbo de modalidade, que é uma categoria formal, com a Modalidade, que é uma categoria conceitual. O verbo, como toda marca formal, é polissêmico, e como se pode ver nos exemplos seguintes, pode corresponder a Modalidades diversas, segundo o contexto linguístico: "**Você pode** fazer esse trabalho para mim?" (Petição), "**Você pode** partir agora" (Autorização), "**Você pode** se esconder, caso ele volte" (Sugestão), "Hoje **eu posso** te oferecer um uísque" ("Possibilidade"), "**Posso** te oferecer um uísque?" [segurando a garrafa] (interrogação, Proposta), "**Posso** dizer que escapei por pouco!" (Afirmação), "**Você pode** calar a boca!" (Injunção).

2.7. Querer

Papel do locutor:
– *estabelece*, com seu enunciado, uma ação a fazer cuja realização não depende dele.
– *diz* que está numa situação de *carência* que gostaria de ver preenchida, o que significa que vê a ação a realizar lhe sendo benéfica.
– *revela*, ao mesmo tempo, que não tem o poder de preencher essa carência e que necessita *recorrer a um outro agente* diferente dele mesmo para realizar a ação.

Papel do interlocutor:
– *não está implicado* no ato de enunciação.
– é a *testemunha* de um "Querer" expresso pelo locutor.

O "Querer" comporta variações, de acordo com a natureza do outro agente a quem o locutor apela. O "Desejo" expressa um "Querer" íntimo do locutor, sem especificar o agente ou a causa que poderia realizar esse desejo. Já o "Anseio" exprime um "Querer" cuja realização é tida como quase impossível.

Há ainda a "Exigência", que exprime um "Querer" muito intenso em relação com a posição de autoridade do locutor, o qual chama o outro (o interlocutor ou um terceiro) à submissão para que sua carência seja preenchida.

Exemplos de **Querer:**
Para o "Desejo":
"Desejo que ele seja feliz."
"Gostaria de que você estivesse presente."
"Queria um pouco de tranquilidade."
Para o "Anseio":
"Queira Deus que tudo dê certo."
"Queria tanto que os homens fossem felizes!"
Para a "Exigência":
"Exijo que me entreguem as plantas imediatamente!"
"Quero que você tenha modos!"
"Gostaria muito, senhores, de que isso não se repetisse."
"Faço questão absoluta de que ele seja chamado!"

> **Observação:** Não se deve confundir "Exigência" com "Injunção" ou com "Petição", embora essas três Modalidades possam ser expressas pela mesma configuração: **"Eu gostaria que** ficassem em silêncio!" Tudo depende da *posição* do locutor. Na "Exigência", o locutor está reivindicando, mesmo que se trate de um ato de autoridade. Poder-se-ia mesmo dizer que a necessidade de explicitar sua posição de autoridade está ligada ao fato de que esta estaria ameaçada. A "Exigência" é *endocêntrica*, pois remete ao locutor. Já na "Injunção", o locutor *implica* o interlocutor e exerce sem questionamentos sua posição de autoridade (o locutor não precisa reivindicá-la). A "Injunção" é *exocêntrica*: ela vai do locutor ao interlocutor. Na "Petição", o locutor implica o interlocutor mas *não se julga em posição de autoridade;* ele faz *um pedido* dirigido ao interlocutor.
> É claro que o locutor, usando de estratégia, pode jogar com essas três Modalidades. É o que se nota no seguinte subtítulo de uma notícia: "O Conselho de Segurança **pediu** em nota oficial, ontem, a X, para aceitar receber a missão das Nações Unidas. O Estado X rejeitou de imediato essa **injunção.**"

2.8. Promessa

Papel do locutor:
– *estabelece*, com seu enunciado, uma ação a fazer que *deve ser executada por ele mesmo.*
– *supõe* que a realização dessa ação, da qual é responsável, é objeto de *dúvida.*
– *compromete*-se, pelo seu dizer, a realizar esse ato, colocando-se na posição de *perjuro* se não cumprir o que disse que faria (*o juramento*).

Papel do interlocutor:
– *não está implicado.*
– é a *testemunha* da "Promessa" do locutor.

Exemplos de **Promessa:**
"**Prometo** ir visitá-lo assim que puder."
"**Juro que** não direi nada."
"**Eu me comprometo a** entregar os originais a tempo."

> **Observação:**
> 1- Para que haja promessa é necessário que esta seja *declarada verbalmente* (ou por um gesto).
> 2- Não se deve confundir as modalidades de "Obrigação" e de "Promessa". A primeira é puramente *descritiva* enquanto a segunda é *performativa* (o locutor se obriga no momento mesmo em que diz que se compromete).
> 3- O verbo **jurar** serve para expressar a "promessa" quando se combina com um Propósito no *futuro* (a ação está por *fazer*), e corresponde a uma "Proclamação" (ver adiante) quando se combina com um Propósito no presente ou no passado (a ação já se realizou). "**Juro que** não fui eu quem quebrou o vaso chinês."

2.9. Aceitação / Recusa

Papel do locutor:
– *pressupõe* que lhe foi dirigido um *pedido de realização* de um ato (pelo locutor ou por um terceiro).
– *responde favoravelmente* ("Aceitação") ou *desfavoravelmente* ("Recusa") a esse *pedido para fazer.*
– *não tem necessariamente uma posição de autoridade institucional.* Pode comprometer apenas a si mesmo.

Papel do interlocutor:
– *não está implicado.*
– é a *testemunha* da "Aceitação" / "Recusa" do locutor.

Exemplos de **Aceitação / Recusa:**
"**Aceito** segui-lo até o fim do mundo."
"**Aceito** que você me faça companhia."
"**Consinto** em que você use minha vaga na garagem."
"**Eu me recuso** a assumir essa responsabilidade."
"**Recuso** seu oferecimento."
"**Eu me oponho** à realização desse projeto."
"Eu, X, **aceito** Y como legítima esposa."

2.10. Concordância / Discordância

Papel do locutor:
– *pressupõe* que lhe foi dirigido um *pedido de dizer se adere ou não* à verdade de um Propósito de um outro (quer esse pedido tenha sido feito realmente ou não).
– *responde* expressando *sua adesão ou sua não adesão* ao propósito. Com isso, contribui para a *validação* (positiva ou negativa) da verdade desse propósito.

Entre "Concordância" e "Discordância" podem ser especificadas gradações: "Concordância total" ("Estou **totalmente** de acordo"), "Concordância parcial" ("Digamos que estou de acordo *no geral*"), "Concordância / Discordância retificativa" ("**Não** concordo **totalmente... não em todos os pontos.**")

Papel do interlocutor:
– *não está implicado.*
– é a *testemunha* da "Concordância / Discordância" do locutor.

Exemplos de **Concordância / Discordância** em configuração explícita:
Além de **Sim / Não,** e **concordo / não concordo, estou de acordo / não estou de acordo,** há diferentes classes de palavras e locuções que exprimem essa modalidade: **Claro, Com certeza, Entendido, Isso mesmo, De jeito nenhum, Não mesmo, Claro que não, Sim, com certeza, Não digo que não,** ou ainda, **Tudo bem, mas** (e outras) que anunciam uma *objeção.*

Em muitas ocasiões um simples gesto de cabeça ou uma mímica facial podem expressar essa modalidade.

2.11. Declaração

Papel do locutor:
– *detém* um saber.
– *supõe* que o interlocutor ignora esse saber ou duvida da verdade desse saber.
– *diz* que esse saber *existe em sua* verdade, com efeitos variáveis segundo a relação que locutor e interlocutores detêm com relação a esse saber.

Papel do interlocutor:
– *não está implicado.*
– é a *testemunha* da "Declaração" do locutor.
A "Declaração" se desdobra nas seguintes variantes:

"Confissão" – o locutor *escondia* um saber que o *colocaria em causa;* ele transmite esse saber ao interlocutor reconhecendo sua *culpa.*

"Revelação" – o locutor tinha conhecimento de um saber que *outros mantinham voluntariamente oculto;* esse saber não o implica diretamente; ele *expõe esse saber* tomando uma posição de *denunciador.*

"Afirmação" – o locutor se limita a *declarar verdadeiro* um saber que ele supõe constituir uma dúvida para o interlocutor; ele se atribui, com isso, uma *posição de autoridade.*

"Confirmação" – seu efeito é próximo da "Afirmação", mas aqui o locutor apenas *acrescenta* sua declaração a outras que já consideravam o saber em questão como verdadeiro. Entretanto, é necessário que haja *ainda alguma dúvida* para que a "Confirmação" se justifique.

Exemplos de **Declaração** em configuração explícita:

Para a "Confissão":

"**Confesso que** poderia ter chegado mais cedo."

"**Reconheço que** eu já sabia o que estava acontecendo."

"**Para dizer a verdade**, eu também não gosto dele."

Para a "Revelação":

"**Vou revelar** o que está por trás dessa transação."

"**Mostrarei** o caminho das pedras."

"**Vou dizer** o que sei."

Para a "Afirmação":

"**Afirmo que** ele é o principal responsável."

"**Alego** que ninguém pode sair daqui."

"**Sustento** que esta é a melhor solução."

Para a "Confirmação":

"**Confirmo que** ele não saiu de casa."

"**Sou testemunha de que** ela saiu às 8 horas."

"**Atesto que** o que ele disse é a pura verdade."

Configuração implícita: todo enunciado cujo contexto permita essa Modalização pode ter um efeito de declaração:

"Eu errei." (Confissão)

"Foi ele, estou dizendo agora." (Revelação)

"Ninguém consegue fugir daqui." (Afirmação)

"Sim, ele disse a verdade." (Confirmação)

> **Observação**:
> 1- Não se deve confundir "Afirmação" ou "Confirmação" (= Declaração) com a "Convicção" (= Opinião), embora essas Modalidades tenham em comum a *certeza*. Nas duas primeiras a verdade do saber é *pressuposta* e o dizer serve apenas para *reforçá-la*. Na segunda o locutor expressa uma *opinião* com relação à verdade do saber.
> 2- Não se deve confundir a "Declaração" com o "Aviso", pois essa última Modalidade é Alocutiva: após o aviso o interlocutor pode declarar: "Fui avisado de que..." o que não é possível com a Declaração.
> 3- Pode-se sugerir que se considere o "Pedido de desculpas" como uma variante da "Confissão", visto que há, da parte do locutor, *reconhecimento de uma culpa*.

2.12. Proclamação

Papel do locutor:

– *faz existir* um ato no momento em que profere uma fala que descreve esse ato (a pragmática o qualifica de "ato performativo").

– *tem uma posição institucional* (ou considerada como tal), que lhe dá *autoridade* para fazer com que essa fala se torne um ato, o que lhe confere um certo caráter de solenidade.

Papel do interlocutor:

– *não está implicado*.

– é a *testemunha* da "Proclamação" do locutor.

Exemplos de **Proclamação** em configuração explícita:

De um presidente de sessão: "**Declaro** aberta a sessão."

De um prefeito: "**Proclamo** que doravante é obrigatório o controle da saída dos alunos nas escolas."

De uma autoridade pública: "**Declaro** que levaremos nosso projeto até o fim."

Exemplos de **Proclamação** em configuração implícita:

De um presidente de sessão: "**Bom, vamos dar início** aos debates."

Após um discurso solene: "**Tenho dito!**"

> Observação:
> **1-** A "Proclamação" pode combinar-se com a Modalidade de "Julgamento" como no caso das *nomeações*: "**Eu o declaro** digno do Grau de Doutor em Letras", "**Eu o nomeio** comendador da Legião de Honra."
> **2-** O verbo **declarar** pode corresponder, segundo o contexto, ora a uma "Declaração" ("dizer para desvendar") ora a uma "Proclamação" ("fazer ao dizer").

3. Modalidades DELOCUTIVAS

As Modalidades DELOCUTIVAS são *desvinculadas* do locutor e do interlocutor. O Propósito *existe em si*, e *se impõe* aos interlocutores em seu modo de dizer: "Asserção" ou "Discurso relatado".

3.1. Asserção

A "Asserção" geralmente é definida como sinônimo de "afirmação, asseveração". Na definição de "Afirmação" encontramos, entre outras, uma que é identificada como pertencente ao domínio da lógica: "ato pelo qual se declara verdadeiro um juízo ou uma proposição, sem se levar em conta a forma afirmativa ou negativa que apresentem" (Novo Aurélio), e é esta a acepção que remete a "Asserção".

Aqui, trata-se da Asserção que concerne não à verdade do Propósito, mas à Enunciação, isto é, à maneira de apresentar a verdade do Propósito, o que pode ser chamado de um *"modo de dizer"*.

Assim, à Asserção do Propósito (Asserção 1) se combina a Asserção da Modalização (Asserção 2) no ato de enunciação (*"É evidente que João vai chegar atrasado"*).

A "Asserção", enquanto fenômeno de Enunciação, é uma modalidade que está incluída no DELOCUTIVO, não dependendo nem do locutor nem do interlocutor, o que explica o apagamento de vestígios desses dois parceiros nas configurações linguísticas.

3.2. Variantes da modalidade de "Asserção"

A Modalidade de "Asserção" se desdobra em diversos tipos ("Evidência", "Probabilidade", etc.) que correspondem, ponto por ponto, à maior parte das modalidades do ELOCUTIVO.

Quadro comparativo das Modalidades Elocutivas e Modalidades Delocutivas.

ELOCUTIVO	DELOCUTIVO	
MODALIDADES	ASSERÇÕES E CONFIGURAÇÃO	
"Constatação e Saber"	**"Constatação"**:	"Admite-se que..." "É visível que...", "É notável que..."
"Opinião-convicção"	**"Evidência"**:	"É evidente que...", "É verdade que..." "É certo que...", "O fato é que..." "É incontestável que...", "Evidentemente", "Efetivamente", "Com certeza", etc.
"Opinião-suposição"	**"Probabilidade"**:	**(forte)** "É provável que...", "provavelmente", "É verossímil que...", "aparentemente", etc. **(média)** "Pode ser que...", "Talvez..." "É possível que...", "Pode acontecer que..." **(fraca)** "É pouco provável que..." "As chances são poucas de..."
"Apreciação" *favorável* *desfavorável*	**"Apreciação"** *Favorável:* *Desfavorável:*	"É bom que...", "É satisfatório que..." "É interessante que...", "É admirável que..." "É positivo que...", "É surpreendente que..." "É uma tristeza que...", "É terrível que..." "É pena que...", "É constrangedor que..."
"Obrigação"	**"Obrigação"**:	"É preciso que...", "É obrigatório que..." "É necessário que...", "É indispensável que..." "É proibido...", "Basta que...", "É conveniente..."
"Possibilidade" (de fazer)	**"Possibilidade"**: (de fazer)	"É possível (fazer)...", "É factível"
"Querer-anseio" "Querer-exigência"	**"Anseio"**: **"Exigência"**:	"É desejável que..." "Exige-se que...", "Há a exigência de que..."
"Aceitação" (Recusa)	**"Aceitação"**: **"Recusa"**:	"É aceitável que..." "Não é aceitável que..."
"Declaração-Confissão" "Afirmação Confirmação"	**"Confissão"**: **"Confirmação"**:	"É inconfessável que..." "É verdade que...", "É certo que..." "É exato que...", "É certo dizer que..."

Todos os exemplos da segunda coluna do quadro anterior são "Configurações explícitas" da Modalidade de "Asserção", constituídas, em sua maioria, de construções iniciadas pelo verbo "ser" + adjetivos ou substantivos abstratos, seguidas de orações no infinitivo, no indicativo ou no subjuntivo, dependendo do valor da modalidade. Podem também ser constituídas de advérbios ou locuções adverbiais (**evidentemente, provavelmente, efetivamente, obrigatoriamente, felizmente, certamente, sem dúvida,** etc.) que têm como escopo o restante do enunciado.

É preciso que a modalidade de "Asserção", para ser recuperada pelo interlocutor, seja marcada de alguma forma. A configuração implícita pode realizar-se sob a forma de mímicas, entonações ou hesitações, que são suscetíveis de evocar determinados tipos de "Asserção".

Observações:

1- Os advérbios podem estar num contexto de forma exclamativa, o que lhes conferirá um valor de modalidade "Elocutiva": **"Evidentemente** que ele já sabe disso!" É, pois, necessário que se faça uma observação minuciosa dos elementos contextuais para que se possa dizer qual o tipo de modalidade em questão: "Opinião-Convicção" ou "Evidência".

Em outros casos o advérbio pode estar num contexto em que haja locuções que indiquem que a modalidade é responsabilidade do locutor (sendo então ELOCUTIVA): **para mim, quanto a mim, no que me concerne, no meu ponto de vista, pessoalmente, etc.**

2- Nas construções com o verbo ser + adjetivo, essa mesma distinção pode ser feita com o uso do pronome de primeira pessoa, que assinala a responsabilidade do locutor: **"Parece que** ele está com a razão" (Probabilidade) / **"A mim, me parece** que ele está com a razão." (Suposição). Mas também pode haver uma combinação entre uma Modalidade DELOCUTIVA com uma Modalidade ELOCUTIVA: **"É evidente** (Delocutiva), **para mim** (Elocutiva) que ele está com a razão."

3- A distinção entre **"Estou certo de que** ele virá" e **"É certo que** ele virá" ilustra a diferença entre as Modalidades de "Convicção", de um lado, e as de "Evidência", de outro. Este último exemplo apresenta o fato como se o locutor não tivesse (ou não quisesse ter) nenhuma responsabilidade pela avaliação ("Evidência"), enquanto o anterior assinala a responsabilidade do locutor pela *avaliação* do Propósito ("Convicção"). Não é suficiente a presença do adjetivo **certo** para que se possa falar de Modalidade de "certeza", pois é necessário examinar em que ato enunciativo se inscreve esse adjetivo. O mesmo se dá com as demais modalidades Elocutivas em sua correspondência com as Delocutivas.

4- A notar, uma vez mais, a polissemia dos verbos de modalidade:
– O verbo **dever** na primeira pessoa – **"Devo** partir às 5 horas" – exprime uma "Obrigação" (Elocutivo); mas exprime uma "Probabilidade" em construções com os verbos "ser" ou "haver" na terceira pessoa: **"Deve** haver mais de um chocolate nessa caixa", **"Devem** ser cinco horas."

5- A combinação de uma construção com sujeito oracional ("É preciso que...") com um Propósito que descreve uma ação do locutor ("Eu chego cedo") não configura a passagem de um ato Delocutivo a um ato Elocutivo. Em: **"É preciso que** eu chegue cedo", o ato de enunciação é Delocutivo. O locutor diz que essa Obrigação não depende dele.

3.3. Discurso relatado

Esta é uma modalidade complexa que depende da *posição dos interlocutores*, das *maneiras de relatar* um discurso já enunciado, e da *descrição dos modos de enunciação* de origem.

3.3.1. A "posição" dos interlocutores

a) Um locutor *relator* (L.R) se dirige a um Interlocutor(I.R) num determinado Tempo (T.R) e num determinado Espaço (E.R.) para relatar o Discurso enunciado anteriormente (D.0) por um Locutor de *origem* (L.0) que se dirigira a um Interlocutor (I.0) num determinado Tempo (T.0) e num determinado Espaço (E.0).

b) Muitos tipos de relações podem configurar-se entre esses diferentes interlocutores:

- "**Eu** tinha dito **a você** para / que..."
- "**Eu** tinha dito **a ele** para / que..."
- "**Você me** tinha dito para / que..."
- "**Você** tinha dito **a ele** para / que..."
- "**Ele me** tinha dito para / que..."
- "**Ele** tinha dito **a você** para / que..."
- "**Ele** tinha dito **a ela** para / que..."

c) Como se vê nessa lista, o Locutor-relator não coincide necessariamente com o Interlocutor de origem. Um ou mais intermediários podem intervir entre o L.0 e o L.R, o que suscita alguns problemas:

— *o grau de fidelidade*

O discurso emitido pode ser relatado com mais ou menos fidelidade, o que pode estar ligado a uma intenção clara ou não, da parte do Relator.

O Discurso de origem pode ser transformado: em seu *enunciado referencial* (dizer: *"Ele foi assassinado"* (D.Relatado) em vez de *"Ele morreu"* (D.0)); em seu *modo de enunciação* (retomar: "**Tenho de** chegar cedo" onde se exprime uma Obrigação por "**Ele deve** chegar cedo" onde há uma ambiguidade entre Obrigação e Probabilidade); e ainda por um *corte do contexto de origem,* ou por uma *reconstrução desviante* do contexto e da situação de origem.

— *o modo de reprodução*

O Discurso de origem pode ser simplesmente *reproduzido* em sua forma. Trata-se de uma *repetição* do que já foi dito, mas, como veremos adiante, pode ainda sofrer algumas modificações.

O Discurso de origem pode ser transformado por uma *interpretação* (correta ou incorreta) do que não foi dito explicitamente. Por exemplo, uma hesitação balbuciada – "Mas... mas... ele está traindo você!" – poderá ser interpretada e reproduzida como: "Ela **exclamou com indignação**: 'Ele está traindo você!", podendo igualmente ter sido interpretada como *"surpresa".*

— *o tipo de "distância" do Locutor*

O Locutor pode tentar relatar o discurso da maneira mais objetiva possível, isto é, *não intervindo*. Mas pode também manifestar sua *adesão* ou sua *não adesão* ao

Discurso de origem. Isso poderá ser feito, por exemplo, utilizando *verbos de modalidades* que mudam de sentido quando passam da forma **eu** à forma **ele**:

"Eu alego que..." (= "Eu afirmo")

"Ele alega que..." (= "Ele afirma sem razão")

"Eu imagino que..." (= "Eu suponho")

"Ele imagina que..." (= "Ele acredita sem razão").

3.3.2. As "maneiras de relatar"

O Discurso de origem pode ser relatado de diferentes maneiras pelo Locutor-relator (L.R). Ele pode ser:

a) *citado* (A "citação")

O Discurso de Origem é *citado (mais ou menos integralmente)* numa construção que o reproduz tal como foi enunciado, de maneira autônoma em relação ao *dizer enunciativo* que ele retoma.

Esse caso corresponde ao que a gramática tradicional chama de "estilo direto", que pode ser apresentado com os *dois pontos* seguidos do Discurso de origem entre *aspas*:

"Ele disse: '**meu carro está ferrado**'"

"Ele me disse: 'Por favor, me desenha um carneiro'"

Ou então com os *dois pontos* ou com *um ponto* seguido do Discurso de origem sem *aspas*, procedimento frequente no romance moderno:

"Ele disse: **meu carro está ferrado.**"

"Eu acabei confessando. **Meu carro está ferrado e não sei como fazer para me locomover.**"

b) *integrado*

O discurso de origem é retomado numa construção que o *integra parcialmente* ao dizer daquele que o relata, o que provoca a transformação do enunciado: o discurso é relatado em terceira pessoa, e então os *pronomes* assim como o *tempo verbal* dependem, não do momento de enunciação de origem, mas do momento de enunciação do Locutor que relata.

Assim: *"Meu carro está ferrado"* será relatado: *"ele disse que seu carro estava ferrado"* ou então, como no romance moderno, em dois enunciados separados por um ou dois pontos: *"Ele acabou confessando. Seu carro estava ferrado."*

> "Então Simplício da Costa, vosso criado, explica suas atividades pré-matutinas. **Vai montar ali, à beira-rio, bem em frente da balsa, um varejo de cigarros, pastéis e aguardente. Mas aguardente legítima, não essa água benta que até menino enjeita.**"
>
> (Carlos Drummond de Andrade. Beira-Rio. In: *Poesia e prosa.*
> Contos de aprendiz. Rio de Janeiro: Nova Aguilar, 1983. p. 841.)

Este último tipo de construção confere uma certa autonomia ao Discurso relatado (com relação à construção precedente), ao integrá-lo ao dizer do Locutor que relata.

Estes dois últimos casos correspondem ao que a gramática tradicional chama de "estilo indireto" e "estilo indireto livre".

c) *narrativizado*

O discurso de origem é relatado de tal maneira que se *integra totalmente*, ou mesmo desaparece, no dizer daquele que relata. O Locutor de origem torna-se *o agente de um ato de dizer*. Assim: *"Estou decepcionado"* será relatado: *"Ele confessou sua decepção".* Outros exemplos:

> *"Ele me aconselhou a ir embora antes que ele perdesse a paciência."*
> "Mas o Firmo **lembrou que** seria melhor irem lá para fora".
> (Aluísio Azevedo. *O cortiço*. São Paulo: Ed. Moderna, 2001. p. 65.)

d) *evocado (alusão)*

O discurso de origem aparece apenas como um *dado evocador* do que o Locutor de origem disse, ou tem o hábito de dizer. Essa "maneira de relatar", configurada frequentemente por uma palavra ou grupo de palavras *entre aspas, travessões,* ou *parênteses,* corresponde a um *"Como você diz", "Como ele diz", "Como se diz",* ou *"Como eu gosto de dizer".*

Assim, em: *"Sabe, a casa dele está 'um inferno'".* A sequência entre aspas pode ser uma alusão a *"Como ele mesmo diz".* Na seguinte passagem da crônica "Este senhor Murilo Miranda", de Cecília Meireles,[3] encontramos um exemplo de discurso "evocado": *"Murilo Miranda foi pedindo a cada um 'mais do que permitia a força humana'"* – onde identificamos uma alusão a um trecho do poema *Lusíadas* de Luis de Camões.

A notar ainda que as citações de *máximas* e de *provérbios* correspondem a esse caso, fazendo alusão ao saber popular, à *vox populi,* ao *"Como se diz": "Lembre-se que 'pobreza não é defeito'."*

(Tradução: Angela M. S. Corrêa e Rosane S. M. Monnerat.
Adaptação: Angela M. S. Corrêa.)

---

[3] Cecília Meireles. *Escolha o seu sonho*. Rio de Janeiro/São Paulo: Record, 1968. 3. ed. p. 112.

Modo de organização descritivo

I. Sobre o modo descritivo

1. Proposta crítica

Três problemas se colocam a propósito da *organização descritiva*.

a) A tradição dos exercícios escolares alimentou durante muito tempo uma confusão entre o que é de ordem *descritiva* e o que é de ordem *narrativa,* através da utilização de palavras como **descrever** e **contar**, nos enunciados de exercícios de redação.

De fato, "**Conte**..." (ou "Narre...") pode referir-se *ao que foi visto* (ordem do *descritivo*) ou *ao que foi vivido ou feito* (ordem do *narrativo*). Ora, às vezes se pede: "**Conte** como é a praia no verão", o que corresponderia mais a **descrever**; e às vezes: "**Descreva** o seu dia de domingo", o que corresponderia mais a **contar**.

Evidentemente, num relato, *descrição* e *narração* se acham intimamente ligadas, mas isso não impede que se considere que cada um destes modos de organização tenha a sua especificidade.

Trata-se, pois, de um problema que ultrapassa o limite dos exercícios escolares, visto que, de fato, coloca-se a questão da diferença que existe entre essas duas ordens.

Assim, um texto pode descrever *ações já realizadas* (como é o caso de alguns *relatórios* ou *reportagens jornalísticas* – ver abaixo) ou *a realizar* (como em algumas *receitas de cozinha* – ver a seguir), e logo nos perguntamos, com razão, se o texto é *descritivo* ou *narrativo*.

> **[Relato jornalístico]**
> No sul do Brasil, antes de chegar aos pampas, a natureza se deu ao capricho de esculpir abismos que os gaúchos sabiamente transformaram em parques nacionais. (...) Os passeios podem ser de meio turno ou integral, e, ainda de dois dias com uma noite de acampamento. Este foi o nosso, uma caminhada chamada "caminhada de borda" (...): dois dias caminhando por campos dourados, à beira de abismos. Dois dias serpenteando na borda de cânions e gargantas. (*Revista Ícaro,* novembro de 2005)

[**Receita de cozinha**]
QUINDÃO
1º) Bater no liquidificador: 9 ovos inteiros (pode-se separar claras e gemas, tirar as peles destas e, depois, juntar tudo); 3 xícaras de açúcar (colocar aos poucos) e uma colher de sopa de manteiga;
2º) Juntar a essa mistura 2 cocos frescos ralados e uma colher de sopa de queijo parmesão ralado;
3º) Colocar a mistura em forma untada e polvilhada com açúcar e deixar descansar por uma hora, ou mais;
4º) Assar em banho-Maria (água fervendo), em forno quente, por uns 30 ou 40 minutos;
5º) Deixar esfriar e desenformar.

b) Isso nos leva ao **segundo problema**, que ocorre pelo fato de que frequentemente confunde-se a *finalidade* de um texto com seu *modo de organização*.

Com efeito, tal sequência (ou passagem) de um texto pode se inscrever no modo de organização *descritivo*, enquanto o texto, em seu conjunto, possui outra finalidade além de uma pura descrição. Parece ser o caso de alguns anúncios de oferta de emprego e de catálogos de venda que têm uma finalidade de *informação* e de *incitação a fazer* (ver abaixo), ou o dos manuais escolares, em que as passagens *descritivas* se inscrevem em uma finalidade *explicativa* (ver abaixo).

[**Oferta de emprego**]
– Supervisor independente Herbalife. Oportunidade de negócio próprio. Alta lucratividade. Qualidade de vida. Tempo integral / parcial. Tel. 25715795 / 9813-1282.
(*O Globo*, 17/01/2007, Classificados, p. 14)

[**Catálogo de venda**]
Purificador de Água Latina
Natural / Gelada
R$ 499,00
    Ou
12 x R$ 41, 58
• Água Natural e gelada
• Sistema duplo de purificação
• Sistema de refrigeração eletrônica (não usa gás)
• Voltagem: Bivolt
• Dimensões (AxLxP): 457x305x390mm
• Peso: 5,5 kg
• Cor: Branco
(*Vitrine Shoptime* – www.shoptime.com.br, acesso em 11 de abril de 2007)

[**Manual escolar**]
(...) Além do número de versos e estrofes, há outros elementos formais que podem constituir o poema: métrica (medida dos versos), ritmo (alternância de sílabas quanto à intensidade) e rima (semelhança de sons nas palavras, que aparecem no final dos versos e, raramente, no meio).
(Douglas Tufano; Leila Lauar Sarmento. *Português. Literatura, Gramática, Produção de Texto*. São Paulo: Moderna, 2004).

Essa observação remete ao fato de que um texto é sempre *heterogêneo*, do ponto de vista de sua organização. Ele depende, por um lado, da *situação de comunicação* na qual e para a qual foi concebido e, por outro lado, das diversas *ordens de organização do discurso* que foram utilizadas para construí-lo.

Daí a necessidade de tratar a questão do *descritivo*, como foi proposto na introdução, em três níveis distintos:

– a **Situação de comunicação** que se define em termos de *contrato* e determina uma *finalidade* ao texto dela resultante.

– o **Modo de organização do discurso** que utiliza, em seu fazer, *categorias de língua*.

– o **Gênero de texto** que extrai sua finalidade dos *interesses em jogo* na Situação de comunicação.

Assim, numa **Receita de cozinha**, a Situação é definida como um *modelo a seguir* (um guia), e o Modo de organização é *descritivo*: ora ele descreve uma *sucessão de ações* (**fazer**, **pegar**, **pôr na água**, **descascar**, etc.), ora ele descreve uma *sucessão de atos enunciativos* que são *ordens de execução* (**faça**, **pegue**, **ponha na água**, **descasque**, etc.).

No gênero de texto **Catálogo de venda**, a Situação é definida através de um contrato de *informação* e de *incitação a fazer*, com um Modo de organização *descritivo* que utiliza *qualificações de ser* e *de fazer*.

No gênero **Manual escolar**, a Situação corresponde a uma finalidade de *explicação didática*, com um Modo de organização ora *descritivo*, ora *argumentativo*.

c) O **terceiro problema** diz respeito à relação *Língua / Texto*. Existe uma relação de *continuidade* entre as categorias da língua e as características discursivas de um texto? Será que a simples acumulação, num texto, das marcas de uma mesma categoria de língua (no caso, a Qualificação) permite determinar um modo de discurso (no caso, o Descritivo)?

Alguns estudos, e particularmente aqueles que tentam estabelecer uma diferença entre *descritivo* e *narrativo*, propõem critérios de distinção que se baseiam na presença ou ausência de algumas marcas linguísticas: natureza semântica dos **verbos** (*imperfectivo/ perfectivo*), emprego dos **tempos** (*não progressão da ação/ progressão da ação*), natureza semântica do **agente** de uma ação (*não humano/ humano*), especificação dos **lugares** e emprego de certas **categorias gramaticais** (*adjetivos, indefinidos, apresentadores* etc.) cujo acúmulo seria característico do *descritivo,* etc.

Há nisso uma parte de verdade, pois existe uma afinidade entre *categorias de língua* e *modos discursivos*, mas não se pode ir além dessa noção de afinidade. De fato, uma mesma categoria de língua, repetida ao longo de um texto, não pode por si só determinar uma *ordem discursiva* e, muito menos, caracterizar um *texto* (que depende da Situação de comunicação).

Na verdade, uma mesma categoria de língua pode estar presente em diferentes modos de organização de discurso: por exemplo, as categorias semânticas de

Designação, Quantificação e Apresentação encontram-se tanto na organização *descritiva* quanto na organização *narrativa* ou *argumentativa* de um texto (ver o exemplo do **Manual escolar**, com finalidade *explicativa*).

> **[Manual de Física]**
> À noite, num cômodo escuro, cujas persianas e portas estão fechadas, não percebemos nada do que nos rodeia: há ausência de luz.
> Acendendo uma lâmpada incandescente, vemos imediatamente não só essa lâmpada, mas também os objetos que a rodeiam; a lâmpada e esses objetos tornaram-se luminosos e nossos olhos recebem, através deles, a luz.

Por outro lado, um mesmo Modo de discurso pode evocar diferentes categorias linguísticas. Por exemplo, o *descritivo* também pode utilizar **verbos de ação** (marcas que se consideram, tradicionalmente, próprias ao *narrativo*), como nos textos de *Receitas de cozinha* (ver exemplo anterior).

As categorias de língua não são, enquanto tais, operatórias para determinar um modo de discurso. Pode-se dizer que as marcas que compõem um texto constituem, em combinação com as marcas de outras categorias, os *traços de uma possível caracterização discursiva*.

Abaixo, um trecho de uma longa sequência descritiva, na qual se pode verificar a copresença de uma multiplicidade de categorias de língua:

> Amanhecera um domingo alegre no cortiço, um bom dia de abril. Muita luz e pouco calor. As tinas estavam abandonadas; os coradouros despidos. Tabuleiros e tabuleiros de roupa engomada saíam das casinhas, carregados na maior parte pelos filhos das próprias lavadeiras que se mostravam agora quase todas de fato limpo; os casaquinhos brancos avultavam por cima das saias de chita de cor. Desprezavam-se os grandes chapéus de palha e os aventais de aniagem; agora as portuguesas tinham na cabeça um lenço novo de ramagens vistosas, e as brasileiras haviam penteado o cabelo e pregado nos cabelos negros um ramalhete de dois vinténs; aquelas trançavam no ombro xales de lã vermelha, e estas de crochê, de um amarelo desbotado.
> (Aluísio de Azevedo. *O cortiço*. São Paulo: Ed. Moderna, 2001. Cap. 6, p. 53.)

2. Definição e função do descritivo

2.1. Descrição/descritivo: tipologia ou procedimento?

Na tradição da crítica literária de origem francesa, e nas diferentes teorias que se sucederam e entraram em confronto, os termos *descrição* e *descritivo* são empregados como sinônimos. Um e outro servem para caracterizar as passagens de um texto literário, e a escola utilizou isso como parte essencial de alguns dos exercícios de redação (*"**Descrição** de um dia de outono"*) ou de análise (*"Destaque os termos de **descrição** que caracterizam o personagem"*).

Correlativamente, a *descrição*, nessa mesma tradição, é sempre definida por oposição a outras categorias, e principalmente por oposição ao *relato*. A *descrição* seria *estática*, fora do tempo e da sucessão dos acontecimentos; o *relato* seria *dinâmico*, inscrito no tempo, descrevendo a sucessão das ações. Além disso, a primeira não teria estatuto autônomo: ela existiria apenas como um dos componentes do relato, posta a seu serviço.

Posteriormente, a Semiótica moderna (R. Barthes, A. J. Greimas, G. Genette, P. Hamon) considerou que *descritivo* e *narrativo* não eram textos, mas *procedimentos discursivos* que contribuíam, ambos, e de maneira igual, para construir o relato. O primeiro corresponde ao que foi chamado de *qualificações* do relato, o segundo, às suas *funções*. Além disso, a Semiótica, que em seus primórdios preocupava-se somente com os textos literários, descobre, ao voltar-se para outros objetos, que o *descritivo* não é apanágio dos textos literários.

É nessa última perspectiva que situamos nossas propostas. Como foi dito nas Generalidades, o termo *descritivo* é utilizado aqui para definir um *procedimento discursivo* (que chamamos de "Modo de organização do discurso"), e o termo *descrição* para definir um *texto* (ou um fragmento de texto) que se apresenta explicitamente como tal. A *descrição* é um resultado, o *Descritivo* é um *processo* – este detém, então, o mesmo estatuto que o *Narrativo* e o *Argumentativo*.

Tais considerações explicam o seguinte:

– que o *Descritivo* possa combinar-se com o Narrativo e o Argumentativo no âmbito de um mesmo texto;

– que um texto possa ser organizado de maneira *descritiva*, ora em sua totalidade, ora em parte;

– que o *Descritivo* seja um Modo de organização que pode intervir tanto em textos literários quanto em textos não literários.

2.2. O que é "descrever"?

Do ponto de vista do sujeito falante, *Descrever* corresponde a uma atividade de linguagem que, embora se oponha às duas outras atividades, – *Contar* e *Argumentar* – combina-se com elas.

a) Enquanto *contar* consiste em expor o que é da ordem da experiência e do desenvolvimento das ações no tempo, e cujos protagonistas são os seres humanos, *descrever* consiste em ver o mundo com um "olhar parado" que faz existir os seres ao *nomeá-los*, *localizá-los* e *atribuir-lhes qualidades* que os singularizam. Entretanto, *descrever* está estreitamente ligado a *contar*, pois as ações só têm sentido em relação às identidades e às qualificações de seus actantes. Não é a mesma coisa dizer: "*O leão salvou o camundongo*", e dizer: "*O pequeno camundongo salvou o leão, rei dos animais*"; aliás, todas as fábulas que contam como um personagem se livra de uma situação perigosa com a ajuda de um artifício só podem ser compreendidas na medida em que um dos personagens é identificado e qualificado como *forte* e *ameaçador* (o lobo, por exemplo) e o outro, como *frágil* e *ameaçado* mas *esperto* (a raposa).

Assim sendo, o **Descritivo** não se contenta em servir o **Narrativo**, como se diz frequentemente, mas *dá sentido* a este último.

b) Enquanto **argumentar** consiste em efetuar operações abstratas de ordem lógica, destinadas a explicar ligações de causa e efeito entre fatos ou acontecimentos, **descrever** consiste em identificar os seres do mundo *classificando-os*, sem necessariamente estabelecer entre eles uma relação de causalidade.

Entretanto, **descrever** e **argumentar** são atividades estreitamente ligadas, na medida em que a primeira toma emprestado à segunda um certo número de operações lógicas para classificar os seres (por exemplo, em *sinônimos* e *antônimos*), e a segunda só pode exercer-se a respeito de seres que têm uma certa *identidade* e *qualificação*: o argumento não é o mesmo, segundo se diga: "*É porque você é* **cidadão** *que você deve votar*" ou "*É porque você é um* **bom cidadão** *que você deve votar*".

Em resumo, diremos que os três modos de organização contribuem igualmente para construir textos, **contar** o fato *testemunhando* uma experiência, **argumentar** *demonstrando* relações, **descrever** *identificando* e *qualificando* os seres.

II. A construção descritiva

1. Componentes da construção descritiva

O **Descritivo** é um modo de organização que conta com três tipos de componentes, os quais são, ao mesmo tempo, autônomos e indissociáveis: *nomear*, *localizar-situar* e *qualificar*.

São esses, aliás, os três componentes que constituem a base da identidade civil: **nome** e **sobrenome**, **data** e **local de nascimento**, **sinais particulares** e **foto**.

1.1. Nomear

Nomear é dar existência a um *ser* (qualquer que seja a sua classe semântica) através de uma dupla operação: *perceber uma diferença* na continuidade do universo e simultaneamente *relacionar essa diferença a uma semelhança*, o que constitui o princípio da *classificação*. Como essa *percepção* e essa *classificação* dependem do sujeito que percebe, evitaremos considerar que o mundo seja pré-recortado e que bastaria descobri-lo enquanto tal: consideramos que **é o sujeito que constrói e estrutura a visão do mundo**.

Assim sendo, *nomear* não corresponde a um simples processo de etiquetagem de uma referência preexistente. É o resultado de uma operação que consiste em *fazer existir seres significantes no mundo, ao classificá-los*.

Essa atividade se opõe *a priori* àquela que determina a sucessão das ações e sua organização, a qual é necessariamente orientada. *Nomear* é uma atividade que se interessa pelos seres enquanto tais, e as classificações que os organizam se apresentam como agrupamentos *em constelações* em torno de núcleos que constituem seu ponto de referência.

Isso explica o fato de que o *Descritivo* seja um modo de organização que produz *taxinomias* (grades, representações hierarquizadas em árvores, em chaves), *inventários* (arquivos, catálogos, índices, guias, etc.) e todos os tipos de *listas* que constroem ou fazem inventários dos seres do universo.

Pode-se supor que essas *taxinomias, inventários* e *listas* sejam fruto do acaso. Na verdade, não é o que ocorre, porque a atividade descritiva se inscreve sempre numa finalidade comunicativa que fornece, e até mesmo impõe, seu quadro de pertinência. É o caso de textos com finalidade *explicativa, informativa* (**páginas de informações práticas** de um jornal), *incitativa* (**crônicas** diversas).

Se já foi dito que a **descrição** é *arbitrária*, é porque era estudada no âmbito da literatura romanesca cuja história mostra que as *passagens descritivas* são mais ou menos importantes de acordo com as épocas e as escolas literárias. Nesse caso, verifica-se que é o sujeito descritor que decide (embora seguindo as regras estéticas em vigor) a proporção que uma **descrição** deve tomar num relato.

É necessário observar, entretanto, que o sujeito é sobredeterminado pelas características culturais do grupo social (ou civilizacional) ao qual pertence. É assim que um romance ou um filme policial escrito ou realizado por um autor anglo-americano tenderá a pôr em primeiro plano o **Narrativo**, enquanto um autor francês se interessará mais, ou tanto quanto, pelo **Descritivo**.

Descrever consiste, então, em *identificar* os seres do mundo cuja existência se verifica por *consenso* (ou seja, de acordo com os códigos sociais). No entanto, essa identificação é limitada, e mesmo coagida pela finalidade das Situações de comunicação nas quais se inscreve, e relativizada, tornando-se até mesmo subjetiva, pela decisão do sujeito descritor.

No seguinte exemplo trata-se de descrição que identifica um ser no mundo a serviço da finalidade da situação de comunicação: apresentar a personagem principal do conto:

> *Veio uma mulher: era a cartomante. (...) Era uma mulher de quarenta anos, italiana, morena e magra, com grandes olhos sonsos e agudos.*
>
> (Machado de Assis. *Obra completa*. A cartomante.
> Rio de Janeiro: José Aguilar, 1962. Vol. II, p. 482).

1.2. Localizar-situar

Localizar-Situar é determinar o lugar que um ser ocupa no *espaço* e no *tempo* e, por um efeito de retorno, atribuir características a este ser na medida em que ele depende, para a sua existência, para a sua função, ou seja, para a sua razão de ser, de sua posição espaço-temporal.

Essa *localização-situação* aponta para um recorte objetivo do mundo, mas sem perder de vista que esse recorte depende da visão que um grupo cultural projeta sobre esse mundo.

TEXTOS

[*Nomear* localizando para estabelecer uma determinada hierarquia dos seres no mundo]
SALVADOR – PRAIA PORTO BARRA: Aconchegante apartamento para temporada, 2 quartos, totalmente reformado, mobiliado, claro e arejado, vista mar, estrategicamente bem localizado num 11º andar na Av. Princesa Isabel, perto da praia, com TV, refrigerador, micro-ondas, utensílios de cozinha, roupas de cama e mesa. Prédio familiar com segurança 24hs interfone para a portaria, circuito de TV. Leitos confortáveis para 7 pessoas ou 10 no carnaval. Próximo de restaurantes, supermercados, farmácias, correios, academias, bancos, casas de câmbio, cyber cafés, shopping e transporte fácil para toda a cidade. Uma vaga na garagem. Preços módicos e negociáveis para semana, quinzena ou mês, até 90 dias. Mais informações, reservas e envio de fotos direto com proprietário Sr. Carlos. Fones (71) 3334 2777, 9955 6622, 9945 9444 e 3388 2121. aripe@hotmail.com e http://www.praticus.com/.

[*Descrever* o espaço por ele próprio]
A floresta tropical é o esplendor da força na desordem. Árvores de todos os tamanhos e de todas as feições; árvores que se alteiam, umas eretas, procurando emparelhar-se com as iguais e desenhar a linha de uma ordem ideal, quando outras lhes saem ao encontro, interrompendo a simetria, entre elas se curvam e se derreiam até o chão a farta e sombria coma. Árvores, umas largas, traçando um raio de sombra para acampar um esquadrão, estas de tronco pejado que cinco homens unidos não abarcariam, aquelas tão leves e esguias erguendo-se para espiar o céu, e metendo a cabeça por cima do imenso chão verde e trêmulo que é a copa de todas as outras. Há seiva para tudo, força para a expansão da maior beleza de cada uma. Toda aquela vasta flora traduz a Antiguidade da vida.
(Graça Aranha. *Canaã*. Rio de Janeiro: Ediouro, s/d. p. 23)

[*Localizar* no espaço e situar no tempo para tornar um relato "objetivo"]
Estatuetas, estrelas e piadas
É uma festa tipicamente americana: tapete vermelho, refletores, flashes pipocando, atrizes desfilando modelitos caros e piadas que só eles podem entender. Mesmo assim, causa frisson nos quatro cantos do mundo e por aqui não é diferente, mesmo que esse ano não haja nenhum representante brasileiro por lá. O Oscar, cerimônia de premiação da Academia de Artes e Ciências cinematográficas de Hollywood, que está na 72ª edição, acontece neste domingo, no Dorothy Chandler Pavillon, em Los Angeles e será transmitido ao vivo pelo SBT e pelo Telecine 1 .
(*Net Guia de programação*. Ano VII, n. 75, março 2000).

1.3. Qualificar

Nomear, como acabamos de mostrar, faz com que existam seres, e estes são classificados em função de sua semelhança ou diferença com relação a outros seres. Isso quer dizer que, são identificadas, nesses seres, propriedades que permitem tais classificações. Essas propriedades são consideradas internas ao ser em questão, sendo, portanto, **constitutivas** desses seres.

Existe, entretanto, uma outra atividade distinta da **denominação**, e que a completa: é a que consiste em atribuir a um ser, de maneira explícita, uma *qualidade* que o caracteriza e o especifica, classificando-o, desta vez, em um subgrupo.

Qualificar, portanto, assim como **nomear**, é reduzir a infinidade do mundo, construindo classes e subclasses de seres. Mas enquanto a *denominação* estrutura o mundo de maneira não orientada, em "constelação de seres", a *qualificação* atribui um sentido particular a esses seres, e isto de maneira mais ou menos objetiva.

De fato, toda qualificação tem origem no olhar que o sujeito falante lança sobre os outros seres e o mundo, testemunhando, então, sua subjetividade. Assim, ele pode chegar a dizer: *"A terra é azul como uma laranja."*

A descrição pela qualificação pode ser considerada a ferramenta que permite ao sujeito falante satisfazer seu desejo de *posse do mundo*: é ele que o singulariza, que o especifica, dando-lhe uma substância e uma forma particulares, em função da sua própria visão das coisas, visão essa que depende não só de sua racionalidade, mas também de seus sentidos e sentimentos.

TEXTO

[*Qualificar* é tomar partido]
[A sala]
Entremos, já que as portas se abrem de par em par, cerrando-se logo depois de nossa passagem. A sala não é grande, mas espaçosa; cobre as paredes um papel aveludado de sombrio escarlate, sobre o qual destacam entre os espelhos duas ordens de quadros representando os mistérios de Lesbos. Deve fazer ideia da energia e aparente vitalidade com que as linhas e colorido dos contornos se debuxavam no fundo rubro, ao trêmulo da claridade deslumbrante do gás.

(José de Alencar. *Obras completas. Lucíola.*
Rio de Janeiro: José Aguilar, 1959. Vol. I, p. 340.)

Entretanto, os sujeitos falantes são seres que vivem em coletividade, compartilhando (ainda que seja para transgredir) as *normas* da prática social.

Ora, essas normas contribuem igualmente para regulamentar as relações entre os *seres* e suas *qualidades*. Por um lado, há *as normas relativas aos sentidos*: olfato (perfumes, essências, odores), tato (aspectos táteis), audição (sonoridades), visão (formas, volumes), paladar (sabores), normas que não são evidentemente as mesmas em todas as sociedades; por outro lado há as *normas funcionais*: para que servem os objetos, qual é sua finalidade pragmática, por que eles possuem tal ou tal qualidade.

Assim, pode-se dizer que, num contexto cultural como o da França, "um queijo" pode ser caracterizado por vários elementos: *a origem do leite*, o *grau de fermentação*, a *consistência*, o *sabor*, a *forma*, a *dimensão*, etc., e que é destinado a *ser comido*, de preferência (pois isso depende das regiões, das atividades profissionais e das classes sociais) *ao final de uma refeição*.

Qualificar é, então, uma atividade que permite ao sujeito falante manifestar o seu *imaginário*, individual e/ou coletivo, imaginário da construção e da apropriação do mundo (outros dirão "predação") num jogo de conflito entre as *visões normativas* impostas pelos consensos sociais e as *visões próprias* ao sujeito.

TEXTO

[Descrição que utiliza expressões estereotipadas (consenso social) para expressar inconformismo (imaginário pessoal)]

A ETERNA IMPRECISÃO DA LINGUAGEM

[...]
– É um amor.
Perfeito? perfeito da china? perfeito do mato? perfeito azul? perfeito bravo? próprio? materno? filial? incestuoso? livre? platônico? socrático? de vaqueiro? de carnaval? de cigano? de perdição? de hortelão? de negro? de deus? do próximo? sem olho? à pátria? bruxo? que não ousa dizer o nome?
– Vá em paz.
Armada? otaviana? romana? podre? dos pântanos? de varsóvia? de requiescat? e terra?
– Vá com Deus.
Qual?

(A Paulo Mendes Campos)

(Carlos Drummond de Andrade. *Poesia e prosa*. Caminhos de João Brandão. Rio de Janeiro: Nova Aguilar, 1983. p. 1317-18)

Concluindo, diremos que o **Descritivo** serve essencialmente *para construir uma imagem atemporal do mundo*. Realmente, a partir do momento em que os seres do mundo são nomeados, localizados e qualificados, é como se eles fossem impressos numa película para sempre.

Enquanto o **Narrativo** desdobra necessariamente suas ações em uma *sucessividade temporal*, o **Descritivo** *se expande fora do tempo* (o que explica que o *presente* e o *imperfeito* sejam os tempos privilegiados da *descrição*).

Descrever fixa imutavelmente *lugares* (Localização) e *épocas* (Situação), *maneiras de ser e de fazer* das pessoas, *características* dos objetos.

E, de fato, os personagens, lugares e objetos descritos por autores como José de Alencar, Machado de Assis, Aluísio de Azevedo, Graciliano Ramos, para citar apenas alguns dos escritores brasileiros, acham-se imortalizados.

TEXTO

[Exemplo de uma personagem "imortalizada"]

No pequeno jardim da casa do Paquequer, uma linda moça se embalançava indolentemente numa rede de palha presa aos ramos de uma acácia silvestre, que estremecendo deixava cair algumas de suas flores miúdas e perfumadas.

Os grandes olhos azuis, meio cerrados, às vezes se abriam languidamente como para se embeberem de luz, e abaixavam de novo as pálpebras rosadas.

Os lábios vermelhos e úmidos pareciam uma flor da gardênia dos nossos campos, orvalhada pelo sereno da noite; o hálito doce e ligeiro exalava-se formando um sorriso. Sua tez, alva e pura como um froco de algodão, tingia-se nas faces de uns longes cor-de-rosa, que iam, desmaiando, morrer no colo de linhas suaves e delicadas. [...]

Os longos cabelos louros, enrolados negligentemente em ricas tranças, descobriam a fronte alva, e caíam em volta do pescoço presos por uma presilha finíssima de fios de palha cor de ouro, feita com uma arte e perfeição admiráveis.

A mãozinha afilada brincava com um ramo de acácia que se curvava carregado de flores, e ao qual de vez em quando segurava-se para imprimir à rede uma doce oscilação.

Esta moça era Cecília.

(José de Alencar. *Obras completas.* O Guarani.
Rio de Janeiro: José Aguilar, 1958. V. II. p. 54.)

2. Procedimentos de configuração da descrição

Esses procedimentos são utilizados de maneira ao mesmo tempo *livre* e *não arbitrária.*

São utilizados de maneira *não arbitrária*, porque toda **descrição** está sempre em relação com os outros modos de organização (**Narrativo, Argumentativo**), e que, sem ser totalmente dependente, ela adquire sentido (ou uma parte de seu sentido) em função destes outros modos.

Mas, ao mesmo tempo, de maneira *livre*, porque o **Descritivo** é um modo de organização que não se fecha, em si, por uma lógica interna, como o são os outros modos. Isso explica, aliás, por que é possível fazer o *resumo* de um relato ou de uma argumentação, e não de uma descrição.

Serão, então, apresentados aqui os procedimentos *discursivos* e *linguísticos* de base, sem que se possa indicar a maneira pela qual eles devam ser utilizados, pois, apesar da existência de algumas regularidades discursivas, *não existe percurso obrigatório para a construção do* **Descritivo***.*

2.1. Procedimentos discursivos

Os diferentes componentes do princípio de organização são implementados por determinados procedimentos discursivos:

– o componente *nomear*, que faz com que um "ser seja", suscitando *procedimentos de identificação.*

– o componente *localizar*, que faz com que um "ser esteja" (isto é, esteja em algum lugar em um determinado momento), suscitando *procedimentos de construção objetiva* do mundo.

– o componente *qualificar*, que faz com que um "ser seja alguma coisa" (através de suas qualidades e comportamentos), suscitando procedimentos de *construção* ora *objetiva*, ora *subjetiva* do mundo.

2.1.1. Identificação

Os procedimentos de identificação consistem em *fazer existir os seres* do mundo, *nomeando-os*.

Esses seres podem representar uma referência material (*mesa*) ou não material (*liberdade*), e são nomeados por **nomes comuns** que os individualizam e os fazem pertencer, ao mesmo tempo, a uma classe (*identificação genérica*).

Mas podem igualmente ser nomeados, em sua unicidade, por **nomes** que lhes são **próprios** (*identificação específica*).

Além disso, essas identificações podem estar acompanhadas de algumas *qualidades*, elas próprias identificatórias, que classificam esses seres em subgrupos, como nas carteiras de identidade: "olhos negros", "cabelos castanhos", etc. (*caracterização identificatória*).

Encontram-se estes procedimentos em *tipos de texto* que têm por finalidade *recensear* seres (humanos ou não, materiais ou não) ou *informar* sobre a identidade de um ser.

a) Correspondendo à finalidade *recensear*, encontramos:

– *inventários*, que reúnem seres materiais agrupados por sua *pertinência comum a um lugar* (vistoria de um apartamento), por sua *função* comum (quadro de caça reunindo os animais por espécies, atividades de um dia, inventário dos utensílios de cozinha etc.) ou porque constituem as *partes de um conjunto* (as partes de uma casa, os elementos de um motor, os componentes de um móvel para montar, etc.).

– **Canção popular: No tabuleiro da baiana**(*Ary Barroso*)
No tabuleiro da baiana tem
Vatapá, caruru, mungunzá, tem umbu
Pra Ioiô
Se eu pedir você me dá
O **seu coração, seu amor**
De Iaiá
No coração da baiana também tem
Sedução, canjerê, candomblé, ilusão
Pra você [...]

– **Texto propagandístico: Ficha técnica do Carro Citroën**
Motor quatro cilindros, transversal
Alimentação – injeção eletrônica
Potência- 112 cv a 5500rpm
Freios a disco
Peso- 1115 kg
Consumo- 8,5 km/l na cidade (...)

(*Jornal do Brasil*, 09/05/98 – Caderno Carro)

– *listas recapitulativas,* que reúnem de maneira racional as palavras importantes de uma obra, seu vocabulário particular, os nomes próprios citados (índice), os nomes de obras citadas (bibliografias), as palavras de uma língua (dicionários), nomes e endereços das pessoas (catálogos), nomes de objetos de coleções (catálogos), títulos de obras, de filmes ou de manifestações artísticas que estão em cartaz (guias), nomes de pessoas (lista de nomes, listas eleitorais, listas negras), nomes dos ingredientes necessários para a confecção de um prato (receitas), nomes de pratos recomendados em um restaurante (cardápios), artigos de um pedido de compra (lista de compra), etc.

– **Exemplo de Índice**

Vinicius de Moraes. *A arca de Noé*. Poemas infantis.

Rio de Janeiro: Companhia das Letras, 1991. p. 5-6.

– *listas identificatórias*, que servem para identificar partes de uma máquina (prefácios técnicos), a composição de um medicamento (bula), ou diferentes partes de um esquema, de um gráfico, de um mapa etc. (legendas), nomeando-os (etiquetagem).

– *nomenclaturas,* ou seja, conjuntos de termos que servem para identificar seres materiais ou conceituais, mas dessa vez do ponto de vista de métodos de classificação em vigor, nessa ou naquela disciplina científica. Essas nomenclaturas são às vezes chamadas de *terminologias* ou *taxinomias*, e podem ser apresentadas sob formas diversas (*tabelas, listas hierarquizadas dispostas em eixos, chaves*, etc.).

b) Correspondendo à finalidade de *informar*, encontramos fragmentos de texto que servem para dar a conhecer ou reconhecer seres cuja identidade é indispensável para a compreensão do relato, da argumentação ou das citações.

Esse procedimento de *caracterização identificatória* se manifesta nos *relatos romanescos*, quando são apresentados os personagens pela primeira vez, ou quando, para evitar ambiguidade, é necessário lembrar de qual personagem se trata.

Mas, como se sabe, é *na imprensa, no rádio* ou *na televisão* (ou seja, nos meios de informação) que esse procedimento é o mais sistematicamente empregado.

[Imprensa]
O *chanceler russo, Sergei Lavrov,* chega em solo brasileiro na próxima quarta-feira e é presença garantida na Cúpula Ministerial do Mercosul, que reúne ministros das Relações Exteriores dos países integrantes do organismo internacional. *Lavrov* vem se inteirar de projetos de nosso bloco econômico e assinará acordos na área comercial."
(*Jornal do Brasil*, 09/12/06, p. A5.)

Brasília – *O governador do Rio, Sérgio Cabral,* sinalizou nesta sexta-feira que *o ex-diretor do Instituto Nacional de Câncer (Inca) José Gomes Temporão* (foto) será indicado *pelo presidente Luiz Inácio Lula da Silva* para o Ministério da Saúde.
(*O Dia online;* acessado em 03/02/2007)

Brasília – *O presidente Luiz Inácio Lula da Silva* recebeu no Palácio da Alvorada *o governador de São Paulo, José Serra.* Uma das propostas apresentadas pelo tucano foi a transferência do Porto de Santos para o governo paulista.
(*O Dia online;* acessado em 03/02/2007).

Rio – A esposa *do indonésio Darmi Ali,* de 44 anos, deu a luz a trigêmeos na semana passada após o rapaz perder três filhas e a mulher com o tsunami que devastou o Sudeste asiático em 2004.
(*O Dia online;* acessado em 03/02/2007)

Rio – O *atacante Obina* recebeu alta do *Hospital Pasteur*, no Meier, onde foi submetido a uma cirurgia no ligamento cruzado anterior do joelho esquerdo.
(*O Dia online;* acessado em 03/02/2007)

[Relatos romanescos]
A filha era a flor do cortiço.(...) Bonita, posto que enfermiça e nervosa ao último ponto; loura, muito pálida, com uns modos de menina de boa família.(...)
Tinha o seu noivo, *o João da Costa, moço do comércio*, estimado do patrão e dos colegas, com muito futuro, e que a adorava e conhecia desde pequenina.
(Aluisio de Azevedo, *O cortiço*. São Paulo. Ática, 1998, p. 34).

Luís Garcia era *funcionário público*. Desde 1860 elegera no lugar menos povoado de Santa Teresa uma habitação modesta, onde se meteu a si e a sua viudez.
(Machado de Assis. *Obra completa*. Iaiá Garcia. Rio de Janeiro: Nova Aguilar, 1979. V. I. p. 393.)

2.1.2. Construção objetiva do mundo

Os procedimentos de *construção objetiva do mundo* consistem em construir uma *visão de verdade* sobre o mundo, *qualificando* os seres com a ajuda de traços que possam ser verificados por qualquer outro sujeito além do sujeito falante.

> **Observação:** Não se trata, aqui, de *Verdade do mundo*. Trata-se de um *imaginário social compartilhado* que representa ou constrói o mundo segundo o que crê ser a verdade, e que é apenas uma ilusão de verdade, um *fantasma da verdade*.
> É preferível, pois, para definir esta função, utilizar a expressão **verossimilhança realista**.

Os seres assim descritos existiriam independentemente da visão subjetiva do descritor, numa "objetividade" que depende:

– de uma *organização sistematizada* do mundo, a qual resulta de um ponto de vista científico sobre o mundo;

– ou de uma *observação* do mundo que possa ser compartilhada pelos membros de uma comunidade social, e ser o objeto de um *consenso* sobre o estado do mundo como *realidade em si* (em sua *localização*, em suas *qualidades*, *quantidades* e *funções*).

> **Observação:** Não se pretende estabelecer aqui uma oposição sistemática entre *definição* e *descrição*. Sabe-se que a retórica antiga, e depois a *Lógica de Port-Royal* e, enfim, *a Enciclopédia de Diderot e D'Alembert* opunham essas duas noções. Assim, a definição era *essencial e espiritual* (Port-Royal), de ordem *abstrata* e *inteligível* (Enciclopédia), enquanto a *descrição* era *secundária* e *material*, de ordem concreta e sensível. A definição permitiria captar o objeto *pela razão*, enquanto a descrição só poderia alcançar a aparência das coisas *pela paixão*.
> Essa concepção correspondia exatamente à moral teológica de Port-Royal (preeminência da alma sobre o corpo) e à moral racionalista da Enciclopédia (preeminência da *ideia*, do *conceito* e do *universal* sobre a *realidade material*, o *detalhe* e o *singular*).
> Aqui, o Descritivo é considerado como um tipo de operação que permite ordenar o discurso de uma determinada maneira, na qual se encontra tanto a definição da essência dos seres (ou das palavras), quanto a de suas singularidades.

Esses procedimentos estão presentes em *tipos de textos* que têm por finalidade *definir* ou *explicar* (em nome de um saber), *incitar* ou *contar* (em nome de um testemunho que procura dar conta da realidade).

a) Textos com a finalidade *definir*:

– *verbetes de dicionários* ou de *enciclopédias*, *glossários* etc., que definem palavras e coisas atribuindo-lhes *características classificatórias* (natureza gramatical, gênero, etimologia etc.) e *qualificações* através de glosas, paráfrases e exemplos.

> [Dicionário Aurélio]
> – **Eugenol**. Subst. gênero masculino. Termo usado em Química para designar o fenoll aromático, obtido da essência do cravo-da-índia, da canela etc. Termo usado na Odontologia.
> – **Requerimento**:
> Subst. gênero masculino, singular. 1. Qualquer petição, por escrito, segundo certas formas legais, endereçada a uma autoridade pública competente, com o fim de requerer algo a que se julga ter direito ; 2. ou qualquer petição escrita ou oral.

Esse jogo de relação entre *denominação* e *definição* é encontrado, de maneira mais subjetiva, em alguns **jogos** (adivinhações, palavras cruzadas, etc.).

> [Adivinhações]
> – O que é, o que é: cai em pé e corre deitado? (a chuva)
> – O que é, o que é? Todo mundo dá mas pouca gente aceita? (conselho)
> – O que é, o que é... não tem pé e corre, tem leito e não dorme, quando para, morre? (o rio)
> – Qual é o homem que precisa fazer a barba várias vezes ao dia? (o barbeiro).

– *textos de lei* que definem interdições ou autorizações, dispõem sobre compromissos contratuais, atribuem competências etc.:

> [Lei no. 4591 – (16/12/1964)]
> Do Condomínio
> Cap. III
> Das despesas do condomínio
> Art. 12. Cada condômino concorrerá nas despesas do condomínio, recolhendo, nos prazos previstos na Convenção, a quota parte que lhe couber em rateio.
> 1º. Salvo disposição em contrário na Convenção, a fixação da quota do rateio corresponderá à fração ideal do terreno de cada unidade ;
> 2º. Cabe ao síndico arrecadar as contribuições, competindo-lhe a execução judicial das quotas atrasadas.
>
> (Código Civil Brasileiro. *Legislação Brasileira*.
> 40. ed. São Paulo: Ed. Saraiva, 1990. p. 246)

– *textos didáticos* como os manuais escolares, que definem objetos ou fenômenos do universo:

> A *biosfera* é o conjunto de regiões do planeta que possibilitam a existência permanente de seres vivos. [...]
> A biosfera, para efeito de estudo, é dividida em *atmosfera*, que é a camada gasosa que circunda o planeta, *litosfera*, que é a parte sólida acima do nível das águas, e *hidrosfera*, representada pelos corpos hídricos, como rios, lagos e oceanos.
>
> (A. C. Pinheiro e A. L. Monteiro. *Ciências do ambiente:*
> *ecologia, poluição e impacto ambiental*. São Paulo: Makron, 1992. p. 1.)

b) Textos com a finalidade *explicar*:

– *textos científicos* que descrevem as experiências e apoiam sua demonstração na emergência de fatos concretos:

> Eis uma **experiência** que levei a efeito e que esclarecerá esse fato: eu a **descreverei** com alguns detalhes, a fim de que se possa reproduzir os resultados que me parecem muito importantes e dignos de interessar tanto a fisiologistas quanto a químicos.
> Escolhi um cão adulto, forte e saudável, que durante vários dias foi alimentado exclusivamente com carne, e o sacrifiquei pela secção do bulbo raquidiano, sete horas após uma refeição abundante de tripas. Logo depois o abdômen foi aberto; o fígado foi tirado, evitando ferir o seu tecido. Estando ainda quente e antes que o sangue se coagulasse em seus vasos, o fígado foi submetido a uma lavagem com água fria pela veia porta (...) Sob a influência dessa lavagem energética, o fígado inchava, a cor do seu tecido empalidecia e o sangue era expelido com a água que escapava num jato forte e contínuo pelas veias hepáticas (...) Eu mantive o órgão debaixo do jato d'água, numa lavagem contínua, durante quarenta minutos sem interrupção (...)
>
> (C. Bernard, *Compte Rendu de l'Académie des Sciences*).

– *crônicas jornalísticas* (científicas, literárias, cinematográficas etc.), *reportagens* e *entrevistas*, que noticiam uma série de eventos, descrevendo suas características. Essas descrições funcionam como *prova* em relação à explicação desenvolvida.

A luta pela redução do tempo de trabalho é tão antiga quanto o movimento operário. Mas o aumento do emprego ao longo dos anos 1930 lhe dá uma nova dimensão, uma justificativa primordial que ofusca todas as outras. As longas jornadas de trabalho, as cadências forçadas, a persistência frequente das horas extras (...) Na França, quinze anos após a instauração legal da semana de 48 horas em 1919, algumas empresas ainda estipulam o horário de 60 horas por semana, na parte mais intensa da crise. As quarenta horas também se impuseram com uma força irresistível na parte principal das reivindicações da Frente Popular.

(Magazine de l'Histoire).

– **modos de usar** que propõem um *modelo a seguir*, e descrevem para tal uma sucessão de atos a reproduzir:

[Bula]

> ### POSOLOGIA E MODO DE USAR
> ADULTOS (a partir de 15 anos). Tomar 1 a 2 comprimidos, 1 a 3 vezes ao dia, com no mínimo 4 horas de intervalo. Não ultrapassar 6 comprimidos por dia. Evitar a administração prolongada. Em caso de insuficiência renal severa (clareamento da creatinina inferior a 10mml/mn), o intervalo entre 2 doses será de no mínimo 8 horas. Engolir os comprimidos com um pouco de líquido. Não ultrapassar a data de validade indicada na embalagem.

[**Prescrição mística**]

> ### O EXERCÍCIO DAS SOMBRAS
> *Relaxar.*
> *Durante cinco minutos, ficar olhando todas as sombras de objetos ou pessoas ao seu redor. Procurar saber exatamente que parte do objeto ou da pessoa está sendo refletida.*
> *Nos cinco minutos seguintes, continuar fazendo isso, mas ao mesmo tempo focalizar o problema que deseja resolver, e buscar todas as possíveis soluções erradas para ele.*
> *Finalmente, mais cinco minutos olhando as sombras e pensando quais as soluções certas que sobraram. Eliminar uma a uma, até restar apenas a solução exata para o problema.*
> (Paulo Coelho. *O diário de um mago,* Rio de Janeiro: Rocco, 1990. p. 172)

c) Textos com a finalidade *incitar*:

– **textos de anúncios,** como as *ofertas de emprego*, que descrevem de maneira objetiva o perfil do cargo e as qualidades requeridas para o candidato:

> **MCS Advanced Engineering Solutions**
> MCS é líder mundial em projetos de sistemas submarinos e 'risers'. Necessitamos de um profissional experiente em sistemas submarinos e 'pipelines' para uma posição de liderança e contínuo desenvolvimento de nosso escritório no Rio. Trata-se de uma excelente oportunidade de crescimento junto a uma grande equipe.
> ENGENHEIRO SÊNIOR DE SISTEMAS SUBMARINOS E DUTOS
> Experiência e competências requeridas:
> - 3 – 5 anos de relevante experiência em engenharia de sistemas submarinos e 'pipelines';
> - 10 anos de relevante experiência na indústria 'offshore' (óleo e gás);
> - Proficiência em inglês é fundamental.
> Qualificações acadêmicas:
> - Engenharia Mecânica, Civil ou Naval
> - Pós-graduação desejada
> Favor enviar CV para JulianaCampos@mcs.com. Para saber mais sobre nossa empresa, visite o site www.mcs.com.
> (Caderno Boa Chance, Jornal *O Globo,* 15/10/2006, p. 4.)

– Pode-se igualmente incluir nesta finalidade os *panfletos* que descrevem reivindicações:

Nós queremos:
1. Recomposição geral em função de todas as perdas de 1995 a 2006.
2. Incorporação de todas as gratificações como processo de valorização do salário-base.
3. Paridade entre ativos, aposentados e pensionistas.
4. Implantação das Diretrizes de Planos de Carreira.
            (Coordenação Nacional das Entidades de Servidores Federais – CNESF)

d) Textos com a finalidade *contar*:

– *Passagens de relatos literários* em que o narrador (seja por estratégia, seja para respeitar o gênero realista) cria um efeito de realidade (o que também ocorre no gênero fantástico):

POEMA TIRADO DE UMA NOTÍCIA DE JORNAL

João Gostoso era carregador de feira livre e morava no morro da Babilônia num barracão sem número

Uma noite ele chegou no bar Vinte de Novembro
Bebeu
Cantou
Dançou
Depois se atirou na Lagoa Rodrigo de Freitas e morreu afogado.
                    (Manuel Bandeira. *Antologia poética*. Libertinagem.
                    Rio de Janeiro: Ed. Do Autor, 1961. p. 79).

[Fragmentos de romance]

Entretanto, Josefa trazia já as iguarias e os homens dispunham-se a comer com apetite. À luz de um antigo candeeiro de querosene, reverberava uma toalha de linho claro, onde a louça reluzia escaldada de fresco; as garrafas brancas, cheias de vinho de caju, espalhavam em tomo de si reflexos de ouro; uma torta de camarões estalava sua crosta de ovos; um frangão assado tinha a imobilidade resignada de um paciente; uma cuia de farinha seca simetrizava com outra de farinha d'água; no centro, o travessão do arroz, solto, alvo, erguia-se em pirâmide, enchendo o ar com o seu vapor cheiroso.
                    (Aluísio de Azevedo. *O Mulato*.
            In: http://www.cce.ufsc.br/~nupill/literatura/mulato.html.Texto fonte:
            Biblioteca virtual do estudante brasileiro. Pág. acessada em março de 2007.)

O tigre desta vez não demorou. Apenas se achou a cousa de quinze passos do inimigo, retraiu-se com uma força e elasticidade extraordinária e se atirou como um estilhaço de rocha cortado pelo raio. Foi cair sobre o índio apoiado nas largas patas detrás, com o corpo dianteiro, as garras estendidas para degolar sua vítima e os dentes prontos a cortar-lhe a jugular.
                    (José de Alencar. *Obras completas*. O Guarani.
                    Rio de Janeiro: José Aguilar, 1958. V. II. p. 50)

– *Resumos*, como em textos de *crítica jornalística* onde se resume a história do romance ou do filme:

Ben-Hur – Ed. de Colecionador (4 Discos)
(Ben-Hur Special Edition)

SINOPSE

Um dos maiores épicos da história, vencedor de 11 Oscar incluindo o de Melhor Filme. Na Judeia invadida pelos conquistadores romanos, o príncipe Ben-Hur (Charlton Heston, de *O Planeta dos Macacos*) tenta conduzir seu povo rumo à liberdade. Mas isso gera um conflito de interesses com o seu amigo de infância, Messala (Stephen Boyd, de Sob o Signo do Sexo), agora um severo comandante dos exércitos de Roma.

Preso, o príncipe é enviado para trabalhar como escravo, longe de suas terras, família e sua amada Esther (Haya Harareet). O pacífico Ben-Hur transforma-se em um guerreiro forte e corajoso, disposto a enfrentar seus inimigos e reestabelecer a paz.

(Fonte: http://www.2001video.com.br/detalhes_produto_extra_dvd.asp, acessado em março de 2007)

Olga
Brasil, 2004, 141 min.
Elenco: Camila Morgado, Caco Ciocler, Fernanda Montenegro, Luís Mello
Distribuição: Europa Filmes

Olga Benário (Camila Morgado) é uma militante comunista desde jovem, que é perseguida pela polícia e foge para Moscou, onde faz treinamento militar. Lá ela é encarregada de acompanhar Luís Carlos Prestes (Caco Ciocler) ao Brasil para liderar a Intentona Comunista de 1935, se apaixonando por ele na viagem. Com o fracasso da revolução, Olga é presa com Prestes. Grávida de 7 meses, é deportada pelo governo Vargas para a Alemanha nazista e tem sua filha Anita Leocádia na prisão. Afastada da filha, Olga é então enviada para o campo de concentração de Ravensbrück.

Direção: Longa de estreia de Jayme Monjardim. Ele trabalhou na rede Bandeirantes, na Manchete e hoje está na Globo. Entre seus trabalhos há as novelas "Pantanal", "Terra Nostra" e "O Clone"; e as minisséries "Chiquinha Gonzaga" e "A Casa das Sete Mulheres".

(Fonte: http://www2.uol.com.br/revistadecinema/edicao52/sessao_livre, acessado em março de 2007)

2.1.3. Construção subjetiva do mundo

Os procedimentos de construção subjetiva do mundo consistem em permitir ao sujeito falante descrever os seres do mundo e seus comportamentos através de sua própria visão, a qual não é necessariamente verificável. O universo assim construído é relativo ao imaginário pessoal do sujeito.

Esse imaginário pode ser construído de duas maneiras:

– como o resultado de uma *intervenção* pontual do narrador a propósito da descrição do mundo. Essa intervenção deixa transparecer os sentimentos, os afetos e as opiniões do sujeito descritor, a tal ponto que, às vezes, o mundo descrito pode se confundir com os estados de alma daquele que descreve (como nos românticos, mas não somente nestes). Trata-se, nesse caso, de *descrição subjetiva*.

– como construção de um mundo *mitificado* pelo narrador, o qual existe de maneira unificada no âmbito de um imaginário simbólico (em contraste com o mundo realista, que existe de maneira fragmentada no contexto de um imaginário realista). Esse imaginário simbólico pode estar *ancorado* em uma certa realidade (ver observação a seguir) ou fora desta, e abrir-se para o irracional (como nos contos maravilhosos ou fantásticos). Neste último caso, trata-se de *descrição ficcional.*

> **Observação**: evitaremos, entretanto, opor de maneira radical as funções de construção *objetiva* e *subjetiva* do mundo, pois trata-se, nos dois casos, da construção de imaginários em torno da noção de **verossímil**.
> O *verossímil*, de maneira geral, deve ser considerado um código cultural das formas de expressão que representam e constroem o mundo, em conformidade com o que ele *deve ser.*
> Podemos dizer que existem dois *verossímeis* e um *inverossímil*:
> – o *verossímil 1*, por ser dependente do consenso produzido por uma comunidade social a respeito do que é da ordem da *realidade*, apresenta-se de maneira *fragmentada* e pode ser *verificado*. Ele pode ser chamado de "verossimilhança" no sentido banal do termo, quando se diz: "É verossímil".
> – o *verossímil 2*, por ser dependente do *consenso* dos sujeitos sobre o que é da ordem da *ficção*, apresenta-se, então, de maneira *unificada* e pode ser, não verificado, mas *reconhecido* como código desta ficção, ou seja, como "devendo ser assim". É este verossímil que rege alguns gêneros de relatos tais como os gêneros **Policial**, **Western**, **Aventura** e outros.
> – um *inverossímil*, assim julgado pelo consenso social ("Não é da ordem do possível"), porque o mundo descrito não está comprometido com uma realidade verificável, ou uma ficção reconhecível, mas com um além que ultrapassa esses códigos de verossimilhança. Esse *inverossímil* pode, entretanto, tornar-se ele mesmo um código, como nos contos maravilhosos ou fantásticos.
> Os *imaginários* podem, então, ser construídos de maneira *objetiva* e *realista*, independente do sujeito (verossímil 1) ou de maneira subjetiva e ficcional, em relação com o sujeito (*verossímil 2* e *inverossímil*).
> Assim, trata-se de quatro noções que se opõem, duas a duas: objetiva/ subjetiva e realista/ ficcional, as quais podem entrecruzar-se, dificultando a classificação das descrições a que nos referimos.

Assim sendo, não nos surpreenderemos em constatar que os textos classificados pela história da literatura como pertencentes ao *gênero realista* estejam recheados de imagens (metáforas, metonímias e comparações) que, tendo por objetivo descrever o mundo com uma grande preocupação de precisão, o fazem cair num imaginário de ficção, como na seguinte descrição:

> E Jerônimo via e escutava, sentindo ir-se-lhe toda a alma pelos olhos enamorados.
> Naquela mulata estava o grande mistério, a síntese das impressões que ele recebeu chegando aqui: ela era a luz ardente do meio-dia; ela era o calor vermelho das sestas da fazenda; era a arma quente dos trevos e das baunilhas, que o atordoara nas matas brasileiras; era a palmeira virginal e esquiva que se não torce a nenhuma outra planta; era o veneno e era o açúcar gostoso; era o sapoti mais doce que o mel e era a castanha do caju, que abre feridas com o seu azeite de fogo; ela era a cobra-verde e traiçoeira, a lagarta viscosa, a muriçoca doida, que esvoaçava havia muito tempo em torno do corpo dele, assanhando-lhe os desejos, acordando-lhe as fibras embambecidas pela saudade da terra, picando-lhe as artérias para lhe cuspir dentro do sangue uma centelha daquele amor setentrional, uma nota daquela música feita de gemidos de prazer, uma larva daquela nuvem de cantáridas que zumbiam em torno de Rita Baiana e espalhavam-se pelo ar numa fosforecência afrodisíaca
> (Aluísio Azevedo. *O cortiço*. São Paulo: Ed. Moderna, 2001. p. 68)

Evidentemente, esses procedimentos raramente se encontram em textos de teor científico. Se este fosse o caso – e isto se produz às vezes, sobretudo em ciências humanas – diremos que se está diante de um texto de tendência *polêmica.*

Em contrapartida, esses procedimentos de **construção subjetiva do mundo** encontram-se frequentemente em textos cuja finalidade é de *incitar* ou *contar*:

a) Textos com a finalidade *incitar*:

– *textos publicitários* que, para seduzir um certo público, descrevem as qualidades de um produto de maneira *sugestiva*: *"Chegou o primeiro leite enriquecido com **bom humor e alto astral**. Novo Molico com actifibras"* (*Cláudia*, janeiro de 2007, contracapa final).

– *textos de declarações* que exprimem um compromisso da parte de seus autores (*panfletos, manifestos* etc.), e são, ao mesmo tempo, destinados a incluir grupos sociais numa subjetividade comum coletiva, como no seguinte manifesto:

Manifesto futurista
[F.T. Marinetti]

1. Queremos cantar o amor do perigo, o hábito da energia e da temeridade.

2. A coragem, a audácia, a rebelião, serão elementos essenciais da nossa poesia.

3. Até hoje, a literatura exaltou a imobilidade pensativa, o êxtase e o sono. Nós queremos exaltar o movimento agressivo, a insônia febril, o passo de corrida, o salto mortal, a bofetada e o sopapo.

4. Declaramos que a magnificência do mundo se enriqueceu de uma beleza nova: a beleza da velocidade. Um carro de corrida com a carroçaria enfeitada por grandes tubos de escape como serpentes de respiração explosiva... um carro tonitruante que parece correr entre a metralha é mais belo do que a Vitória de Samotrácia.

5. Queremos cantar o homem que segura o volante, cuja haste ideal atravessa a Terra, lançada, por sua vez, em corrida no circuito da sua órbita.

6. O poeta terá de se prodigar, com ardor, refulgência e prodigalidade, para aumentar o entusiástico fervor dos elementos primordiais.

7. Não há beleza senão na luta. Nenhuma obra que não tenha um caráter agressivo pode ser considerada obra-prima. A poesia deve ser concebida como um violento assalto contra as forças ignotas, para reduzi-las a prostrar-se perante o homem.

8. Estamos no promontório extremo dos séculos!... Porque deveremos olhar para detrás das costas se queremos arrombar as misteriosas portas do impossível? O Tempo e o Espaço morreram ontem. Nós vivemos já no absoluto, pois já criamos a eterna velocidade.

9. Nós queremos glorificar a guerra, o militarismo, o patriotismo, o gesto destruidor dos libertários, as belas ideias por que se morre e o desprezo da mulher.

10. Queremos destruir os museus, as bibliotecas, as academias de todo o tipo e combater o moralismo, o feminismo e todas as vilezas oportunistas ou utilitárias.

11. Cantaremos as grandes multidões agitadas pelo trabalho, pelo prazer ou pela revolta; cantaremos o vibrante fervor nocturno dos arsenais e dos estaleiros incendiados por violentas luas eléctricas; as gulosas estações de caminho de ferro engolindo serpentes fumegantes; as fábricas suspensas das nuvens pelas fitas do seu fumo; as pontes que saltam como atletas por sobre a diabólica cutelaria dos rios ensolarados; os aventureiros navios a vapor que farejam o horizonte; as locomotivas de vasto peito, galgando os carris como grandes cavalos de ferro curvados por longos tubos e o deslizante voo dos aviões cujos motores drapejam ao vento como o aplauso de uma multidão entusiástica.

(Fonte: http://www.dhnet.org.br/desejos/textos/futurista.htm)

– *Anúncios* e *mensagens* como os que são publicadas em alguns jornais:

> PROCURA-SE DESESPERADAMENTE jovem com muitas sardas e com o olhar escondido por óculos escuros, que viajou a meu lado, de Saint-Lazare à Ópera, na manhã de quinta-feira, 29 de julho de 1989, aproximadamente às 8h30m. Nossos olhares se cruzaram mil vezes...

– *Catálogos,* geralmente de divulgação restrita, que não se contentam em apresentar a lista de produtos que são oferecidos para venda, mas descrevem igualmente suas vantagens:

> Bicicleta Aro 26 – 18 marchas Azul / Branca RO 50035 Rainbow
> Entrega em até 4 dias úteis para grande São Paulo e Rio de Janeiro (capital)
> Esta bicicleta tem design **moderno** e mecanismo **avançado** com kit câmbio importado que garante um **incrível** desempenho para seus passeios e exercícios. Possui aros em alumínio, freios cantilever, manetes semilight e descanso lateral.
> (Fonte: www.shoptime.com.br, acesso em 29 de outubro de 2006)

b) Textos com a finalidade *contar*:

- *Textos jornalísticos (reportagens, relatórios)* que procuram informar e seduzir ao mesmo tempo:

> Zelfa e Gunnar, brasileiros, aventureiros polares compartilham suas experiências de viagens a Antártida e Ártico. Gunnar embarcou mais uma vez no super quebra-gelo Kapitan Khlebnikov no Ushuaia, na Argentina, em 17 de dezembro de 2004 para completar a Circunavegação do Continente Antártico. Ao desembarcar na Nova Zelândia, em 14 de janeiro de 2005, Gunnar tornou-se o primeiro brasileiro a concluir a Circunavegação da Antártica abaixo do Círculo Polar Antártico. Foram 27,500 Km, em 73 dias, quebrando muito gelo.
> Um grande momento foi brindar com champanhe em cima do famoso iceberg B15-A, isso sim foi um acontecimento fora do normal... poder caminhar na superfície deste monstruoso iceberg. Em dezembro 2005, voltei à Antártida, com minha amiga Carla e minha irmã Zoe. Tivemos um tempo maravilhoso de muito sol, excelentes descidas à terra. Chegamos à Ilha Peterman, o ponto mais ao sul da viagem 65°10'S 64°10'W. O churrasco a bordo foi incrível, sem vento, sem nuvens, tudo calmo e brilhando. Viajamos a bordo do Akademik Shokalskiy de 48 passageiros. Uma experiência inesquecível!
> (Fonte: http://www.antarcticacruises.com.ar/portugue.html, acesso em outubro de 2006)

– *Canções* nas quais o narrador expõe sua experiência e sua visão pessoal do mundo e dos seres que o rodeiam:

> **Casinha Branca (Gilson e Joram)**
> Eu tenho andado tão sozinho ultimamente
> que nem vejo à minha frente
> nada que me dê prazer...
> sinto cada vez mais longe a felicidade
> vendo em minha mocidade
> tanto sonho perecer
> eu queria ter na vida simplesmente
> um lugar de mato verde pra plantar e pra colher
> ter uma casinha branca de varanda
> um quintal e uma janela só pra ver o sol nascer

às vezes saio a caminhar pela cidade
à procura de amizade
vou seguindo a multidão
mas eu me retraio olhando em cada rosto
cada um tem seu mistério
seu sofrer, sua ilusão
eu queria ter na vida simplesmente
um lugar de mato verde pra plantar e pra colher
ter uma casinha branca de varanda
um quintal e uma janela só pra ver o sol nascer.
(Fonte: www.mpbnet.com.br/musicos/ze.alexandre/letras/casinha_branca.htm - 2k,
acesso em janeiro de 2007)

– *Histórias em quadrinhos,* onde são apresentados em forma de retrato mítico os heróis da história, o que pode ser exemplificado com a personagem Graúna, criação de Henfil, a qual se transforma, na sequência dos quadros, a fim de realizar o seu sonho de voar. A descrição da personagem se realiza tanto por meio da linguagem verbal, quanto da não verbal.

(HENFIL – Graúna)

(HENFIL. *Fradim*. Ed. Codecri. 1997. n. 20)

– **Textos literários,** cujas passagens descritivas manifestam a subjetividade do narrador:

> *Iracema recosta-se lânguida ao punho da rede; seus olhos negros e fúlgidos, ternos olhos de sabiá, buscam o estrangeiro, e lhe entram n'alma. O cristão sorri; a virgem palpita; como o saí, fascinado pela serpente, vai declinando o lascivo talhe, que se debruça enfim sobre o peito do guerreiro.*
>
> (José de Alencar. *Obras completas*. Iracema. Rio de Janeiro: José Aguilar, 1958. V. IV. p. 266.

> *O sertanejo é, antes de tudo, um forte. Não tem o raquitismo exaustivo dos mestiços neurastênicos do litoral.*
>
> *A sua aparência, entretanto, ao primeiro lance de vista, revela o contrário. Falta-lhe a plástica impecável, o desempeno, a estrutura corretíssima das organizações atléticas.*
>
> *É desgracioso, desengonçado, torto. Hércules-Quasímodo reflete no aspecto a fealdade típica dos fracos. (...)*
>
> (Euclides da Cunha. *Os Sertões*. 39. ed. corrigida. Rio de Janeiro: Francisco Alves, 1999)

– ou em **poemas:**

DESENCANTO
Eu faço versos como quem chora
De desalento... de desencanto...
Fecha o meu livro, se por agora
Não tens motivo nenhum de pranto

Meu verso é sangue. Volúpia ardente...
Tristeza esparsa... remorso vão...
Dói-me nas veias. Amargo e quente,
Cai, gota a gota, do coração.

E nestes versos de angústia rouca,
Assim dos lábios a vida corre,
Deixando um acre sabor na boca.

— Eu faço versos como quem morre.
Teresópolis, 1912.
(Manuel Bandeira. *Antologia poética*. Estrela da manhã. Rio de Janeiro: Ed. do Autor, 1961. p. 95)

Procedimentos discursivos da construção descritiva.

COMPONENTES	PROCEDIMENTOS DISCURSIVOS	FINALIDADE (da Situação de Comunicação)	GÊNEROS DE TEXTO
NOMEAR LOCALIZAR – SITUAR QUALIFICAR	Identificação	recensear informar	– Inventário – Listas recapitulativas – Listas identificatórias – Nomenclaturas – Artigos da Imprensa – Romances
	Construção Objetiva do mundo	definir explicar incitar contar	– Textos de lei – Textos didáticos – Textos científicos – Crônicas – Modos de usar – Anúncios – Relatos literários – Resumos
	Construção Subjetiva do mundo	incitar contar	– Publicidades – Declarações – Anúncios-bilhetes – Catálogos – Relatos jornalísticos – Canções – Histórias em quadrinhos – Textos literários

2.2. Procedimentos linguísticos

Os procedimentos linguísticos utilizam uma ou mais *categorias de língua* que podem combinar-se entre si para servir aos componentes de organização descritiva: *Nomear, Localizar-Situar, Qualificar.*

2.2.1. Procedimentos linguísticos para Nomear

O uso das seguintes categorias de língua que têm por efeito conferir existência aos seres:

a) A **Denominação**, sob forma de *nomes comuns* ou de *nomes próprios* cujo papel, como se sabe, é de identificar os seres, do ponto de vista geral (classe de pertinência) ou particular (especificidade).

Em alguns relatos, como em *contos*, *fábulas* ou *lendas*, os personagens existem como indivíduos apenas enquanto representantes de uma classe genérica de seres, à qual é atribuído um papel: *"um lenhador"*, *"o pequeno alfaiate"*, *"o leão e o rato"*, *"o corvo e a raposa"*, *"a mulher, o cego e o diabo, ou a mulher mais forte que o destino"* (Lenda africana) etc.

Trata-se aqui de descrever destinos através de *arquétipos* (humanos ou animais que devem servir de modelo ou de lição de vida), razão pela qual os heróis e outros atores dessas histórias não têm identidade específica:

"Havia, contam, **um homem que estava passando fome**".
"Havia, contam, **um homem muito rico que tinha quatro filhos**".
"Havia, contam, **duas esposas que tinham uma única menina como filha**".
"Um dia, contam, **um homem** partiu com seu filho...."

(Contos de Madagascar)

Em outros relatos, sobretudo na tradição romanesca realista, os personagens têm um *nome próprio*, mais ou menos inventado, que serve não somente para lhes servir de rótulo na galeria dos personagens do romance, mas também para caracterizá-los juntamente com suas qualidades, manias, defeitos etc.

> (...) impossível ler um romance ou memórias, sem essa guloseima particular... O que se precisa não é somente uma linguística dos nomes próprios, mas também uma ciência erótica: o nome, como a voz, como o odor, seria o termo de um langor: desejo e morte; "o último suspiro que resta das coisas" no dizer de um autor do século passado.
> (Roland Barthes, *Barthes Col.* "Écrivains de toujours", Le Seuil, 1975)*

O *nome próprio* é, ao mesmo tempo, *corpo* e *mito*. *"Peri e Ceci"*, *"Bentinho e Capitu"*, *"Fabiano"*, *"Paulo Honório"*, *"Quincas Berro d'água"*, *"Athos, Portos, Aramis e...d'Artagnan"*, etc.

Serve para identificar tanto o herói quanto os personagens secundários ou os lugares de uma história, e é sob as formas de **denominação** que se constituem as evocações simbólicas.

Muitos dos relatos se abrem por um *nome próprio*, como nesta série de contos:

"Era conveniente ao romance que o leitor ficasse muito tempo sem saber quem era **Miss Dollar**."

"Trocar o dia pela noite, dizia **Luís Soares**, é restaurar o império da natureza corrigindo a obra da sociedade."

"A primeira vez que o Dr. **Estêvão Soares** falou ao deputado **Meneses** foi no **Teatro Lírico** no tempo da memorável luta entre lagruístas e chartonistas."

"São onze horas da manhã.
D. Augusta Vasconcelos está reclinada sobre um sofá"

"Há dois anos tomei uma resolução singular: fui residir em **Petrópolis** em pleno mês de junho".
(Machado de Assis. *Obra completa*. Contos fluminenses. Vol. II.
Rio de Janeiro: Nova Aguilar, 1979. p. 27 a 80).

---

* N.T.: Tradução da citação: N.C.G.B.

Ou neste romance:

> Contudo, nunca foi bem estabelecida a primeira encarnação do **Alferes José Francisco Brandão Galvão,** agora em pé na brisa da Ponta das Baleias, pouco antes de receber contra o peito e a cabeça as bolinhas de pedra ou ferro disparadas pelas bombardetas portuguesas, que daqui a pouco chegarão com o mar.
>
> (João Ubaldo Ribeiro. *Viva o povo brasileiro.*
> Rio de Janeiro: Nova Fronteira, 1984. p. 9.)

b) A *Indeterminação,* que se opõe ao processo de *denominação,* encontra-se em certos gêneros que inscrevem o relato numa atemporalidade (*"Num dia de maio", "Era uma tarde de verão"*) e em lugares não identificados (*"Em algum lugar", "Um vale deserto, próximo às montanhas do Cáucaso"*).

A *indeterminação* também pode aplicar-se a personagens: pela *denominação* através de um *nome comum,* pelo uso da *inicial* de um nome próprio, ou mesmo pelo uso de asteriscos em lugar do nome, para criar efeitos de *mistério* (gênero fantástico), de *suspense,* de *falso anonimato:*

> A primeira daquelas barbas era de um amigo de Pedro, um capucho, um italiano, frei ***. Podia escrever-lhe o nome, – ninguém mais o conheceria, – mas prefiro esse sinal trino, número de mistério, expresso por estrelas, que são os olhos do céu.
>
> (Machado de Assis. *Obra completa.* Esaú e Jacó. Vol.I.
> Rio de Janeiro: Nova Aguilar, 1979.)

c) A *Atualização (ou Concretização),* com o uso de *artigos,* permite produzir, entre outros, efeitos discursivos de *singularidade,* de *insólito,* ou efeitos de *familiaridade,* de *evidência* ou de *idealização:*

NO MEIO DO CAMINHO
No meio do caminho tinha **uma** pedra
tinha **uma** pedra no meio do caminho
tinha **uma** pedra
no meio do caminho tinha **uma** pedra.
Nunca me esquecerei desse acontecimento
na vida de minhas retinas tão fatigadas.
Nunca me esquecerei que no meio do caminho
tinha **uma** pedra
tinha **uma** pedra no meio do caminho
no meio do caminho tinha **uma** pedra.

> (Carlos Drummond de Andrade. *Poesia e prosa.* Alguma poesia.
> Rio de Janeiro: Nova Aguilar, 1983. p. 80)

POEMA DO BECO
Que importa **a** paisagem, **a** Glória, **a** baía, **a** linha do horizonte?
– O que eu vejo é **o** beco.
1933

> (Manuel Bandeira. *Antologia poética.* Estrela da manhã.
> Rio de Janeiro: Ed. do Autor, 1961. p. 95)

d) A *Dependência,* com o uso dos possessivos, permite produzir, entre outros, efeitos discursivos de *apreciação*:

VIDA VIDINHA
A solteirona e seu pé de begônia
a solteirona e seu gato cinzento
a solteirona e seu bolo de amêndoas
a solteirona e sua renda de bilro
a solteirona e seu jornal de modas
a solteirona e seu livro de missa
a solteirona e seu armário fechado
a solteirona e sua janela
a solteirona e seu olhar vazio
a solteirona e seus bandós grisalhos
a solteirona e seu bandolim
a solteirona e seu noivo-retrato
a solteirona e seu tempo infinito
a solteirona e seu travesseiro
ardente, molhado
de soluços.

(Carlos Drummond de Andrade. *Poesia e prosa.* Menino Antigo.
Rio de Janeiro: Nova Aguilar, 1983.)

e) A *Designação,* através do uso dos *demonstrativos*, permite produzir efeitos discursivos de *tipificação*, por exemplo:

RETRATO
Eu não tinha **este** rosto de hoje
Assim calmo, assim triste, assim magro,
Nem **estes** olhos tão vazios,
Nem o lábio tão amargo
Eu não tinha **estas** mãos sem força,
Tão paradas e frias e mortas;
Eu não tinha **este** coração
Que nem se mostra.
[...]

(Cecília Meireles. *Obra poética.* Viagem. Rio de Janeiro: José Aguilar, 1958, p. 10)

f) A *Quantificação*: o uso de *quantificadores* permite produzir efeitos discursivos de *subjetividade*, como nos seguintes exemplos tirados de títulos e subtítulos da primeira página um jornal "on line":

[Títulos e subtítulos]:
Altos níveis de poluição deixam São Paulo em alerta
Baixa umidade do ar e concentração de ozônio preocupam especialistas.

(Não se especificam, aí, quais são os níveis de poluição ou de umidade).

Compra da Varig reduz concorrência
Maior negócio da aviação civil levaria a Gol à frente de **quase 45%** do Setor.

(Não se justifica nem no título nem no artigo o porquê da quantificação "maior")

Recuperado de lesão, Cicinho quer jogar mesmo com medo
Afastado por **quase seis meses**, o lateral quer estar ao menos no banco.
(Fonte: http://www.globo.com, acessado em 29/03/2007.)

Encontramos esse mesmo procedimento linguístico no início dos três primeiros capítulos da Primeira Parte do romance *Policarpo Quaresma*, de Lima Barreto:

[I] Como de hábito, Policarpo Quaresma, mais conhecido por Major Quaresma, bateu em casa às **quatro e quinze** (objetivo) da tarde. Havia **mais de vinte anos** (subjetivo) que isso acontecia.

[II] Havia **bem dez dias** (subjetivo) que o Major Quaresma não saía de casa.

[III]   – Então quando se casa, Dona Ismênia?
          – Em março. Cavalcanti já está formado e...
          Afinal a filha do general pôde responder com segurança à pergunta que se lhe vinha fazendo há **quase cinco anos** (subjetivo).
(Lima Barreto. *Policarpo Quaresma*. 2. ed. São Paulo: Brasiliense, 1959).

g) A *Enumeração* que, com o uso de *dêiticos*, de *artigos*, ou de nomes no plural não precedidos de artigo (efeito de *indefinição*), permite fazer listas de *seres* (humanos ou não humanos), *qualidades*, *lugares* e *ações* que produzem efeitos discursivos diversos:

– Cecília Meireles serve-se desses procedimentos para fazer o **inventário** dos itens pertinentes a um determinado fato histórico –

ROMANCE XXI OU DAS IDEIAS
A vastidão desses campos.
A alta muralha das serras.
As lavras inchadas de ouro.
Os diamantes entre as pedras.
Negros, índios e mulatos.
Almocrafes e gamelas.

Os rios todos virados.
Toda revirada, a terra.
Capitães, governadores,
Padres, intendentes, poetas.
Carros, liteiras douradas,
Cavalos de crina aberta.
A água a transbordar das fontes.
Altares cheios de velas.
Cavalhadas, luminárias.
Sinos. Procissões. Promessas.
Anjos e santos nascendo
em mãos de gangrena e lepra.
Finas músicas broslando
as alfaias das capelas.

Todos os sonhos barrocos
deslizando pelas pedras.
Pátios de seixos. Escadas.
Boticas. Pontes. Conversas.
Gente que chega e que passa.
E as ideias. [...]

(In: Romanceiro da Inconfidência. Op. Cit. p. 709)

– Carlos Drummond de Andrade usa a **classificação** dos clientes do catálogo telefônico comercial para produzir efeitos irônicos, neste poema recentemente gravado sob a forma de canção[1] – (In: *Discurso de Primavera*. Op. Cit. p. 729-30)

JORNAL DE SERVIÇO
(Leitura em diagonal das "Páginas Amarelas")

I
Máquinas de lavar
máquinas de lixar
máquinas de furar
máquinas de curvar
máquinas de dobrar
máquinas de engarrafar
máquinas de empacotar
máquinas de ensacar
máquinas de assar
máquinas de faturamento

II
champanha por atacado
artigos orientais
institutos de beleza
metais preciosos
peleterias
salões para banquetes e festas
condimentos e molhos
botões a varejo
roupas de aluguel
tântalo

III
panelas de pressão
rolos compressores
sistemas de segurança
vigilância noturna
vigilância industrial
interruptores de circuito
iscas
encanadores
alambrados
supressão de ruídos

IV
doenças da pele
doenças do sangue
doenças do sexo
doenças vasculares
doenças das senhoras
doenças tropicais
câncer
doenças da velhice
empresas funerárias
coletores de resíduos

V
papéis transparentes
vidro fosco
gelatina copiativa
cursinhos
amortecedores
resfriamento de ar
retificadores elétricos
tesouras mecânicas
ar comprimido
cupim

VI
mourões para cerca
mudança de pianos
relógios de igreja
borboletas de passagem
cata-ventos
cintas abdominais
produtos de porco
peles cruas
peixes ornamentais
decalcomania

---

[1]   Este poema é a letra de uma das músicas do CD *Cantada* de Adriana Calcanhoto (BMG, 2002).

VII
peritos em exame de documentos
peritos em imposto de renda
preparação de papéis de casamento
representantes de papel e papelão
detetives particulares
tira-manchas
limpa-fossas
fogos de artifício
sucos especiais
ioga

VIII
anéis de carvão
anéis de formatura
purpurina
cogumelos
extinção de pelos
presentes por atacado
lantejoulas
sereias
souvenirs
soda cáustica

IX
retificação de eixos
varreduras mecânicas
expurgo de ambientes
revólver para pintura
pintores a pistola
cimento armado
guinchos
intérpretes
refugos
sebo

(In: *Discurso de Primavera*. Op. Cit. p. 729-30)

2.2.2. Procedimentos linguísticos para Localizar-situar

a) uso de categorias de língua que têm por efeito fornecer ao relato um enquadre *espaço-temporal*, jogando essencialmente com a precisão, o detalhe e a *identificação* dos *lugares* e da *época* de um relato, como na tradição romanesca:

> Era linda a situação da fazenda de Nossa Senhora do Boqueirão.
> As águas majestosas **do Paraíba** regavam aquelas terras fertilíssimas, cobertas de abundantes lavouras e extensas matas virgens.
> (...)
> Assomava o longe, emergindo do azul do céu, o dorso alcantilado da **Serra do Mar**, que ainda o cavalo a vapor não escarvara com férrea úngula.
> (...)
> Na manhã de **15 de janeiro de 1850**, saía da Casa-grande, na fazenda de Nossa Senhora do Boqueirão, um grupo de três crianças, acompanhadas por duas mucamas e um pajem agaloado.
> (José de Alencar. *Obras completas*. O tronco do Ipê. Cap. I e II.
> Rio de janeiro: José Aguilar, 1958, V. III. p. 627 e 631).

b) Ou, ao contrário, categorias de língua que deixam os *lugares* e o *tempo* incertos, vagos, *sem identificação* particular, porque o relato não se ancora em uma realidade específica, mas coloca em cena destinos e arquétipos, que são intemporais (daí a utilização dos tempos do *presente* e do *imperfeito*), como em alguns contos:

- *"No começo Deus quis testar o coração do homem e da mulher". [...]*
- *"Havia, **antigamente**, há muito, muito tempo, um grande criador de talismãs: Nguramgurane, o filho do Crocodilo". [...]* (Tchicaya U Tam'Si. *Légendes africaines*, P. Seghers)
- *"Havia **certa vez** numa aldeia três meninos ferreiros".[...]*
- *"**Numa aldeia**, havia um menino que só queria brincar." [...]* (*Contes créoles* de Guiné-Bissau)

Tais procedimentos linguísticos estão relacionados com o procedimento discursivo de *identificação*.

2.2.3. Procedimentos linguísticos para Qualificar

O uso da categoria da Qualificação que, associada a outras, permite construir uma visão *objetiva* ou *subjetiva* do mundo, e produzir efeitos de *realidade / ficção*. Essa atividade se exerce, a propósito da descrição dos *seres humanos*, em seu aspecto físico, gestual, de indumentária, em suas posturas, gostos, identidade (idade, sexo, altura, peso, endereço etc.), manias, comportamentos, palavras, os objetos que possuem etc.; e também com relação aos *seres não humanos*, objetos, meio ambiente (paisagens, lugares, época etc.), e aos *seres conceituais* ou a *fenômenos* que são objeto de definições.

Destacam-se os procedimentos seguintes:

a) *Acumulação de detalhes e de precisões* de tipo factual sobre as maneiras de ser e de fazer, às vezes com recursos a termos especializados, mais ou menos técnicos, acompanhados de definições como num texto científico, com o objetivo de produzir um efeito de coerência realista (*verismo*):

PRECISÕES
Às 12h17, num ônibus da linha S, com 10 metros de comprimento, largura de 2,10 e altura de 3,50, a 3,6 km de seu ponto de partida, quando estava lotado com 48 pessoas, um indivíduo do sexo masculino, de 27 anos, 3 meses e 8 dias, altura de 1,72 m e pesando 65kg, com um chapéu de 17 cm de altura na cabeça, cuja aba era rodeada por um galão de 35cm, interpela um homem de 48 anos, 4 meses e 3 dias, com 1,68 m de altura pesando 77kg, por meio de 14 palavras cuja enunciação durou 5 segundos e que faziam alusão a deslocamentos involuntários de 15 a 20 milímetros. Em seguida, ele vai sentar-se a mais ou menos 2,10 m dali.
(R. Queneau, *Exercices de Style*, Gallimard.)*

Jornal *O Dia, Manchete*, 18/08/1989:
Dois morreram e um ficou ferido em um acidente ontem, de madrugada, na Estrada da Tijuca, Km 08. O carro, Brasília, de chapa KP 4758, desgovernou-se e bateu contra um poste. O motorista que ficou preso nas ferragens foi retirado pelos bombeiros e levado ao hospital mais próximo.

b) *Utilização da analogia*, ou seja, do procedimento que consiste em *pôr em correspondência* os seres do universo e as qualidades que pertencem a âmbitos diferentes.

---

* N.T.: Tradução da citação: A.M.S.C.

Essa analogia pode ser:

• *explícita*, pelo emprego de termos de comparação:

> [...] *Não ouço os meus sabiás e os meus bem-te-vis de Laranjeiras. Mas um destes novos cantores anda alto pelos telhados, pelas árvores, como um pequeno ambulante, a gritar para uns e para outros sua mercadoria.*
>
> (Cecília Meireles. Vozes de Humaitá. In: *Escolha o seu sonho.* Rio de Janeiro/São Paulo: Record, 1968. p. 34)

• *implícita*, pelo aspecto de transferência de sentido (metáforas, metonímias etc.) que, às vezes, *antropomorfizam* seres não humanos:

> [...] Em lugar da chuva, havia agora um mormaço sufocante, tornado insuportável pelas mutucas e outros bichinhos chupadores de sangue de todos os tamanhos. E a **lama**, coberta por uma lâmina rasa de água escura, se revelou muito mais **traiçoeira** e predadora do que se tinha imaginado, **engolindo** os soldados até a cintura e **se recusando** a libertá-los [...]
>
> (João Ubaldo Ribeiro. *Viva o povo brasileiro.* Rio de Janeiro: Nova Fronteira, 1984. p. 391)

III. A encenação descritiva

1. Componentes e efeitos da encenação descritiva

A *encenação descritiva* é ordenada pelo sujeito falante, o qual se torna um *descritor* (do mesmo modo que o *relato* é ordenado por um *narrador*).

O descritor pode intervir de maneira explícita ou não, e em todos os casos ele produz um certo número de *efeitos*, entre os quais: o efeito de *saber*, os efeitos de *realidade* e de *ficção*, o efeito de *confidência*, o efeito de *gênero*.

Lembramos, entretanto, que só se trata aqui de *efeitos possíveis* (o leitor real pode não percebê-los) e que eles não são todos decorrentes de uma intenção perfeitamente consciente da parte do sujeito descritor.

1.1. O efeito de saber

O *efeito de saber* pode produzir-se toda vez que o *descritor* procede a uma série de *identificações* e de *qualificações* que, presumivelmente, o sujeito leitor não conhece.

Ele fabrica para si uma imagem de *descritor sábio* (homem de ciência, perito, técnico) que conheceria o mundo até os seus mínimos detalhes – seja por sua observação sistemática, seja pelo estudo científico deste –, e que utiliza esse conhecimento para trazer *a prova da veracidade* de seu relato ou de sua argumentação.

O golfinho nada velozmente e sai da água em grandes saltos, fazendo acrobacias. É mamífero e, como tal, só respira fora d'água. Vive em grupos e se comunica através de gritos estranhos que são ouvidos a quilômetros de distância. É assim que pede ajuda quando está em perigo ou avisa a outros golfinhos onde está a comida. Como aprende facilmente truques que o homem ensina, muitos desses animais são aprisionados, treinados e exibidos em espetáculos, em todo o mundo.

(*Revista Ciência Hoje*, 1994, p. 43)

Queixei-me de baratas. Uma senhora ouviu-me a queixa. Deu-me a receita de como matá-las. Que misturasse em partes iguais, açúcar, farinha e gesso. A farinha e o açúcar as atrairiam, o gesso esturricaria o de dentro delas. Assim fiz. Morreram.

(Clarice Lispector. *A legião estrangeira*. A quinta história.
Rio de Janeiro: Editora do Autor, 1964).

1.2. Efeitos de realidade e de ficção

Os *efeitos de realidade e de ficção* devem ser tratados em conjunto, visto que o fenômeno de alternância entre esses dois modos de visão do mundo é que constitui o principal interesse de muitos relatos.

Esses efeitos constroem uma imagem dupla de *narrador-descritor*, a qual ora é *exterior* ao mundo descrito, ora é *parte interessada* em sua organização.

É o caso da maior parte dos textos pertencentes ao gênero *fantástico*, nos quais a descrição representa ora um mundo realista, ora um mundo do "além", sem que o leitor possa escolher entre os dois:

Quando esgotei as inscrições e desenhos e olhei novamente para fora, mais para descansar a vista do que esperando ver alguma coisa, levei aquele bruta susto e fiquei sem ação por algum tempo, pois **o homem passava voando bem na minha frente,** justamente diante da parte aberta da torre. Foi rápido, mas deu pra ver. Ia deitadinho como nadando. Só que não dava braçadas, apenas mexia discretamnte os braços e me pareceu que tinha um cigarro aceso na boca, se não era cigarro era um canudinho outro que também soltava fumaça.

(José J. Veiga. *Sombras dos reis barbudos*. Rio de janeiro: Bertrand Russel, 1988, p. 45)

É também o caso de alguns **textos jornalísticos** que relatam *"faits divers"* ou *proezas esportivas*.

Mas encontramos igualmente esse duplo efeito em textos cujo relato pretende apresentar uma dominante realista (como nas *autobiografias*, verdadeiras ou falsas), e onde se vê, entretanto, surgir a subjetividade do descritor.

Eu estava bastante longe dele, a uns dez metros de distância. Adivinhava-lhe por instantes o olhar, entre as pálpebras semicerradas. Mas na maior parte do tempo sua imagem dançava diante de meus olhos, na atmosfera inflamada. O barulho das vagas era ainda mais preguiçoso que ao meio-dia. Eram o mesmo sol e a mesma luz, que se prolongavam até aquele momento. Há duas horas o sol deitara a sua âncora nesse oceano de metal fervente. No horizonte, passou um pequeno vapor. Adivinhei-lhe a mancha negra com o canto do olho, pois não cessava de fitar o árabe.

(Albert Camus. *O estrangeiro*. In: http://filosofocamus.sites.uol.com.br)

Encontramos essa alternância num projeto de escrita como o do "nouveau roman" à maneira de Michel Butor, que tenta fazer com que o ponto de vista subjetivo do *descritor* seja compartilhado pelo leitor.

Seria, em suma, um efeito de subjetividade objetivada:

> É aqui, é esse o compartimento de onde você tinha saído, com esse homem grisalho, que agora está mergulhado na leitura de um livro grosso com uma capa dura forrada de tecido grosseiro, na sua frente ao lado de um vizinho corado, cheirando a limpo, com olhinhos de peixe voraz, e com o eclesiástico junto à janela que continua tentando absorver-se na leitura de seu breviário.
>
> (Michel Butor. *La modification*. Paris: Minuit)*

1.3. O efeito de confidência

O *efeito de confidência* procede de uma *intervenção* explícita ou implícita do *descritor*, que é levado a exprimir sua *apreciação pessoal*. Assim, o dispositivo enunciativo da descrição é modificado com a ajuda de *parênteses, traço de união, reflexões* de caráter geral (provérbios, máximas), *comparações* etc.

O *descritor* pode manifestar-se de diferentes maneiras:

a) *Revelando reflexões pessoais:*

Machado de Assis assim descreve a personagem Conceição:

> Em verdade, era um temperamento moderado, sem extremos, nem grandes lágrimas, nem grandes risos. (...) Tudo nela era atenuado e passivo. O próprio rosto era mediano, nem bonito nem feio. Era o que chamamos uma pessoa simpática.(...)
>
> De costume tinha os gestos moderados e as atitudes tranquilas; agora, porém ergueu-se rapidamente, passou para o outro lado da sala e deu alguns passos, entre a porta e o gabinete do marido. Assim, com o desalinho honesto que trazia, dava-me uma impressão singular. Magra embora, tinha não sei que balanço no andar, como quem lhe custa levar o corpo; essa impressão nunca me pareceu tão distinta como naquela noite. (...)
>
> (Machado de Assis. *Obra completa*. Missa do galo. Rio de Janeiro: José Aguilar, 1968. p. 642).

b) *Interpelando diretamente o leitor*:

> **Qualquer um de vocês** pode verificar que as mulheres de hoje, mais do que de crianças e criadas, falam de regimes para perder peso. O regime, as mil e uma variações e modas em torno desse tema sinistro entopem oitenta por cento das conversas femininas e começam a ameaçar os próprios homens. De repente, não mais que de repente, como no soneto de Vinicius, todo mundo toi tomado desse complexo de sílfide magricela e seca!
>
> (Otto Lara Resende. Porque as gordas salvarão o mundo. In: Herberto Sales. *Antologia escolar de crônicas*. Rio de Janeiro: Edições de Ouro, 1971)

---

* N. T.: Tradução da citação: A.M.S.C.

c) *Chamando o leitor a compartilhar uma reflexão que o narrador faz consigo mesmo:*

> (...) Crianças que, a partir dos três anos, ajudam as famílias em canaviais, carvoarias, plantações de sisal, garimpos e olarias, sem direito a estudo, a brincadeiras, ao convívio dos amigos; infância para sempre roubada, para ganhar entre R$ 12,50 a R$ 50,00 por mês de trabalho, com jornadas de ATÉ 14 HORAS!. Quanto tempo **você** leva para gastar esse dinheiro? O que consegue comprar com isso?
> *Pense e reflita que custa UM MÊS de trabalho de um menino semiescravo no país.*
> (Fritz Utzeri. As mãos de Ediene. *Jornal do Brasil*, Caderno B, 02/12/1999)

d) *Ou organizando o seu discurso* de tal maneira que parece **compartilhar com seu leitor** os critérios que norteiam a descrição, como nessa passagem do romance *Caetés*, de Graciliano Ramos:

> E descrevi um cemitério indígena, que havia imaginado no escritório, enquanto Vitorino folheava o caixa. [...]
> Continuei. Suando, escrevi dez tiras salpicadas de maracás, igaçabas, penas de araras, cestos, redes de caroá. Dei pedaços de Adrião Teixeira ao pajé: o beiço caído, a perna claudicante, os olhos embaçados; para completá-lo, emprestei-lhe as orelhas de Padre Atanásio. Fiz do moribixaba um bicho feroz, pintei-lhe o corpo e enfeitei-o. Mas aqui surgiu uma dúvida: fiquei sem saber se devia amarrar-lhe na cintura um enduape ou o canitar. Vacilei alguns minutos e afinal me resolvi a pôr-lhe o enduape na cabeça e o canitar entre parênteses.
> (Op. Cit., Rio de Janeiro: Record, s.d., 22ª. ed. p. 44)

e) Ou ainda, *procedendo à negação de algumas qualificações antes de afirmar outras:*

> Tem gente passando fome
> E não é a fome que você imagina
> Entre uma refeição e outra
> Tem gente passando frio
> E não é o frio que você imagina
> Entre o chuveiro e a toalha
> (...)
> Tem gente que existe e parece imaginação.
> (Ulisses Tavares. Além da imaginação. In: www.cidade. usp.br/educar.2002)

1.4. O efeito de gênero

Esse efeito resulta do emprego de alguns procedimentos de discurso que são suficientemente repetitivos e característicos de um gênero para tornar-se o signo deste.

Por exemplo, começar uma história ou um relato por "era uma vez" é, qualquer que seja o seguimento, produzir o *efeito de conto maravilhoso*. Sabemos a importância da primeira fase de um romance, que tem como função dar o tom do relato, ou seja, no final das contas, produzir um *efeito de gênero*:

Hoje **contarei uma história,** a história de um padre. Sim, **era uma vez um padre.** Desses bem magrinhos, bem santinhos, que não se importam com roupa, casa e comida, que jamais desejaram ser cônego, monsenhor ou bispo. (...) Este meu, quer dizer, este da história, desde pequenino sonhava em ser padre.

> (Raquel de Queiroz. O padrezinho santo. *Cenas brasileiras.*
> São Paulo: Ed. Ática. p. 85)

Todas as formas de *pastiches, paródias, plágios* etc. utilizam procedimentos que permitem guardar (além das variações temáticas) as funções discursivas do texto de partida para produzir um *efeito de semelhança.*

Enfim, alguns ***textos jornalísticos*** (*reportagens, entrevistas, crônicas* etc.) começam o relato de um acontecimento de atualidade com frases mais ou menos estereotipadas, destinadas a produzir um efeito de gênero *policial, realista, fantástico* etc, como se vê no fragmento da reportagem, a seguir:

> Um homem sozinho, com uma jaqueta em uma das mãos e um embrulho na outra, com ar de quem tanto podia ter saído de uma manifestação como estar a caminho do trabalho ou das compras, um anônimo. Um homem de camisa branca e calças pretas. Um chinês num oceano de 1.1 bilhão de chineses. Um desconhecido. Sobre a montanha de cadáveres com a qual o regime chinês reafirmou sua tirania na semana passada, ao reprimir com punho impiedoso os estudantes reunidos em nome da democracia na Praça da Paz Celestial, esse cidadão anônimo fixou uma imagem poderosa.
>
> Durante seis minutos, na manhã da última segunda-feira, o homem da camisa branca brincou de dançar com a morte. Sozinho, em plena Avenida da Paz Eterna, ele enfrentou uma coluna de tanques.
>
> A cena foi registrada pelas câmeras da televisão americana e estarreceu o mundo inteiro. De frente para o tanque que liderava a coluna, o cidadão desconhecido parou uma fileira de 23 mastodontes blindados.(...)
>
> (O desconhecido da camisa branca. *Reportagem da Revista Veja*, 14/06/1989. p 56)

Mas é possível que esse efeito apareça por *não conformidade*, ou seja, por deslocamento das normas de descrição impostas por alguns gêneros.

Com relação à literatura dita "objetiva", R. Barthes escreve:

> É necessário tomar cuidado, porque, com Robbe-Grillet, a minúcia da descrição não tem nada em comum com a aplicação artesanal do romancista verista. O realismo tradicional adiciona qualidades em função de um julgamento implícito: seus objetos têm formas, mas também odores, propriedades táteis, lembranças, analogias... em resumo, eles formigam de significações; têm mil modos de serem percebidos, e jamais impunemente, já que desencadeiam um movimento humano de desgosto ou de apetite. Em face desse sincretismo sensorial, ao mesmo tempo anárquico e orientado, Robbe-Grillet impõe uma ordem única de compreensão: a visão. O objeto não é mais aqui um foco de correspondências, uma abundância de sensações e símbolos: ele é somente uma resistência ótica.
>
> (*Essais critiques,* Le Seuil).*

---

* N. T.: Tradução da citação: N.C.G.B.

O que aparece nesta descrição intitulada "La Plage":

> Três meninos andam ao longo da praia. Eles vão lado a lado, de mãos dadas. Parece que têm a mesma altura, e também a mesma idade: uns doze anos. O do meio, entretanto, é um pouco menor que os outros dois.
>
> Salvo essas crianças, toda a longa praia está deserta. É uma faixa de areia bem larga, uniforme, não tem pedras nem lagoas, ligeiramente inclinada entre a falésia abrupta, que parece não ter passagem, e o mar.
>
> Faz um tempo bom. O sol projeta na areia amarela uma luz violenta, vertical. Não há nenhuma nuvem no céu. Nem vento. A água está azul, calma, sem a menor ondulação vinda do largo, embora a praia se estenda diante do mar livre, até o horizonte.
>
> (A. Robbe-Grillet. *Instantanés*. Paris: Ed. de Minuit.)*

2. Procedimentos de composição

Esses procedimentos dizem respeito à *organização semiológica* geral do texto descritivo, construído pelo sujeito que descreve.

Eles permitem interrogar-se sobre os limites da *extensão de uma descrição*, sobre a *disposição gráfica* de seus elementos, ou sobre sua *ordenação*.

2.1. A extensão descritiva

Como o desenvolvimento descritivo de um texto não é restringido em si (a priori, pode-se estender uma descrição tanto quanto se queira), os limites da extensão da descrição prendem-se apenas à finalidade discursiva onde se inscreve: *informação, relato, explicação*. É então a finalidade de um texto que torna uma descrição pertinente e não o inverso.

2.1.1. Descrição para informar

Sua extensão dependerá, ao mesmo tempo, da *quantidade de informação* a transmitir, do *suporte material* que lhe serve de vetor e do tipo de *destinatário* ao qual se dirige.

a) Por exemplo, os ***títulos das matérias nos jornais***, os *slogans* de todos os tipos, os ***cartazes*** e ***anúncios*** diversos que devem ser curtos. Mas isso também inclui todos os formulários de informações ou as transmissões de informações sob forma de notas *breves*, como a que se vê a seguir:

> Por obrigação, lazer ou hábito, corre-se cada vez mais. Se o ano, os meses e os dias permanecem com a mesma duração, vale a pena o desgaste?
>
> (Você corre por quê? *Jornal do Brasil. Revista de Domingo.* 31/12/2006)

---

* N. T.: Tradução da citação: A.M.S.C.

b) ou em *resumos de filmes (sinopse)*

Spartacus (1960)
Stanley Kubrick assina este clássico do cinema que tem Kirk Douglas, Laurence Olivier e Peter Ustinov. Douglas interpreta Spartacus, escravo que se torna um respeitado gladiador e lidera uma rebelião contra o Império Romano. Vencedor de cinco Oscars.

(Jornal do Brasil. Revista de Programa, fevereiro de 2007)

2.1.2. Descrição para contar

Sua extensão dependerá das exigências ligadas à dramatização do relato, a qual dependerá das regras do gênero em vigor (sabemos que a *descrição* sempre foi um recurso de importância em cada período da literatura).

Poderemos observar esse fenômeno, comparando esses trechos que correspondem a dois períodos literários bem diferentes:

> Eram cinco horas da manhã e o cortiço acordava, abrindo não os olhos, mas suas infinidade de portas e janelas alinhadas.
>
> Um acordar alegre e farto de quem dormiu de uma assentada, sete horas de chumbo. (...) das portas surgiam cabeças congestionadas de sono; ouviam-se amplos bocejos fortes como o marulhar das ondas; pigarreava-se grosso por toda parte; começavam as xícaras a tilintar; o cheiro quente do café aquecia, suplantando todos os outros;

(Aluísio de Azevedo. O cortiço. São Paulo: Ed. Moderna, 2001. Cap. 3, p. 35)

> A casa era edificada com a arquitetura simples de nossas primitivas habitações: tinha cinco janelas de frente, baixas, largas, quase quadradas.
>
> Do lado direito estava a porta principal do edifício que dava para o pátio cercado por uma estacada coberta de melões agrestes. (...) ali havia uma coisa que chamaremos jardim e, de fato, era uma imitação graciosa de toda a natureza rica, vigorosa, e esplêndida, que a vista alcançava do alto do rochedo.

(José de Alencar. O Guarani. Primeira Parte. Os aventureiros.
In: Biblioteca virtual do estudante)

2.1.3. Descrição para explicar

A sua extensão será limitada pelas exigências do recurso argumentativo.

Por exemplo, nas passagens de *definição* no seguinte texto de Luis Fernando Veríssimo:

> *Para os sãos e para os leigos não se sentirem diminuídos, explico que pontes de safena são feitas com as veias safenas que nós temos nas pernas. Como elas não fazem muita falta nas pernas, pode-se especular que foram postas ali já prevendo sua eventual utilização como sobressalentes, por alguma Força Superior com um senso de humor discutível. As mamárias são veias que já estão no tórax e são apenas desviadas para outros fins, como os recursos do INPS pelo governo. As mamárias são mais confiáveis do que as safenas. Isto, talvez, se deva ao fato das safenas emigrarem da perna para o peito, onde precisam se ambientar, conhecer os novos vizinhos, etc., enquanto as mamárias já são da zona.*

(Luis Fernando Veríssimo. Cardíacos. Novas comédias da vida privada.
Porto Alegre: L&PM editores, 1996. p. 139.)

Ou como nesse artigo de um jornal quotidiano:

> A diversidade brasileira é tida como guardiã de segredos que podem transformar-se em diversos produtos, de cosméticos a medicamentos. O desenvolvimento de uma pomada, na Universidade Federal de Viçosa (MG), com ação cicatrizante e anti-inflamatória, voltada principalmente para diabéticos, reforça essa hipótese.
>
> O fitoterápico (nome dado a medicamentos derivados de plantas) é apresentado em forma de creme e de gel e atua impedindo a inflamação e a formação de duas substâncias produzidas em excesso por diabéticos ... (...) O novo remédio reduz o tempo de cicatrização para um período der 15 dias
>
> (*Jornal do Brasil, Caderno Ciência Hoje,* 28/04/07, p. 32)

2.2. A disposição gráfica

Como os elementos descritivos de um texto podem se apresentar sob formas de *inventários* ou *listas* diversas, a disposição desses elementos dependerá tanto do suporte material quanto da necessidade de tornar o texto legível.

É por isso que encontramos com muita frequência:

Esquema em estrela.

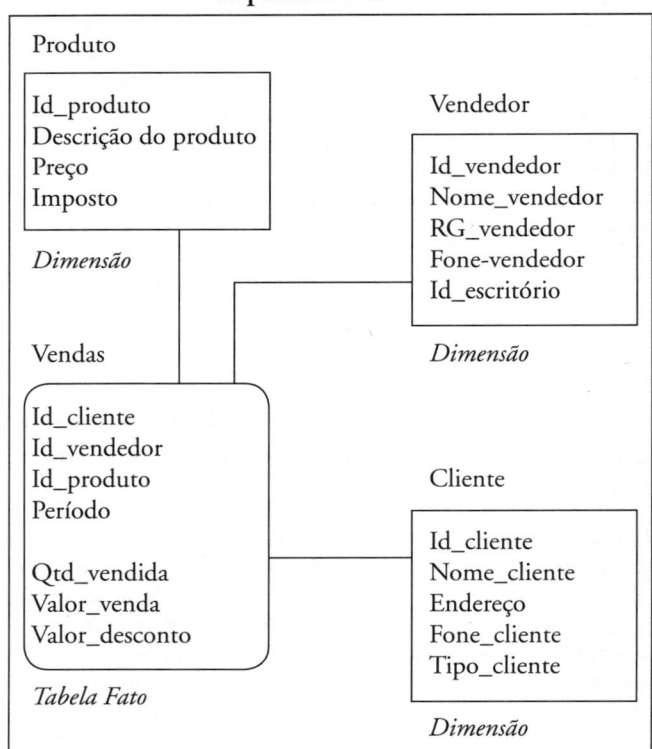

Fonte: http://www.ccuec.unicamp.br/revista/infotec/informacao/inf54.htm.

– *Disposições verticais e hierarquizadas* (existência de rubricas e sub-rubricas) como nos guias e programas.

– *Disposição em estrela, em quadro ou em legenda,* quando a descrição tem a função de identificação ou de classificação:

Disposição em quadro.

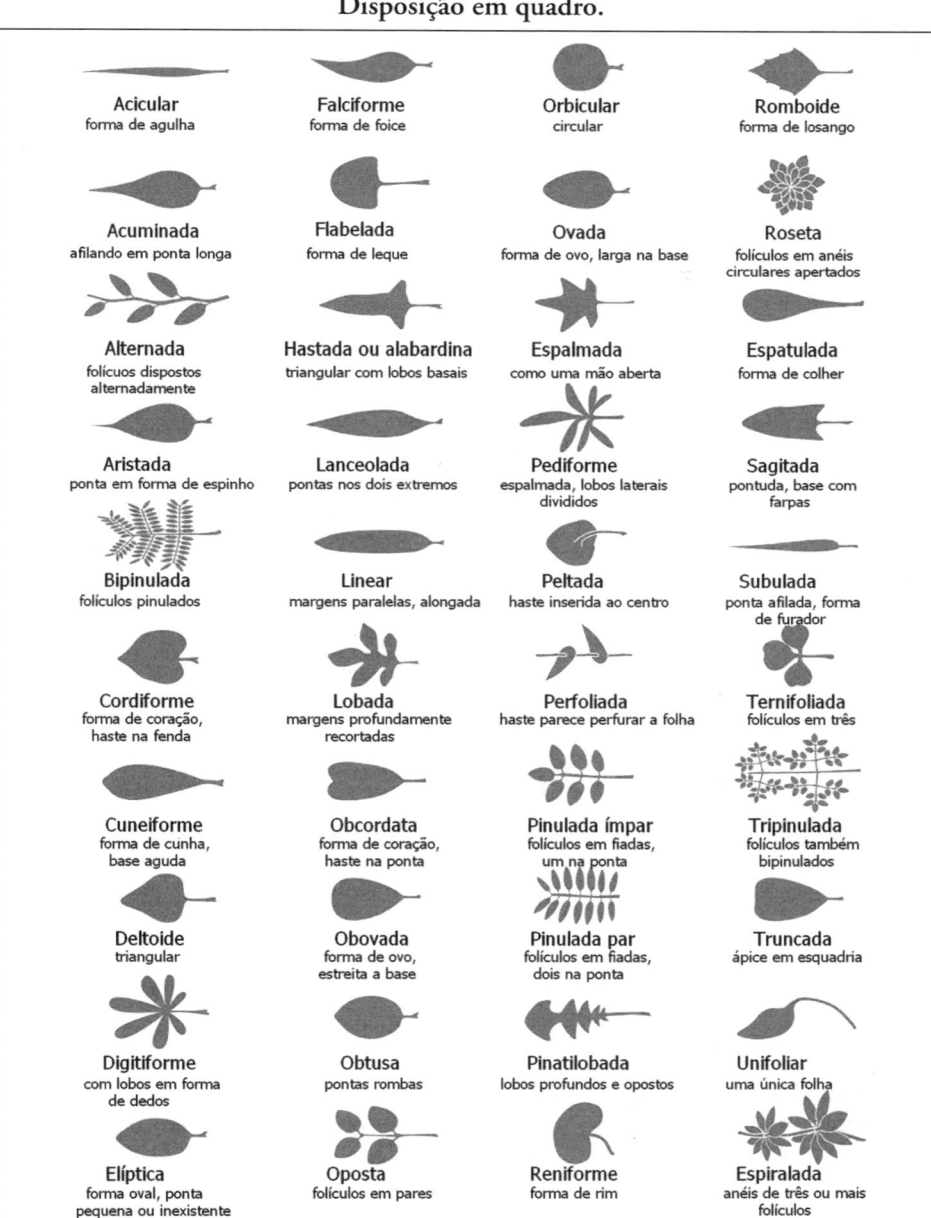

Acicular forma de agulha	Falciforme forma de foice	Orbicular circular	Romboide forma de losango
Acuminada afilando em ponta longa	Flabelada forma de leque	Ovada forma de ovo, larga na base	Roseta folículos em anéis circulares apertados
Alternada folícuos dispostos alternadamente	Hastada ou alabardina triangular com lobos basais	Espalmada como uma mão aberta	Espatulada forma de colher
Aristada ponta em forma de espinho	Lanceolada pontas nos dois extremos	Pediforme espalmada, lobos laterais divididos	Sagitada pontuda, base com farpas
Bipinulada folículos pinulados	Linear margens paralelas, alongada	Peltada haste inserida ao centro	Subulada ponta afilada, forma de furador
Cordiforme forma de coração, haste na fenda	Lobada margens profundamente recortadas	Perfoliada haste parece perfurar a folha	Ternifoliada folículos em três
Cuneiforme forma de cunha, base aguda	Obcordata forma de coração, haste na ponta	Pinulada ímpar folículos em fiadas, um na ponta	Tripinulada folículos também bipinulados
Deltoide triangular	Obovada forma de ovo, estreita a base	Pinulada par folículos em fiadas, dois na ponta	Truncada ápice em esquadria
Digitiforme com lobos em forma de dedos	Obtusa pontas rombas	Pinatilobada lobos profundos e opostos	Unifoliar uma única folha
Elíptica forma oval, ponta pequena ou inexistente	Oposta folículos em pares	Reniforme forma de rim	Espiralada anéis de três ou mais folículos

2.3. O ordenamento interno

Trata-se, aqui, da organização dos elementos descritivos de um texto, uns em relação aos outros.

Estes podem ser ordenados de maneira cumulativa, hierarquizada e seguindo um certo percurso, podendo esses procedimentos combinar-se num mesmo texto:

a) *Inventário dos elementos de um todo*:

"As vantagens da televisão de alta definição: imagem mais larga, cores mais nítidas, detalhes mais apurados, som estéreo..."

b) *Objetos ou pessoas presentes num lugar*, cada uma delas recebendo um ou mais qualificativos (organização mais ou menos em cascata):

Aproximei-me vagarosamente do local da festa, cheguei-me a uma das janelas, onde o sereno afluía.

Poucos pares. Nas cadeiras, senhoras graves de ar bicudo: D. Eulália Mendonça e as duas filhas, as xifópagas, como lhes chama o Dr. Liberato, porque andam sempre juntas; a mulher do Juiz de Direito; D. Josefa Teixeira, miudinha, lourinha, a única que parecia à vontade, linda muchacha, conversando com uma criatura agreste, sardenta e de tromba; Clementina, outras. Pelos cantos, indivíduos contrafeitos numa elegância precária: Miranda Nazaré, mais magro, mais curvado, de queixo mais agudo; o Juiz de Direito; Vitorino, cabisbaixo, sonolento; o Monteiro agiota, com a barba crescida; Mendonça pai, que é Cesário, e Mendonça filho, que é Valentim; eleitores bisonhos, os membros do Conselho, sujeitos desconhecidos, de Quebrangulo e Santana do Ipanema. Aprumado e encasacado, Evaristo Barroca discorria com o Delegado Regional.

(Graciliano Ramos. 22ª. ed. *Caetés*. Rio de Janeiro: Record, s.d., p. 44)

c) *Acúmulo de adjetivos* em torno de um mesmo elemento de referência, no caso "a voz":

A voz não está muito clara, um pouco surda, com um francês atrapalhado, o que não tem importância. Uma voz estrangeira germânica, e de nenhum lugar. Estrangeira nas questões, na realidade do micro, nas conveniências. "Eu estou de mau humor", diz Peter Handke em preâmbulo.

(*Le Monde*, 27.11.89)

d) *Descrição de um certo percurso*. Pode ser como o que se propõe a seguir, presente nos guias turísticos:

MARAJÓ ▶ ROTEIROS
Ilha do Marajó (com hospedagem em hotel)
1º dia: Às 05:30h, traslado hotel/porto e embarque em barco regional para viagem à Ilha do Marajó (aproximadamente 4 horas de percurso). Chegada à vila de Camará e transporte até o hotel com previsão de chegada às 12:00h. Tarde: Tour com visita às áreas de "mangue" denominadas Barra Velha, local

que se destaca pela vegetação e extração de caranguejo da água doce, além da praia nativa do Araruna que completa a beleza da região. Após o tour, retorno para a cidade.

2º dia: Após o café da manhã, saída com destino a Salvaterra, segunda maior cidade da Ilha, que se destaca pelo seu porto e pela praia grande de Salvaterra, bastante procurada por visitantes. Tarde: Saída para visita à fazenda Marajoara com criação de búfalos e cavalos marajoaras. Local ainda que serve como ninhal de pássaros. Após visita, retorno ao hotel.

3º dia: Após o café da manhã, saída para City Tour na cidade de Soure (o município é uma espécie de capital da Ilha), com visita ao Curtume (centro de processamento do artesanato do couro de búfalo), seguido de visita à Vila dos Pescadores, onde a Praia do Pesqueiro é o destaque com seus coqueiros formando uma bela paisagem. Após o tour, retorno ao hotel e preparação para viagem a Belém. Previsão de saída do Marajó às 15:00h e chegada a Belém às 18:00h. Traslado de volta para o hotel.

Duração: 3 dias/2 noites. (mínimo – 2 pessoas).

(Fonte: http://www.paratur.pa.gov.br/destinos/marajo_roteiros.asp)

TEXTO DE ILUSTRAÇÃO

Comparando quatro versões do *Médecin* de *campagne* de Balzac, observaremos que o *modo de organização descritivo* implementa, ao mesmo tempo, procedimentos de ordem *formal* (atenção ao ritmo e volume das frases), *semântico* (para precisar as visões qualificativas dos personagens e dos objetos) e de *composição* (para dramatizar a encenação do texto).

Essa implementação é, como nós já dissemos, "livre *a priori*". É, aliás, bem difícil escolher entre essas diferentes versões; poderíamos até, ainda, imaginar uma combinação composta de fragmentos pertencendo a versões distintas.

Não esqueceremos, entretanto, que essa liberdade está circunscrita por exigências, até mesmo por coerções, ligadas ao relato como um todo e ao gênero que o sobredetermina em parte.

1833 (1)	1834 (2)
Por essa paisagem viajava um homem bem alto, todo vestido de um tecido azul e cuja roupa estava tão cuidadosamente escovada quanto a cada manhã devia sê-lo seu cavalo de pelo liso. Tinha uma gravata preta no pescoço, luvas de camurça amarela nas mãos, pistolas nos coldres, uma leve canastra bem amarrada, bem atada à garupa.	O homem que viajava pela região era bem alto todo vestido de um tecido azul e usava uma roupa tão cuidadosamente escovada quanto devia sê-lo a cada manhã seu cavalo de pelo liso. Tinha uma gravata preta, luvas de camurça amarela, pistolas nos coldres, e levava na garupa uma leve canastra bem amarrada.
1836 (3)	**edição definitiva (4)**
O viajante era um homem bem alto todo vestido de um tecido azul, tão cuidadosamente escovado quanto devia sê-lo a cada manhã seu cavalo de pelo liso, sobre o qual se mantinha ereto e imóvel como um velho oficial de cavalaria. Se sua gravata preta e suas luvas de camurça, se as pistolas que ele levava nos coldres e a canastra bem amarrada à garupa de seu cavalo não tivessem já indicado o militar, [...]	Homem bem alto, o viajante estava todo vestido de um tecido azul tão cuidadosamente escovado quanto deveria sê-lo a cada manhã seu cavalo de pelo liso, sobre o qual ele se mantinha ereto e imóvel como um velho oficial de cavalaria. Se sua gravata preta e suas luvas de camurça, se as pistolas que se avolumavam nos coldres e a canastra bem amarrada à garupa de seu cavalo já não tivessem indicado o militar, [...]

H. de Balzac, *Le médecin de campagne* (capítulo 1)

Nota: O texto foi assim disposto para a comparação de seus diferentes elementos.*

(Tradução e adaptação: Aparecida Lino Pauliukonis, Norma C. G. Braga e Rosane S. M. Monnerat)

---

* N. T.: Tradução das citações de Balzac: N.C.G.B.

Modo de organização narrativo

I. Sobre o modo narrativo

1. Proposta crítica

O *Modo de organização Narrativo* é delicado de tratar.

Por um lado, este modo é objeto, sob diversas formas, de numerosos estudos teóricos, desde as antigas correntes da crítica literária até as correntes modernas da semiótica da narrativa.

Por outro lado, uma longa tradição escolar, que persiste na didática moderna, fez dele seu principal objeto de ensino.

1.1. A tradição escolar

A tradição escolar trata esse objeto essencialmente de três maneiras:

a) por uma ***prática de exercícios*** que consiste em redigir, sob forma escrita e numa situação de comunicação não autêntica, um texto que é concebido para *descrever* ou *contar* acontecimentos.

Assim procedendo, ela não propõe nenhuma distinção entre termos considerados evidentes, que se compreendem facilmente, e se tornam imprecisos desde que questionados. Por exemplo, os termos *narrativa, narração, história* são equivalentes? Uma narrativa é uma narração de fatos? *Narrar* é *contar* uma história?

Há narrativas "reais" e narrativas "inventadas" (testemunhos, reportagens, romances), há *narrações* que são puras *descrições* (como na redação escolar: "*Conte seu dia de domingo*"), há histórias fictícias ("*Eu vou-te contar uma história*") e outras que tendem à objetividade (resumos, relatórios).

As definições dos dicionários não auxiliam muito:

Narração é definida como "ato e efeito de narrar" ou como "exposição escrita ou oral de um fato", e remete à palavra *narrativa*. *Narrar* é definido como "expor minuciosamente", remetendo a expor, contar, relatar, referir, dizer.

Narrativa é definida como a "maneira de narrar", tendo também as acepções de "narração", "conto, história".

História é definida preferencialmente como uma disciplina, um campo de conhecimentos, mas também como "narração de acontecimentos, de ações, em geral cronologicamente dispostos", remetendo a *narração* e *narrativa*.

b) por uma *classificação de textos* ditos narrativos, tomada de empréstimo aos gêneros da história literária, gêneros que, como se sabe, se apoiam em critérios de ordens diferentes (tanto de forma quanto de conteúdo).

Esse tipo de classificação pressupõe a ideia falsa de que um texto é homogêneo, e só permite olhar seu modo de organização pelos critérios de gênero.

c) por uma *pedagogia da explicação de texto* que constrói um discurso argumentativo sobre uma narrativa literária (ou qualquer outra forma literária), discurso para o qual se exigem qualidades de estilo (quase literárias). Além do mais, essa explicação deve tratar, ao mesmo tempo, da forma e do conteúdo.

Há aí uma mistura de tipos de atividades discursivas, em virtude da situação particular do exercício, pois este não faz diferença entre *categorias de língua, categorias de discurso e situação de comunicação.*

1.2. A semiótica narrativa

A semiótica narrativa nasceu com os trabalhos de Propp sobre a análise do conto de fadas russo, trabalhos que provocaram, a partir dos anos 60-70, uma nova reflexão sobre o que foi primeiramente chamado de "análise estrutural da narrativa", e depois, de "poética", de "narratologia"ou de "discurso da narrativa".

Essas diferentes correntes teóricas elaboraram conceitos destinados a dar conta do mecanismo complexo da narrativa, o que deu margem a uma multiplicação de termos técnicos, nem sempre de fácil assimilação, tanto que alguns deles podem comportar muitas acepções, de acordo com o ponto de vista teórico que os define: *narrativa, história, discurso, narração e narrado, contador e contado, mimese e diegese, registros de discurso, modalidades, narrador e narratário, destinador e destinatário,* etc.

O ponto de vista aqui escolhido não é exclusivo de nenhuma teoria, mas também não pode pretender ser uma síntese de teorias. Cada uma delas tem o mérito de realçar um aspecto particular do fenômeno estudado sem jamais esgotar sua totalidade.

Decidiu-se, então, apresentar noções de base relativas ao fenômeno da "narratividade", noções que necessitam de exame quanto a seu valor operatório, isto é, quanto a sua capacidade de fazer descobrir e explicar os mecanismos que presidem este *modo de organização*.

Uma vez mais, é necessário não confundir *gênero textual* e *modo de organização do discurso*. Não se trata de elaborar uma tipologia dos textos narrativos, mas de pôr em evidência os *componentes* e os *procedimentos* de um modo de organização cuja combinação deve permitir compreender melhor as múltiplas significações de um texto particular. Como diz G. Genette, o essencial está "não em tal ou qual combinação efetiva, mas no princípio combinatório mesmo, cujo mérito é o de colocar as diversas categorias numa relação livre e sem restrição *a priori* (...), de simples *constelações* onde todo parâmetro pode *a priori* relacionar-se com qualquer outro..." (*Nouveau discours du récit*, Seuil).

2. Definição e função do narrativo

2.1. O que é contar?

Convém colocar essa questão geral antes de descrever os componentes da *ordem narrativa*.

Contar não é somente *descrever* uma sequência de fatos ou acontecimentos, como dizem os dicionários.

Contar (no sentido banal do termo) que: *"X desperta. Lança um olhar torvo para o relógio. Cinco e meia. Com alguma relutância joga as pernas para fora da cama, com o camisolão de dormir sungado até as coxas. O contato do chão frio na sola dos pés é um novo chamado à realidade"* é *fazer a descrição* de uma sequência de ações, mas não necessariamente uma *narrativa*.

Para que haja narrativa, é necessário um "contador" (que se poderá chamar de *narrador, escritor, testemunha, etc.*), investido de uma intencionalidade, isto é, de *querer transmitir alguma coisa* (uma certa representação da experiência do mundo) a alguém, um "destinatário"(que se poderá chamar de *leitor, ouvinte, espectador*, etc.), e isso, de uma *certa maneira,* reunindo tudo aquilo que dará um sentido particular a sua narrativa. Evidentemente, não estão excluídas dessa intencionalidade todas as significações não conscientes das quais o contador poderia ser o portador involuntário.

Dito de outra forma, "para que uma sequência de acontecimentos contados se transforme em narrativa, é preciso inventar-lhe um contexto." (A. K. Varga, *Discours, récit, image*, Mardaga.)

Assim, a sucessão de ações precedentemente descrita poderá tornar-se uma se-quência narrativa romanesca como na seguinte passagem do romance *Caminhos cruzados*:

Clarimundo desperta. Lança um olhar torvo para o relógio. Cinco e meia. Com alguma relutância joga as pernas para fora da cama, com o camisolão de dormir sungado até as coxas. O contato do chão frio na sola dos pés é um novo chamado à realidade. Clarimundo se ergue, coçando a cabeça, olha em torno, estremunhado, como quem não sabe ainda onde se acha. Ainda estonteado, acende a luz e faz calar o despertador.

(Érico Veríssimo. *Ficção completa*. Caminhos cruzados.
Vol. I. Rio de Janeiro: Nova Aguilar, 1966).

Se **contar** não é somente **descrever** uma sequência de ações, de fatos ou acontecimentos, por que **contar**? Qual é a finalidade dessa atividade linguageira?

Contar representa uma *busca* constante e infinita; a da resposta às perguntas fundamentais que o homem se faz: "Quem somos? qual é a nossa origem? qual é nosso destino?" Dito de outro modo: "qual é a verdade de nosso ser?"

Como esta não se deixa descobrir, o homem, através de seu imaginário, produz narrativas que, falando de fatos e gestos dos seres humanos, liberam parcelas desta verdade.

Contar é, então, uma atividade linguageira cujo desenvolvimento implica uma série de tensões e até mesmo de contradições.

2.1.1. Contar entre ficção e realidade

Contar é uma atividade *posterior* à existência de uma realidade que se apresenta necessariamente como *passada* (mesmo quando é pura invenção), e, ao mesmo tempo, essa atividade tem a propriedade de fazer surgir, em seu conjunto, um universo, *o universo contado*, que predomina sobre a outra realidade, a qual passa a existir somente através desse universo. Nessas condições, como pretender que uma narrativa possa ser o reflexo fiel de uma realidade passada (mesmo que essa realidade tenha sido efetivamente vivida pelo sujeito que narra)?

Daí uma primeira tensão para *fazer crer no verdadeiro*, no autêntico, na realidade, numa atividade cujo aspecto ficcional é primordial (na narrativa não se sente a necessidade de reivindicar a *invenção*; o que se procura reivindicar é *o verdadeiro*).

Essa tensão, como se verá mais adiante, manifesta-se nas narrativas por intermédio de procedimentos que realizam *efeitos discursivos de realidade e de ficção*.

2.1.2. Contar entre unicidade e pluralidade

Contar é também construir um universo de representação das ações humanas por meio de um duplo imaginário baseado em dois tipos de *crenças* que dizem respeito *ao mundo, ao ser humano e à verdade*. Daí uma segunda tensão entre "unicidade" e "pluralidade":

a) *Crença na "unidade do ser"*.

O *ser* na origem dos tempos seria uma *entidade única* – e assim representaria uma *verdade homogênea e universal*.

Esse estado original teria sido perdido como um paraíso, mas ele existe, escondido em algum lugar. É preciso recuperá-lo, desvendá-lo, revelá-lo.

Esse tipo de crença produziu, e produz ainda, o que se convencionou chamar de *narrativas míticas* que buscam recuperar uma verdade (fundadora) que estaria ancorada na parte mais remota da memória coletiva de um povo. Esse aspecto mítico da narrativa aparece, no curso da história e através das sociedades, sob diversas formas:

— *narrativas inalteráveis*, como o são os **textos sagrados**, (das sociedades primitivas ou modernas), as quais são repetidas incansavelmente, porque devem ser reconhecidas por todos os membros de uma comunidade como portadoras de uma verdade única compartilhada. Eis porque esses textos não têm autor real; seriam o produto de uma *coenunciação coletiva*.

— *narrativas alegóricas*, que se transmitem no tempo e no espaço, sofrendo variações, mas guardando certos valores simbólicos que se desejam universais. Acham-se nos **contos populares,** nas **lendas**, nos **contos de fadas**, nos **evangelhos** e em certos **textos fantásticos**.

Aqui também, não há autor real, ou, quando é o caso (*evangelhos*), trata-se somente de um autor-designado encarregado de testemunhar e transmitir a palavra que lhe foi revelada. Os destinatários são convocados a ler uma narrativa que lhes diz qual é sua *origem* e qual é seu *destino*.

— *narrativas que idealizam heróis*, que os propõem como *modelo* e fazem deles os arquétipos de um ideal de ser.

Essa forma de narrativa se encontra na *literatura épica* ou nas *hagiografias* da Idade Média, em certas *biografias* modernas dos grandes homens (isto é, histórias individuais que ultrapassam a experiência particular para se erigirem em exemplo universal), mas também nos "*westerns*", na *literatura policial* e na *ficção científica*, onde o herói se apresenta como uma figura ao mesmo tempo *concreta* (ele é identificado) e *abstrata* (ele representa um tipo ideal), com a qual o leitor ou o espectador poderá facilmente identificar-se.

Aí, o autor desaparece por detrás do *universo contado* porque este existe em si mesmo e por si mesmo, numa idealização que deve provocar *fascinação* e *desejo de identificação* com um *outro si-mesmo*.

b) *Crença numa "realidade plural" do mundo e do ser.*

O mundo não seria homogêneo, e o ser não se encontraria num aquém original e abstrato. O mundo, ao contrário, seria fragmentado numa materialidade lacunária sem começo e fim, e o ser seria partido numa multiplicidade de parcelas de existências das quais não se percebe nunca o todo.

Este tipo de crença produz o que se convencionou chamar de *narrativas realistas*, isto é, narrativas que se opõem à ilusão de uma verdade única, abstrata e homogênea, expondo parcelas de verdades concretas que parecem representar a *autenticidade do vivido*.

Esse tipo de narrativa produziu-se ao longo da história do romance moderno ("...desde *Dom Quixote*, o romance só faz denunciar a onipotência do desejo inautêntico", A. K. Varga), sob diversas formas:

— *narrativas picarescas*, como sequências de episódios mais ou menos autônomos que mostram de maneira parcial (e não unificada) o que é a árdua aprendizagem da vida, e cujos heróis são uma espécie de antimodelos.

— *narrativas de forma breve*, que se adaptam melhor a essa visão compósita, não homogênea do homem, de sua vida, de sua psicologia. É a forma das *novelas*, que contam *fragmentos da vida*, a dos *retratos* e das *fábulas satíricas* que "se nutrem de pedaços de ser" (sob o álibi de uma lição de moral).

— *certos tipos de narrativas romanescas*, nas quais o narrador e o autor se mostram, se permitem intervir, criando uma distância entre eles e o universo contado, o que contribui para destruir a ilusão da narrativa mítica produzida por uma palavra coletiva que se encontra no além.

— outros tipos de *narrativas romanescas*, nas quais os heróis não são figuras abstratas que se confundam com símbolos.

— enfim, *narrativas de testemunho histórico* que, pelo acúmulo dos documentos de arquivos, das investigações, reconstroem o mais objetivamente possível uma parte da realidade passada.

Em todas essas formas de narrativa, o destinatário não é induzido a fundir-se numa palavra sagrada, nem a projetar-se num herói ideal, mas a olhar e observar seres e vidas com os quais pode estabelecer relações de atração, de rejeição (ou as duas ao mesmo tempo) e que o auxiliarão, durante o tempo da narrativa, a exorcizar seu "mal de ignorância".

Contar corresponde efetivamente à busca da "impossível captura de sua unidade" como diria G. Bataille. Busca que se realiza em meio a uma tensão entre o imaginário de uma *realidade fragmentada e particular* e o de uma *idealização homogênea e universal*.

Evidentemente, esses dois imaginários não criam uma divisão estanque entre dois tipos de narrativas que seriam radicalmente diferentes.

As narrativas são compósitas e podem transitar entre esses dois imaginários, como se pode ver tanto na literatura romanesca moderna (por exemplo, Balzac e Proust), quanto em certos gêneros jornalísticos (por exemplo, *as notícias locais,* os chamados *"faits divers"*).

Entretanto, um desses dois imaginários pode constituir, segundo os gêneros ou as épocas (reflexos das preocupações sociais), a dominante da narrativa.

Em qualquer caso, esses imaginários nos permitem compreender o que está em jogo na narrativa: "como construir um *universo contado* entre *realidade e ficção*".

2.2. A ordem do narrativo

A *narrativa* é uma totalidade, o *narrativo* um de seus componentes. A narrativa corresponde à finalidade do "que é contar?", e para fazê-lo, descreve, ao mesmo tempo, *ações* e *qualificações*, isto é, utiliza os modos de organização do discurso que são o *Narrativo* e o *Descritivo*. É preciso, então, não confundir *narrativa* e *modo Narrativo* (ou *Descritivo*), a primeira englobando os dois outros.

2.2.1. Função do narrativo

Descritivo e *Narrativo* distinguem-se pelo tipo de visão do mundo que constroem e pelos *papéis* desempenhados pelo sujeito que *descreve* ou *narra*.

— *A visão-construção do mundo*:

O *Descritivo* faz-nos descobrir um mundo que se presume existir como um *estar-aí* que se apresenta como tal, de maneira imutável. Esse mundo, que necessita apenas *ser reconhecido,* basta *ser mostrado*.

O *Narrativo*, ao contrário, leva-nos a descobrir um mundo que é construído no desenrolar de uma sucessão de ações que se influenciam umas às outras e se transformam num encadeamento progressivo.

Eis porque pode-se dizer que o *Descritivo* organiza o mundo de maneira *taxionômica* (classificação dos seres do universo), *descontínua* (nenhuma ligação necessária entre os seres entre si nem das propriedades entre elas), e *aberta* (nem começo nem fim necessários), enquanto o *Narrativo* organiza o mundo de maneira *sucessiva* e *contínua*, numa lógica cuja coerência é marcada por seu próprio *fechamento* (princípio/fim).

— *Os papéis dos sujeitos:*

O *sujeito que descreve* desempenha os papéis de *observador* (que vê os detalhes), de *sábio* (que sabe identificar, nomear e classificar os elementos e suas propriedades), de *alguém que descreve* (que sabe mostrar e evocar).

O *sujeito que narra* desempenha essencialmente o papel de uma testemunha que está em contato direto com o vivido (mesmo que seja de uma maneira fictícia), isto é, com a experiência na qual se assiste a como os seres se transformam sob o efeito de seus atos.

2.2.2. Princípio de organização

O discurso construído pelo *Descritivo* mantém-se integralmente (esgota-se) na sua manifestação, na sua superfície "descritora". Não obedece a nenhum princípio de *fechamento* (eis porque não se pode resumi-lo), nem de *lógica sintática* além daquela que lhe é imposta pelo que lhe é exterior (pela margem de legibilidade).

Ao contrário, o discurso construído pelo *Narrativo* dá-se em dois níveis: uma *estrutura lógica* subjacente à manifestação, espécie de espinha dorsal narrativa, e uma *superfície semantizada* que se baseia na estrutura lógica e, ao mesmo tempo, joga com ela, a ponto de transformá-la. Esse discurso obedece a um princípio de *fechamento* e de *lógica sintática* que permite fazer operações de *redução* ou de *amplificação* em torno da espinha dorsal narrativa.

Pode-se dizer, então, que o *modo de organização Narrativo* se caracteriza por uma dupla articulação:

— *a construção de uma sucessão de ações* segundo uma lógica (lógica acional) que vai constituir a trama de uma *história* (em sentido restrito); chamar-se-á: **organização da lógica narrativa.**

— *a realização de uma representação narrativa*, isto é, daquilo que faz com que essa história, e sua organização acional, se torne um *universo narrado;* chamar-se-á: **organização da encenação narrativa.**

Excetuando os primeiros estruturalistas que viam na narrativa uma estrutura única, a qual se transformava em variantes, essa dupla articulação foi ressaltada por quase todos os teóricos da narrativa que propuseram terminologias diversas.

G. Genette, propondo sua própria distinção entre os conceitos de *narração / história/ narrativa*, concluiu hipoteticamente:

> Haveria então, aparentemente, lugar para duas narratologias: uma temática, em sentido amplo (análise da história ou dos conteúdos narrativos), outra formal, ou antes, modal: análise da narrativa como modo de representação das histórias, oposta aos modos não narrativos como o dramático, e sem dúvida alguns outros fora da literatura.
>
> (In: ___. *Nouveau discours du récit*)*

De fato, como acentua esse mesmo autor, "não há 'conteúdos narrativos': há encadeamentos de ações ou acontecimentos, suscetíveis de um modo de representação qualquer (...), e que só se qualificam como 'narrativos' porque se encontram numa representação narrativa"; o que quer dizer que a construção lógico-narrativa só se constrói hipoteticamente, a partir do processo de narração.

Essa dupla articulação se impõe, entretanto, como instrumento de análise dos textos narrativos, e por isso nós a manteremos, precisando-a da maneira seguinte:

— **a organização da lógica narrativa** está voltada para o mundo referencial, mas é preciso não considerá-la como fonte primeira nem estrutura universal do universo contado; ela é uma espécie de épura, resultado da projeção sobre um plano (a história) de algumas das constantes da manifestação semântica da narrativa, que permite descobrir por contraste os *procedimentos da encenação narrativa.*

Essa *organização lógico-narrativa*, cujos componentes e procedimentos é possível descrever, será considerada como um pretexto e não como um fim.

— **a encenação narrativa** constrói o *universo narrado* (ou *contado*) propriamente dito, sob a responsabilidade de um *sujeito narrante* que se acha ligado por um *contrato de comunicação* ao destinatário da narrativa. Esse sujeito age ao mesmo tempo sobre a configuração da *organização lógico-narrativa* e sobre o modo de enunciação do *universo narrado* jogando com sua própria presença.

Como já mencionado, os componentes e procedimentos da *encenação narrativa* passíveis de descrição **serão considerados como um instrumento e não como um fim em si.**

---

* N. T.: Tradução desta citação de G. Genette: A. M. S. C.

*   *   *

Assim, o ***modo de organização Narrativo*** é concebido como uma mecânica cujos componentes serão descritos sem prejulgar os efeitos que suas combinações poderiam produzir num texto particular.

Assinale-se que um *texto* é o resultado de uma combinação de múltiplos fatores de naturezas diversas que se situam além dos sistemas da língua.

Eis porque é abusivo falar, como às vezes se faz, de "gramática de texto", ou "gramática da narrativa", ou mesmo de "sintaxe textual". É verdade que é sedutor para o espírito a ideia de que, a partir de uma lógica abstrata, fundadora, e de uma tipologia de variantes, se possam engendrar (de um ponto de vista "gerativo") ou classificar (de um ponto de vista "estrutural") narrativas.

Mas essa ideia se choca com duas realidades:

— a primeira é que não existe, ao menos em se tratando da linguagem como fenômeno de significação, estrutura em estado puro. Toda estrutura, para significar, necessita receber *sentido* (seriam átomos de sentido). E a partir desse instante, a estrutura vacila em sua imutabilidade, transforma-se e torna-se outra.

Por isso não é possível utilizar o conceito de "regra" para a ordem do discurso, como se usa para a sintaxe da língua: na ordem da língua, a não aplicação de uma regra bloqueia a máquina de fabricar sentido; isso não acontece na ordem do discurso.

— a segunda realidade é que um texto, qualquer que seja, e qualquer que seja seu modo de organização, depende de um dispositivo de encenação do discurso no qual os sujeitos intervêm de maneira nem sempre previsível.

Como então descrever uma mecânica gramatical ou sintática que possa dar conta da fabricação de um texto e de suas múltiplas significações?

Mais modestamente, serão aqui apresentados os componentes e os procedimentos de um modo de organização que permitem produzir/explicar textos, mas somente em combinação com os componentes e procedimentos de outros modos de organização.

II. Organização da lógica narrativa

Lembremos que a *lógica narrativa* é apenas uma hipótese de construção do que constitui a trama de uma *história* que se supõe despojada de suas particularidades semânticas, e que se julga existir fora (aquém) da configuração enunciativa.

Nada impede que essa construção se faça com a ajuda de certos **componentes** (*actantes, processos* e *sequências*) cuja configuração é assegurada por certos **procedimentos.** (Ver adiante).

1. Componentes da lógica narrativa

São de três tipos:

— os *actantes*, que desempenham *papéis* relacionados à ação da qual dependem.

— os *processos,* que unem os actantes entre si, dando uma *orientação funcional* à sua ação.

— as *sequências*, que integram processos e actantes numa finalidade narrativa segundo certos *princípios de organização.*

Esses componentes estão estreitamente ligados uns aos outros e se definem reciprocamente. Convém, entretanto, descrevê-los separadamente, para melhor considerar, posteriormente, as combinações possíveis.

1.1. Os actantes

Por sua participação na esfera da ação, os *actantes* do modo de organização narrativo lembram os *actantes linguísticos* que se ligam à ação.

Entretanto não se deve esquecer de que se trata de categorias de discurso e não de categorias de língua, o que implica algumas diferenças.

1.1.1. Papéis narrativos

No nível da língua, o actante é ligado mais ou menos diretamente à ação, qualquer que seja a finalidade dessa ação, a qual é considerada em si mesma e por si mesma.

Pode-se dizer que no enunciado: "Um homem de sobretudo cinza manda um embrulho ao dono de um café" acham-se implicados um *agente* ("um homem de sobretudo cinza"), um *paciente* ("um embrulho") e um *destinatário* ("o dono do café"). Mas não se pode dizer quais são os papéis narrativos desses actantes, porque seria necessário, para isso, conhecer o contexto que dará a esse enunciado sua finalidade narrativa. Por exemplo:

— [O homem manda um embrulho-armadilha para se vingar do patrão]: o agente desempenha o papel de um *agressor-justiceiro* que tenta *eliminar um adversário.*

— [O homem manda uma soma de dinheiro que deve servir para pagar um resgate]: o agente desempenha o papel de um *aliado* daquele que quer liberar seu filho tomado como refém.

— [O homem oferece um presente ao dono para agradecer-lhe por um serviço prestado anteriormente]: o agente desempenha o papel de um *retribuidor* que recompensa ou repara uma prestação de serviço anterior.

Mas pode acontecer que o homem em questão seja assim descrito sem que esta ação, da qual ele é o agente, tenha qualquer incidência direta sobre a trama narrativa (uma pura descrição do movimento dos clientes do café), o que não quer dizer que a descrição seja gratuita nem sem interesse para a narrativa.

Nesse caso, será preciso concluir que o homem em questão, permanecendo como agente de uma ação (categoria de língua), não desempenha nenhum papel narrativo particular (categoria de discurso).

1.1.2. Hierarquização

Enquanto os actantes dos enunciados linguísticos não se ligam entre si por nenhuma hierarquia — posta à parte a implicação que mantêm mais ou menos diretamente pela ação — os actantes narrativos hierarquizam-se sob dois pontos de vista:

— *sob o ponto de vista de sua natureza*. Os actantes narrativos de base são *actantes humanos* (ou considerados como tais), o que tem como consequência limitar o seu número, em relação aos actantes de língua: de uma parte há um *actante que age*, de outra um actante que sofre a ação, e em torno deles gravitam *circunstantes*.

— *sob o ponto de vista de sua importância* na trama narrativa da história. Pode-se então distinguir *actantes principais* e *actantes secundários* quando a trama é construída em torno de polos de ação (heróis), com actantes satélites.

1.1.3. Os actantes narrativos e sua qualificação

Numa concepção puramente estruturalista, o actante deveria ser considerado como uma forma vazia de conteúdo que se define por sua função, e que poderia então ser preenchida por um conteúdo semântico qualquer, sem que esta função se modificasse.

De fato, como foi dito anteriormente, não existe actante em estado puro. A semantização das formas — isto é, a qualificação dos actantes — intervém sempre de alguma maneira na determinação do papel narrativo e, portanto, dos actantes. No cômputo final, não se tratará exatamente do mesmo actante, segundo a maneira como desempenha, por exemplo, seu papel de agente: *voluntária* ou *involuntária, direta* ou *indireta*; sendo *forte* ou *fraco*, etc.

Assim sendo, coloca-se o problema da existência de um princípio que distinguiria uma *forma* e um *papel* vazios de qualquer substância semântica, e uma *forma* e um *papel* semantizados.

Uma atitude razoável (posto que útil) consiste em considerar esse problema não em termos de oposição radical e exclusiva entre os dois tipos de formas, mas de maneira maleável e dinâmica, como um movimento de vaivém entre esses dois polos:

— quanto mais se define o actante e seus papéis de maneira geral e abstrata, mais se encontra uma relação com uma espécie de *arquétipo actancial*. Nesse caso, quer se conte a história de *"um camundongo que salva o leão da rede"*, ou de *"um leão que salva um camundongo da ratoeira"*, *"leão"* e *"camundongo"* desempenharão um mesmo tipo de papel narrativo e serão considerados como pertencentes a um mesmo tipo de actante.

— quanto mais se define a especificidade qualificativa do actante e de seu papel, mais se está em relação com o que se chama tradicionalmente um *personagem*. Nesse caso, *"camundongo"* e *"leão"* não serão considerados de maneira idêntica, porque o primeiro é qualificado como *fraco,* e o segundo *forte.*

Convém, então, manter a distinção entre *actante* e *personagem* (o que corresponde à distinção *forma não qualificada/ forma qualificada*), para poder melhor observar o jogo de correspondências que pode estabelecer-se entre um e outra:

— *1 actante: n personagens*: um actante, tendo um certo papel narrativo, pode ser ocupado por diferentes tipos de personagens, seja sucessivamente, seja alternativamente, seja simultaneamente.

O papel de **agente-agressor**, por exemplo, pode ser preenchido por *bandido, vadio, mestre cantor, cúmplice, padre* etc.

— *1 personagem: n actantes*: Um mesmo personagem pode desempenhar muitos papéis narrativos e ocupar o lugar de actantes diferentes, no desenrolar da mesma história.

1.1.4. Questionário actancial

O questionário apresentado a seguir ordena as perguntas em torno dos dois actantes de base (*arquétipos*) que são o **agente que age** e o **paciente que sofre a ação;** esse questionário prevê uma especificação dos papéis (**aliado/oponente**, etc.) e propõe alguns tipos de qualificações mais usuais (**positivas** ou **negativas**).

A forma do questionário tem a vantagem da flexibilidade. Permite não cair no erro de uma aplicação rígida deste instrumento de análise, que correria o risco de determinar actantes fixos de uma vez por todas. A estrutura de actantes de uma história é somente uma de suas organizações possíveis.

QUESTIONÁRIO SOBRE OS ACTANTES NARRATIVOS.

| • Verificar se o actante: |

1. *Age*: é o iniciador, o responsável e o executante da ação.
2. *Sofre a ação*: A ação recai sobre ele. Ele a recebe de maneira mais ou menos passiva, é mais ou menos afetado por ela, é mais ou menos a ela submisso.

| 1. Se o actante age: ele o faz como: |

1.1. *Agressor*: comete um malefício
1.2. *Benfeitor:* transmite um *benefício* (ver também 1.5).
1.3. *Aliado*: associa-se a um outro actante para auxiliá-lo ou defendê-lo, seja agindo diretamente sobre o adversário de outro actante, seja agindo ao mesmo tempo que este.

1.4. *Oponente:* contraria os projetos e as ações de um outro actante.

1.5. *Retribuidor:* dá a um outro actante ou uma recompensa (ver 1.2), ou uma punição (castigo).

> • ele o faz de maneira:

1.a. *Voluntária:* ele é consciente, ele decidiu (ato intencional).

1.b.*Involuntária:* não é consciente, não decidiu (não intencional).

1.c. *Direta:* afrontamento direto.

1.d. *Indireta:* por meio de fingimento ou de intermediário.

> 2. Se o actante sofre a ação ele o faz como:

2.1.*Vítima:* é afetado negativamente pela ação de um outro actante.

2.2. *Beneficiário:* é afetado positivamente pela ação de um outro actante.

> • Se o actante-vítima reage, ele o faz por:

2.1.1. *Fuga:* ele evita o afrontamento.

2.1.2. *Resposta:* age contra seu agressor.

2.1.3. *Negociação:* tenta neutralizar a agressão.

> • Se o actante beneficiário reage, ele o faz por:

2.2.1 *Retribuição:* ele age retribuindo de maneira benéfica o outro actante.

2.2.2. *Recusa:* ele recusa o benefício.

> Q. Os tipos de qualificações

Q1. *Qualificações positivas:* prestígio, virtude, força, inteligência, destreza, etc.

Q2. *Qualificações negativas:* desconsideração (má reputação), vício (imoralidade, desonestidade), pusilanimidade, imbecilidade (estupidez), inabilidade, etc.

1.2. Processos e funções narrativas

Os *processos narrativos* assemelham-se aos processos expressos pelas categorias de língua, mas deve-se assinalar que tratamos aqui das categorias de organização do discurso.

Os processos podem ser considerados como a semantização das ações em relação com sua *função narrativa.* As funções narrativas estão em estreita relação com os *papéis narrativos* dos actantes, que se determinam reciprocamente.

1.2.1. Função narrativa e ação

O *processo* é uma *unidade de ação* que, por sua correlação com outras ações (correlação motivada por uma intencionalidade), se transforma em *função narrativa.*

Por exemplo, a ação *"Um homem X manda um embrulho a um homem Y"* terá uma função narrativa de *recompensa,* se puder ser correlacionada com uma ação anterior na qual "Y auxiliou X", gerando um motivo de agradecimento da parte de X, e se Y, após esse dom puder considerar-se como *beneficiário.*

Tal como ocorre com os *actantes*, estabelece-se uma relação de homologia entre os processos de língua e os processos de discurso, que permite um jogo de correspondências:

— 1 *processo narrativo: n ações*

Um processo narrativo pode ser realizado por diferentes tipos de ações. Por exemplo, o processo de **agressão** pode ser realizado por um *ação física* (murro), um *insulto,* um *comportamento de recusa,* etc.

— 1 *ação: n processos narrativos*

Uma mesma ação poderá estar correlacionada com tal ou qual outra ação numa mesma história (ou em histórias diferentes), o que determinará tal ou qual função narrativa. Por exemplo, como visto anteriormente, a ação *"entrega de um embrulho"* pode corresponder a um processo *de* **agressão** (bomba), de **recompensa** (presente), de **embuste** (embrulho vazio), etc.

1.2.2. Hierarquização

Na organização geral de uma história, nem todas as funções narrativas estão no mesmo plano, de tal modo que sua hierarquização pode ser bastante complexa (Como a que se verifica no *Manuscrito encontrado em Saragoça*)[1].

Sem entrar nos detalhes desta organização, que dizem respeito à especificidade de cada história, constatar-se-á que os processos podem ter dois tipos fundamentais de função narrativa:

— *uma função narrativa principal,* que determina as grandes articulações da história, numa lógica de ação *de causa e consequência.*

— *uma função narrativa secundária* (o que não quer dizer menos importante para a totalidade da narrativa) que completa de diversas maneiras os espaços entre as grandes articulações da história.

Funções principais e secundárias ordenam-se segundo determinados princípios (*coerência, intencionalidade, encadeamento, localização)* que são descritos no capítulo seguinte, mas não se deve perder de vista que essa *hierarquização* só pode ser estabelecida em relação com a totalidade do contexto narrativo.

Por exemplo, no início de *O menino no espelho*, são descritas ações que se sucedem (*"dei", "eu vi" "Eu já tinha visto" etc...*até *"resolvi salvá-la"*).

É esta última ação que representa, na economia geral da história, a função narrativa principal, sendo as outras preparatórias, e, portanto, secundárias. Mas é preciso, para chegar a tal conclusão, conhecer toda a história:

> **Ao chegar da escola, dei** com a novidade: uma galinha no quintal... Pois foi no quintal que <u>eu vi</u> a galinha, toda folgada, ciscando na caixa de areia. Havia sido comprada por minha mãe, para o almoço de domingo. Dr. Junqueira ia almoçar em casa e ela resolveu

---

[1] Jean Potocki. *Manuscrito encontrado em Saragoça*. São Paulo: Brasiliense, 1988. Trad. Lília Ledon da Silva.

fazer galinha ao molho pardo. <u>Eu já tinha visto</u> a Alzira matar galinha, uma coisa horrível. Como se fosse a coisa mais natural deste mundo, a Alzira me contou o que ia acontecer com a nova galinha. Resultado, <u>resolvi salvá-la.</u>

(Fernando Sabino. O menino no espelho. Rio de Janeiro: Record, 1995. p. 19-22.)

1.2.3. Processo e qualificação

A exemplo do que ocorre com os *actantes*, aqui se coloca a questão a propósito do grau de semantização que se pode atribuir a um processo.

Isso porque, a rigor, pode-se considerar que falar de *agressão* já é um modo de qualificar uma relação actancial entre um agente e um paciente, e que falar de *recompensa* é um modo de qualificar uma *retribuição*, termo que pode ser considerado como uma maneira de qualificar uma *ação de doação*.

Como anteriormente, será adotada aqui uma atitude pragmática que consiste em estabelecer um questionário permitindo determinar um certo número de *arquétipos processuais*, úteis para o localização das funções narrativas.

Este questionário é uma adaptação livre da lista dos processos propostos por C. Brémond, (*Logique du récit,* Paris: Le Seuil, 1973), que, evidentemente, não é exaustiva.

QUESTIONÁRIO SOBRE OS PROCESSOS NARRATIVOS

• **Verificar se a realização de um ato recai** principalmente:
(1) *sobre si* (o agente é seu próprio beneficiário ou sua própria vítima)
(2) *sobre o outro* (o outro é beneficiário ou vítima)
• **Verificar se o ato tem por função:**
(1) *melhorar* um estado inicial
(2) *conservar* um estado inicial
(3) *degradar* um estado inicial
• **Se a realização do ato recai sobre si**, ele tem por função:
1.1. O *Melhoramento* do estado inicial, por:
-*) eliminação* (de um adversário ou de uma ameaça)
-) *resolução* de um problema
-) *transgressão* (de uma regra, de uma proibição)
-) *negociação* (com adversário ou oponente)
-) *embuste* (esperteza, cilada para sair de uma situação perigosa)
-) *resposta* (a um ato de agressão por um outro ato de agressão)
-) *vingança* (como autorreparação)
1.2. A *Conservação* de seu estado inicial, por:
-) *eliminação* (de um adversário ou de uma ameaça)
-) *prevenção* (de um conflito, de um encontro), fuga
-) *neutralização* (de uma ameaça)
-) *negociação*
-) *embuste*
1.3. A *Degradação* do estado inicial, por:
-) *submissão* (à dominação do outro)
-) *sacrifício* (autodegradação voluntária)
-) *transgressão* (que desrespeita a lei)

• **Se a realização do ato recai sobre o outro,** ele tem por função:

2.1. O *Melhoramento* do estado inicial do outro, por:

-) *eliminação* (do adversário do outro)

-) *intervenção* (em favor do outro, auxílio)

-) *negociação* (em favor do outro)

-) *retribuição* (positiva — presente)

2.2 A *Conservação* do estado inicial do outro, por:

-) *eliminação* (da ameaça sobre outro)

-) *intervenção* (em favor do outro — proteção)

-) *neutralização* (de uma ameaça)

2.3. A *Degradação* do estado inicial do outro, por:

-) *agressão* (realização de um malfeito sobre outro)

-) *eliminação* (do outro como adversário, ameaça)

-) *embuste* (o outro é traído)

-) *vingança* (como punição do outro)

-) *retribuição* (como justiça — castigo)

-) *intervenção* (contra o outro)

• **Quais são os tipos de atos de fala** que podem ter uma influência sobre os atos potenciais do outro?

-) *informação/ dissimulação* (como um "poder" dado (revelação) ou oculto ao outro)

-) *conselho/desaconselhamento* (como modelo de comportamento a seguir/ a não seguir)

-) *encorajamento/ dissuasão* (como estímulo à esperança/ aos medos — à intimidação)

-) *proibição/ autorização* (de realizar um ato)

-) *pedido* (de ajuda ou de informação)

1.3. As sequências e seus princípios de organização

É preciso destacar que a lógica narrativa é concebida da seguinte maneira:

— *uma sucessão de acontecimentos ligados* por uma relação de solidariedade tal que cada um pressupõe os outros numa estrutura que se deve imaginar *intemporal.* É por essa razão que esses acontecimentos se organizam segundo um *princípio de coerência.*

— a narrativa só tem sentido por estar relacionada a um encadeamento de motivos dirigidos a um fim, o qual se inscreve num *projeto humano.* É por essa razão que os acontecimentos se definem segundo um *princípio de intencionalidade* (ou de motivação).

— essas ações ou acontecimentos reagrupam-se em sequências, as quais se ordenam segundo um *princípio de encadeamento.*

— enfim, essa sucessão de acontecimentos coerente e motivada deve poder ocorrer num *enquadramento espaço-temporal,* segundo um *princípio de localização.*

1.3.1. Princípio de coerência

A sucessão das ações não é arbitrária, mas, para poder determinar-lhe a coerência, é necessário que ela seja delimitada em seu princípio e em seu fim.

É preciso, nessa sucessão de ações, que algumas desempenhem um papel narrativo de *abertura* e outras de *fechamento.*

— *função de abertura:* uma ação tem uma função de abertura quando não tem antecedente que possa exercê-la, e assim sendo, abre a possibilidade de desenvolver-se um *processo* sob a forma de conduta a seguir por um certo actante:

> **Tenho comigo uma cine-Kodak.** Saio a filmar tipos. Malazarte insiste para que eu fotografe o voo das aves do mar, as nuvens do céu que ora são castelos imensos, ora montanhas de neve, perfis fantásticos ou asas, pássaros, flores. Prefiro, no entanto, filmar os companheiros de viagem Com a objetiva a tiracolo, saio a explorar o vapor. Consigo fotografar alguns tipos, cujos retratos reproduzo a seguir, São trabalhos sem utilidade nem glória. Resultado de algumas horas de atividade dum modesto fotógrafo ambulante. Retratinhos para passaporte. Baratos, comoventes e ridículos. Desses que a gente tira nas praças públicas e que em breve o tempo apaga.
>
> (Érico Veríssimo. *Gato preto em campo de neve.* Porto Alegre: Globo, 1950. p.19-20)

— *função de fechamento*: uma ação tem uma função de fechamento quando não tem consequência e quando configura a realização do processo e a conduta iniciada pela abertura num *resultado* que pode ser *positivo* ou *negativo*:

> Cravou Pereira olhar inquiridor na filha: uma suspeita lhe atravessou o espírito.
> – Que sinal tinha sua mãe no rosto?
> Inocência empalideceu.
> Levando ambas as mãos à cabeça e prorrompendo em ruidoso pranto, exclamou:
> – Não sei... eu estou mentindo... Isso tudo é mentira! É mentira! Não vi minha mãe!... Perdão, minha mãe, perdão!
> E, caindo de braços sobre a cama, ficou imóvel com os cabelos esparsos pelas espáduas. Contemplou-a Pereira largo tempo, sem saber que pensar, que dizer...
> Súbito inclinou sobre o corpo da filha e ao ouvido lhe segredou com muita energia:
> – Nocência, daqui a bocadinho Manecão chega da roça... Você há de ir para a sala... se não fizer boa cara, eu a mato.
> E erguendo a voz:
> – Ouviu? Eu a mato!... Quero antes vê-la morta, estendida, do que a casa de um mineiro desonrada...
> Às pressas saiu do quarto, deixando Inocência na mesma posição.
> – *Pois bem, murmurou ela, já que é preciso... **morra eu!***
>
> (Affonso d' Escragnolle Taunay. *Inocência.* Rio de Janeiro: Edições de Ouro, 1969. p.183-185)

É essa dupla função de *abertura/fechamento* que obriga a sucessão das ações a se organizar de maneira coerente em *sequência*. Em um ponto qualquer da sequência, deve-se poder compreender uma ação em função de sua *origem* (abertura) e de uma *perspectiva finalizada* (fechamento).

Entretanto a sequência deve ser motivada (Princípio de intencionalidade, ver a seguir).

1.3.2. Princípio de intencionalidade

A sucessão de ações com abertura e fechamento deve ter uma razão de ser. Ela deve ser *motivada*.

É a motivação que dá sentido narrativo a uma sequência de ações, posto que lhe atribui uma finalidade.

Essa motivação reside na *intenção* do sujeito, actante humano, que elabora um *projeto de fazer* e tenta conduzi-lo bem. Postula-se então que *todo fazer humano é intencional.*

Convém citar duas afirmações precisas sobre essa noção:

— Se a *intencionalidade* é o que motiva uma sequência, ela não deve ser confundida com o que foi definido anteriormente como constituindo a *abertura* da sequência.

Uma ação, desempenhando o papel de *abertura,* pode ter uma função de *motivação,* mas não necessariamente.

A função de abertura tem somente o papel de iniciar uma sequência de ações, representando um momento do mecanismo de ordenamento da coerência acional, mas não confere finalidade à sequência.

A função de motivação, por ser baseada numa intencionalidade, dá sempre um sentido finalizado à sequência. Por exemplo, em: *"Bateram à porta. Xavier, surpreso porque não esperava ninguém, levantou-se precipitadamente, arrumou seus documentos na gaveta, fechou-a à chave, pôs a chave no bolso, depois, ajeitando a gravata, foi abrir sem pressa no andar."*

"Bateram à porta" inicia a *abertura* de uma sequência sem dar-lhe um sentido particular; a motivação está presente em *"arrumou(...) fechou(...) ajeitando(...) foi abrir..."*.

— A *intencionalidade* do sujeito que age não é necessariamente clara nem perfeitamente consciente. Pode até sê-lo, mas pode tembém estar ligada a um desejo que move o sujeito sem que este se dê conta disso.

A *intencionalidade* pode então ser definida como: a tomada de consciência mais ou menos clara, por um sujeito, de uma *situação de falta* na qual ele se acha, situação que vai desencadear o *desejo/projeto de preencher essa falta (a busca).* No final da realizaçào dessa busca, o sujeito-agente *tem êxito ou fracassa.*

O *princípio de intencionalidade* ordena toda sequência narrativa segundo a seguinte tríade de base, proposta por alguns semióticos, dentre os quais C. Brémond:

(1)	(2)	(3)	
Estado inicial	Estado de atualização	Estado final	(+) êxito
Falta	Busca	Resultado em relação ao objeto da Busca	(−) fracasso

(1) **Um estado inicial** de virtualidade de ação, no qual nasce uma *Falta*, abre a possibilidade de um processo como **Busca** de preenchimento da *Falta.*

(2) **Um estado de atualização** da **Busca** que consiste em tentar obter o **Objeto** que preencherá a **Falta.**

(3) **Um estado final** da realização do processo, que se fecha por obtenção (*êxito*) ou não (*fracasso*) do objeto da *Busca*.

EXEMPLOS

Certo dia, estávamos estudando em voz alta conjugações verbais quando a Lady, mulher do tio Orlando, passou pela sala e nos ouviu estropiando feito bárbaros o idioma que ela tivera oportunidade de aprender **comme il faut** com uma freira do colégio de Piracicaba. Além de ser belga, a freira possivelmente não usava dentadura postiça. O certo é que, durante um mês inteiro, uma hora por dia, Lady nos ensinou pacientemente a pronunciar, com biquinho, o **u** francês, e a arrastar na garganta, como se estivéssemos pigarreando, os **rr** rascantes.

(José Paulo Paes. *Quem, eu?* São Paulo: Atual, 1998. p. 21.)

Abertura: "Certo dia estávamos estudando em voz alta...".
Falta: "estropiando feito bárbaros o idioma".
Busca: "Lady nos ensinou pacientemente".
Resultado: Êxito: "como se estivéssemos pigarreando, os *rr* rascantes".

Mas nossa maior proeza seria a da casa abandonada, motivo da reunião que eu havia convocado para aquele dia. [...]

Encontramos a porta e forçamos o trinco. Estava trancada por dentro, não houve jeito de abrir... Preferimos forçar a janela que dava também para a varanda. Era só quebrar o vidro, meter a mão e puxar o trinco. [...]

Foi quando, de súbito, a luz se acendeu e tudo se iluminou. [...]

"Que é que vocês dois estão fazendo aqui? Quem são vocês?"

A voz dele era rouca e nos meteu mais medo ainda. Ele avançou em nossa direção e fomos recuando de costas, até a parede.

"Vocês merecem é uma boa surra – e o velho apanhou um pedaço de ripa no chão".

(Fernando Sabino. *O menino no espelho*. Rio de Janeiro: Record, 1995. p. 76-84)

Abertura: "proeza seria a da casa abandonada".
Falta: Afastamento: "não houve jeito de abrir".
Busca: "puxar o trinco".
Resultado: Fracasso: "e o velho apanhou um pedaço de ripa no chão".

[Outra história de fracasso de um projeto de Busca]

Tentei dizer quanto te amava, aquela vez, baixinho,
Mas havia um grande berreiro, um enorme burburinho
E, pensando bem, um berçário não é o melhor lugar.
Nós dois de fraldas, lado a lado
Cada um recém-chegado
Você sem poder ouvir, eu sem saber falar".

Na velhice, num asilo, lado a lado
em meio a um silêncio abençoado
Te direi tudo o que eu queria, meu bem.
Meu único medo é que então
Empinando a orelha com a mão
Você me responda..."Hein?"

(Luís Fernando Veríssimo. *Poesia numa hora dessas?* Rio de Janeiro: Objetiva, 2002. p. 41-44)

1.3.3. Princípio de encadeamento

A combinação do *princípio de coerência* e do *princípio de intencionalidade* produz sequências de dimensão variável cujos modos de encadeamento podem-se observar em estruturas mais complexas.

Podem-se determinar quatro grandes tipos de encadeamentos:

— *sucessão*: as sequências sucedem-se de maneira linear e consecutiva, cada uma constituindo o motivo que engendra a seguinte.

Este modo de encadeamento aparece frequentemente nos contos onde uma série de sequências se sucedem até o desfecho, como no exemplo a seguir, em que resumimos a trama narrativa do conto de J. L. Borges intitulado "Os dois reis e os dois labirintos" (Cf. Borges, J. L. *O Aleph*. 6. ed. Rio de Janeiro: Globo,1986):

> O rei da Babilônia mandara construir um labirinto de onde era impossível sair sozinho sem algum socorro.
>
> Passou por lá um rei da Arábia, que o rei da Babilônia, perfidamente, fez entrar no referido labirinto. O rei da Arábia só pôde sair, envergonhado e confuso, ao cair da noite, depois de haver implorado uma ajuda divina. (1)
>
> Algum tempo depois, o rei da Arábia, após reunir suas tropas, voltou à Babilônia, arrasou os castelos, dizimou as tropas inimigas e fez prisioneiro o rei da Babilônia. (2)
>
> Ele o levou, então, ao meio do deserto, depois de três dias de cavalgada, e o abandonou sozinho em seu labirinto "onde não há nem escadarias para subir, nem portas para forçar, nem paredes que impeçam de passar."
>
> *O rei da Babilônia aí morreu de sede e fome.*(3)*

Comentário:

Uma primeira sequência relata um ato de agressão (*simbólica)* por parte do rei da Babilônia (*agressor)* contra o rei da Arábia (*vítima).* (1)

Esta primeira sequência motiva uma segunda sequência, que relata um ato de agressão (*física*) por parte do rei da Arábia (*resposta*) contra o rei da Babilônia (*vítima).*(2). Esta segunda sequência é seguida de uma terceira que constitui o prolongamento da anterior e relata a vingança do rei da Arábia. (3)

— *paralelismo:* as sequências, cada uma delas regida por um actante-agente diferente, desenvolvem-se de maneira autônoma, sem que se liguem entre si por um elo de causa e efeito (o que lhes permite cruzarem-se num determinado momento, ou convergirem em seu ponto terminal). Esse modo de encadeamento das sequências é apreciado pelos relatos romanescos escritos, filmados (C. Lelouch) ou televisionados (as sagas) que contam destinos humanos; elas se desenvolvem paralelamente, depois terminam por se encontrar. A articulação, na relação da história, entre uma e outra dessas sequências, é marcada por mudanças de capítulos ou sequências filmadas que nos dizem algo como "enquanto isso".

— *simetria*: duas sequências, cada uma regida por um actante-agente diferente, desenvolvem-se de tal modo que a realização positiva de uma (*processo de melhoramento)* acarreta simultaneamente a realização negativa da outra (*processo de degradação).*

Por exemplo, na fábula *O lobo e o arminho*, o lobo, vendo que a vida se tornara impossível de um lado do canal, propôs ao arminho a travessia para o outro lado.

---

* N. T.: Tradução da citação: L.M.O e A.M.S.C.

O Lobo, catrapum! Saltou no canal, conseguiu escapar ao bombardeio dos aviões inimigos e pouco tempo depois já estava do outro lado, comendo e fartando-se com os bastos frutos e legumes da região. Enquanto isso o Arminho ficava do lado de cá, e como, do lado de cá, o índice do produto per capita caía cada vez mais, ele foi ficando cada vez mais fraco até que um caçador o apanhou numa armadilha boba, tirou-lhe a pele...

(Millôr Fernandes. *Novas fábulas fabulosas*. Rio de Janeiro: Nórdica, 1978. p. 17)

> **Comentário:**
>
> O *processo de melhoramento* do qual o Lobo é agente e beneficiário desenvolve-se de maneira simétrica ao *processo de degradação* do qual o Arminho é agente e vítima.

— *encaixe*: microssequências podem estar incluídas no interior de uma sequência mais ampla para detalhar certos aspectos desta.

Esse modo de encadeamento é muito apreciado pela construção romanesca de certos autores latino-americanos (cf. *Cem anos de solidão*, de G. García Marquez). Encontra-se também na narrativa a seguir:

[A cena retrata o velório de Escobar, marido de Sancha e amigo de Bentinho, este último marido de Capitu]

Olhos de ressaca

Enfim, chegou a hora da encomendação e da partida. Sancha quis despedir-se do marido, e o desespero daquele lance consternou a todos. Muitos homens choravam também, as mulheres todas. Só Capitu, amparando a viúva, parecia vencer-se a si mesma. Consolava a outra, queria arrancá-la dali. A confusão era geral. No meio dela, Capitu olhou alguns instantes para o cadáver tão fixa, tão apaixonadamente fixa, que não admira lhe saltassem algumas lágrimas poucas e caladas.

As minhas cessaram logo. Fiquei a ver as dela; Capitu enxugou-as depressa, olhando a furto para a gente que estava na sala. Redobrou de carícias para a amiga, e quis levá-la; mas o cadáver parece que a retinha também. Momento houve em que os olhos de Capitu fitaram o defunto, quais os da viúva, sem o pranto nem palavras desta, mas grandes e abertos, como a vaga do mar lá fora, como se quisesse tragar também o nadador da manhã.

(Machado de Assis. *Obra completa*. Dom Casmurro. Vol. I. Rio de Janeiro: José Aguilar, 1974. p. 927)

> **Comentário:**
>
> Esse trecho narrativo é uma sequência única, com seu *estado inicial* (falecimento), sua *abertura* (despedida da viúva), seu *desenvolvimento* (atitude de Capitu) e seu *resultado* (observação do marido).
>
> Entretanto nela acha-se encaixada uma série de microssequências que correspondem, cada uma, a um projeto particular, o qual corresponde a situações novas, mas todas incluídas no mesmo projeto de dissimulação:
>
> – *projeto de prestar apoio à viúva;*
> – *projeto de esperar o momento mais propício para externar o sentimento;*
> – *projeto de dissimular o sentimento pelo amigo do marido.*

1.3.4. Princípio de localização

Embora se apoie sobre especificidades semânticas da configuração narrativa, e não diga respeito intrinsecamente à estrutura formal da organização lógica (que, como dissemos, deve ser considerada intemporal), este princípio tem uma forte incidência sobre a organização lógica (isso porque, como já foi dito, não existe estrutura lógica em estado puro), na medida em que intervém para fornecer *pontos de referência* à organização da trama narrativa regida pelos outros princípios.

Esses *pontos de referência* concernem à:

— *localização* da sequência no Espaço, o que pode ter uma incidência sobre o princípio de coerência (as *aberturas* e os *fechamentos* podem coincidir com *lugares particulares*), e sobre o princípio de encadeamento (as passagens de uma sequência a outra, seja *em sucessão*, seja *em simetria*, podem corresponder a *mudanças de lugares*).

Esse princípio de localização no Espaço pode tornar-se um dos principais motivos da narrativa. Constitui, por exemplo, uma verdadeira obsessão no universo narrativo de um escritor como Patrick Modiano (autor de *Vila Triste, Uma rua de Roma, etc*).

— *situação* da sequência no Tempo que pode ter uma incidência sobre o princípio de coerência em suas aberturas e fechamentos.

Isso ocorre nos **resumos de experiências** e nas **crônicas jornalísticas** que relatam a história de uma descoberta (na coluna científica):

> A Penicilina foi descoberta **em 1928** quando Alexander Flemming, no seu laboratório no **Hospital St. Mary** em **Londres**, reparou que uma das suas culturas de Staphylococcus tinha sido contaminada por um bolor *Penicillium*, e que em redor das colónias do fungo não havia bactérias. Ele demonstrou que o fungo produzia uma substância responsável pelo efeito bactericida, a penicilina.
> Esta foi obtida em forma purificada por Howard Florey e Ernst Chain da **Universidade de Oxford em 1940**. Eles comprovaram as suas qualidades antibióticas em ratos infectados, assim como a sua não toxicidade. **Em 1941** os seus efeitos foram demonstrados em humanos. O **primeiro** homem a ser tratado com penicilina foi um agente da Polícia que sofria de septicemia com abscessos disseminados, uma condição geralmente fatal na época. Ele melhorou bastante após a administração do fármaco, mas veio a morrer quando as reservas iniciais de penicilina se esgotaram. Em 1945 Fleming, Florey e Chain receberam o Prémio Nobel da Medicina e Fisiologia por este trabalho.
> (Fonte: http://pt.wikipedia.org/wiki/Penicilina, acesso em 12/04/2007)

— *caracterização* dos actantes, a qual pertence ao modo descritivo, mas aqui é considerada em suas incidências diretas sobre o *princípio de intencionalidade*.

A caracterização permite, com efeito, precisar a Falta e a Busca, definindo *relações de força* entre os actantes em confronto (forte/fraco), *tipos de motivação* (ato voluntário/involuntário) e tudo o que cerca a lógica da ação, o que se chama tradicionalmente de sentimentos, atmosfera, clima, etc.

Nesse sentido, para justificar uma sequência de *esperteza*, por exemplo, é necessário que um dos actantes seja fisicamente mais forte que o outro para colocar em evidência a maneira pela qual o fraco consegue escapar de uma situação de ameaça causada pelo adversário mais forte.

Num relato de experiência, as caracterizações também podem ter função narrativa. No exemplo abaixo, extraído de uma página da Internet, determina-se, por algumas caracterizações, as circunstâncias fortuitas ou não de uma descoberta:

> [**História da Fotografia**]
> Durante muito tempo, alguns escritos reverenciaram o francês Louis Daguerre como o "inventor" ou descobridor da fotografia, ou seja, aquele que primeiro produziu uma imagem fixa pela ação direta da luz. Diz a história que, em 1835, ao fazer pesquisa em seu laboratório, Daguerre estava manipulando uma chapa revestida com prata e sensibilizada com iodeto de prata, que não apresentava nenhum vestígio de imagem. No dia seguinte, a chapa, **misteriosamente**, revelava formas difusas. Estava criada **uma lenda**: o vapor de mercúrio proveniente de um termômetro quebrado teria sido o misterioso agente revelador.
> (...)
> Daguerre, mais do que um **competente** pesquisador, era um **hábil** comerciante. Provavelmente, a **lenda** do **acaso** na descoberta do revelador foi apenas uma **jogada de marketing**. Sem dúvida, Daguerre vinha trabalhando na ideia há muito tempo, acompanhando de perto, desde 1829, seu sócio na pesquisa da heliografia (gravação através da luz): Joseph Nicéphore Niépce, este sim o primeiro a obter uma **verdadeira** fotografia.
> (Fonte: http://www.fujifilm.com.br/comunidade/historia_da_fotografia/index.html,
> acesso em 12/04/2007)

ILUSTRAÇÃO DOS PRINCÍPIOS DE ORGANIZAÇÃO NARRATIVA

[**Conto**]
Era uma vez um melro. Ele se deixou prender num laço, não um desses laços que se prendem à arvore, um ramo de arbusto dobrado em três, um cacho de sorva, um nó corredio de crina, mas num laço para prender uma lebre, estendido na terra num corredor qualquer entre os arbustos.

Quanto mais ele se debatia, mais se sentia sufocar, e o pobre não pôde conter os gritos. Chegou a raposa.

– Raposa, que vais fazer? disse-lhe tremendo de medo. Sou somente um passarinho dos arbustos: muito pouca carne para o buraco do teu dente!... Escuta, raposa, estou ouvindo as mulheres da aldeia no caminho, elas levam víveres para a cidade, ovos, manteiga, queijo. Se me livras, agirei tão bem que tudo será para ti. Nunca em todos os tempos terás tido ganho semelhante.

Na verdade, a raposa se deixa tentar. Com os dentes, as patas ajudando, ela rompe o laço, solta o pássaro.

Ele, então, retoma o caminho, e, como tivesse a asa ferida, arrasta-se diante das mulheres.

– Olha! está vendo o melro? a asa dele está quebrada, não pode mais voar! Vou pegá-lo!

A mulher que havia dito isso larga seu cesto, põe-se a correr, fracassa em pegar o pássaro. Sim, fracassa...Uma vez, duas vezes, três vezes; abaixando-se, levantando-se. E o pássaro, representando, arrastava a asa no caminho, afastava-se somente um passo, escapava com dificuldade.

Vendo isto, as outras mulheres vieram ajudar a comadre.

E elas, também, deixaram seus cestos à beira do atalho. Não é necessário perguntar se a raposa soube achar os frangos, as peças de manteiga e os queijos.

O pássaro lhe deixou todo o tempo para saciar-se. Havia-lhe prometido. Depois, pensava ele, ainda que tivesse mantido a liberdade, as asas, melhor seria que a raposa não tivesse mais fome tão cedo.

Enfim, era preciso acabar com a comédia. Subitamente, como se um mágico aí houvesse passado, o pássaro teve a asa recolocada. Desfilou sob o nariz das comadres, foi empoleirar-se num freixo. E deu de assoviar, de cantar, a plenos pulmões, assoviava e assoviava!

Eis que as mulheres ficam espantadas e desapontadas.

– Então! Ah, então!... O que é que é isto?

Isto queria dizer que, voltando a seus cestos, não mais acharam nem frangos, nem queijos: e pedaços de manteiga muito menos.

Não mais adiantava ir à cidade. Falaram, esbravejaram e gritaram, as mãos na cintura, com grande indignação; lamuriaram-se mesmo um pouco. E era preciso voltar para casa, em grande perigo de serem mal recebidas pelos homens.

A raposa estava satisfeita, havia jantado tão bem. E mais satisfeito ainda estava o pássaro, satisfeito como um rei ou dois, por ter salvado a própria vida.

> (H. Pourrat, "La merlette et le petit renard".
> In: *Le Bestiaire – Le Trésor des contes,* Gallimard.)*

Comentário

• **"Princípio de coerência"**

abertura: pássaro preso no laço
fechamento/abertura: a raposa como ameaça/proposta de um acordo
fechamento/abertura: soltura/simulação de uma asa quebrada
fechamento/abertura: fim da simulação/voo
fechamento/abertura: desaparecimento de ração/retorno aos lares
fechamento final: punição potencial para as mulheres, raposa alimentada, pássaro salvo

• **"Princípio de intencionalidade" (Projeto do melro)**

Falta (dupla ameaça para o pássaro):
    — morrer, asfixiado pelo laço
    — morrer, comido pela raposa
Busca (dupla busca):
    — ser liberado do laço que o asfixia
    — afastar a ameaça raposa
Para conseguir isso:
    1) proposta de um acordo à raposa
    2) esperteza junto às mulheres para honrar sua proposta

Resultado: êxito

---

* N. T.: Tradução da citação: L.M.O e A.M.S.C.

• **"Princípio de encadeamento"**

- [pássaro] — **Sequência S1** (preso no laço)
- [raposa] — **Sequência S2** (aparição-ameaça)
- [pássaro] — **Sequência** ∅ **S3** (proposta de um acordo)
- [raposa] — **Sequência** ∅ **S4** (aceitação — soltura)
- [pássaro] — **Sequência** ∅ **S5** (embuste)
- [pássaro] — **Subsequência S'5** (o pássaro faz crer às mulheres que está ferido)
- [as mulheres] — **Subsequência S"5** (perseguem o pássaro e abandonam os cestos)
- [raposa] — **Subsequência S'''5** (a raposa come os víveres)
- [pássaro] — Retomada e fim da **sequência S5** (o pássaro voa)
- [as mulheres] — **Sequência S6** (descoberta do desastre e fracasso de seu projeto)
- [as mulheres] — **Sequência S7** (retorno ao lar com ameaça de punição)

> **Observações:**
> **1- As sequências S1, S2, S3, S4, S5, S6, S7** se *sucedem* umas às outras, cada uma sendo *motivo* da seguinte.
> **2- As sequências S'5, S"5, S'''5** são *encaixadas* em **S5**, permitindo a realização conjunta de **S3** e do *projeto de busca* do pássaro.
> **3- A subsequência S"5** está em relação de *simetria* com **S'5**: enquanto o pássaro desenvolve um processo de melhoria, do qual será o beneficiário, as mulheres, sem o saberem, desenvolvem um processo de *degradação*, do qual serão as *vítimas*.

• **"Princípio de localização"**

Do ponto de vista das localizações-caracterizações, é importante sublinhar aqui que:
— o pássaro é *fraco* fisicamente, mas *inteligente* ou *astucioso*.
— a raposa é *forte* fisicamente, em relação ao pássaro e de uma *inteligência pragmática* (Ela vê onde está seu interesse).
— as mulheres são **estúpidas**.

2. Procedimentos de configuração da lógica narrativa

A *configuração narrativa* é o resultado de um processo de encenação da lógica narrativa. Depende, então, do que chamamos de *encenação narrativa* (ver adiante).

Abordaremos aqui os procedimentos que concernem mais diretamente à organização da lógica narrativa. Outros procedimentos, tais como *identidades, estatutos, pontos de vista* do narrador, serão descritos no capítulo seguinte.

Para descrever a *lógica narrativa*, postulou-se a *intemporalidade* de seus componentes e de sua estrutura (o que permitiu definir arquétipos). A *configuração narrativa,* ao contrário, leva em conta especificidades semânticas que vêm preencher os arquétipos da trama narrativa para convertê-la em uma verdadeira *história contada*, a qual será sempre singular.

A passagem da lógica narrativa intemporal à organização particular de uma configuração é assegurada por procedimentos que conduzem aos diferentes princípios de organização já descritos: de *intencionalidade*, de *coerência*, de *encadeamento* e de *localização*.

Lembremos, enfim, que a postulação de intemporalidade da estrutura narrativa permite igualmente considerar que esta pode ser configurada em diferentes materiais semiológicos (filme, história em quadrinhos, teatro, etc.), cada um utilizando os procedimentos de configuração de uma maneira que lhe é própria.

2.1. Procedimentos ligados à motivação intencional

Esses procedimentos incidem sobre os *princípios de coerência* e *de intencionalidade*, já abordados anteriormente. Consistem em atribuir ao agente de uma sequência narrativa uma intenção de agir (*agente voluntário*) ou, ao contrário, uma ausência de intenção (*agente não voluntário*), caso em que pode agir sob a influência (*manipulação*) de um outro agente que poderá ser humano (*manipulação humana*) ou não humano, quando este último é dotado de um poder tal que possa influenciar o actante em questão, sem que este o saiba (*manipulação sobrenatural*):

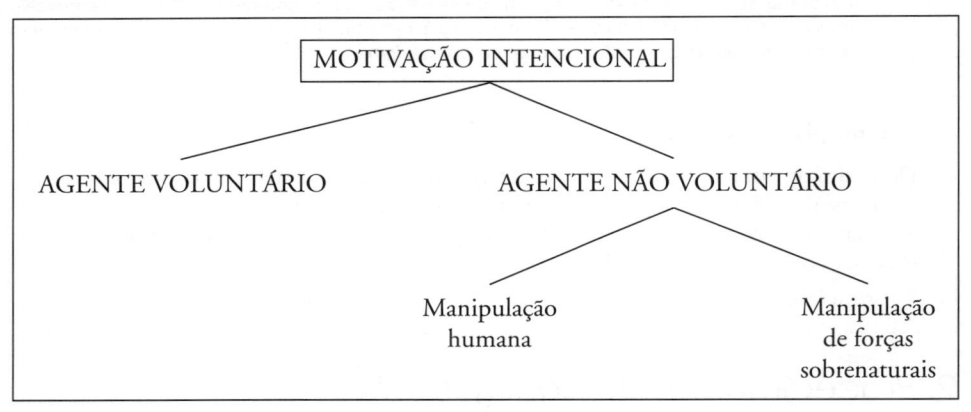

2.1.1. Agente voluntário

O actante é *consciente de seu projeto de fazer*, é responsável por ele e age com conhecimento de causa.

Este actante pode ser o agente de uma ou várias sequências narrativas. Pode mesmo coincidir com o herói da história contada:

> No departamento do Gard – sim, lá onde ficam Nîmes e a ponte do Gard – , a funcionária de uma pequena agência dos correios, senhora de uma certa idade, tinha o desagradável costume de abrir as cartas que passavam por suas mãos e de as ler.
>
> Todos sabiam disso. Mas na França, certas instituições – como os porteiros e os correios – são tabus; não se pode mexer com elas, são intocáveis.
>
> A funcionária continuava, então, a ler as cartas, e suas indiscrições semeavam a discórdia entre os habitantes.

Nesse mesmo departamento, havia um belo castelo onde morava um conde muito inteligente.

Pode acontecer que os condes sejam inteligentes, na França. Aquele concebeu, um dia, um plano que logo pôs em prática.

Diante de um oficial de justiça, que, a seu pedido, tinha ido atí o castelo, o conde escreveu a um de seus correspondentes uma carta assim redigida:

> Caro amigo
>
> Sabendo que a curiosidade doentia da funcionária dos correios, Senhorita Émile Dupont, não conhece limites e que essa pessoa abre todas as nossas cartas para lê-las, envio-te, a fim de curá-la de uma vez por todas, uma pulga viva. Com minhas cordiais saudações
>
> Teu amigo
>
> (assinado) KOKS.

O conde selou cuidadosamente a carta em presença do oficial. Mas não havia colocado nenhuma pulga no envelope. Quando a carta chegou ao destino, havia uma lá dentro.

(Kurt Tucholsky. In: P. Daninos, *Tout l'humour du monde*. Paris: Hachette.*)

2.1.2. Agente não voluntário

a) Manipulação **humana**

O actante *não tem projeto de fazer*, ou não é consciente do que motiva sua ação nem das consequências desta, ou é consciente mas impotente face à influência de um outro actante *humano* que o faz agir:

> Os professores já sabiam. À nota do Franco, sempre má, devia seguir-se especial comentário deprimente, que a opinião esperava e ouvia com delícia, fartando-se de desprezar. Nenhum de nós como ele! E o zelo do mestre cada dia retemperava o velho anátema. Não convinha expulsar. Uma coisa destas aproveita-se como um bibelô do ensino intuitivo, explora-se como a miséria do ilota, para a lição fecunda do asco. A própria indiferença repugnante da vítima é útil.
>
> Três anos havia que o infeliz, num suplício de pequeninas humilhações cruéis, agachado, abatido, esmagado, sob o peso das virtudes alheias mais do que das próprias culpas, ali estava, – cariátide forçada no edifício de moralização do **Ateneu, exemplar perfeito de depravação oferecida ao horror santo dos puros.**
>
> (Raul Pompeia. *O Ateneu*. Rio de Janeiro: Edições de Ouro, 1964. p. 34)

b) Manipulação **sobre-humana**

O actante *não tem um projeto de fazer* ou não é consciente do que motiva sua ação nem das consequências desta, ou então é consciente mas impotente face à influência de um outro actante *não humano* que representa *forças naturais* que não se podem apreender nem localizar de modo preciso: *destino, fatalidade, acaso, pressão social, malignidade do diabo, punição divina, etc.*

Por vezes, como em *A bagaceira*, de José Américo de Almeida, o actante parece agir sob a influência da natureza.

---

* N. T.: Tradução da citação: A.M.S.C.

A natureza matinal, dando-se a beber, aos sorvos, ia bulir com os corações lá dentro.
E, num interesse mais de piedade que de outro sentimento, Lúcio reparou em Soledade. [...] Refeita e mimosa, semelhava certas flores que decaem ao anoitecer, para, às primeiras orvalhadas, madrugarem com mais frescor.

(José Américo de Almeida. *A bagaceira*. Rio de Janeiro: José Olympio, 2000. p. 34)

Por vezes o actante acha-se arrastado por uma torrente de acontecimentos sobre os quais *não tem nenhuma ação,* o que introduz uma série de outros actantes desconhecidos, e produz um efeito de mistério.

A gurizada assustada espalhou a noticia na noite.
– Sabe o Gaetaninho?
– Que é que tem?
– Amassou o bonde!
A vizinhança limpou com benzina suas roupas domingueiras.
Às dezesseis horas do dia seguinte saiu um enterro da rua do Oriente e Gaetaninho não ia na boleia de nenhum dos carros do acompanhamento. Ia no da frente dentro de um caixão fechado com flores por cima. Vestia a roupa marinheira, tinha as ligas, mas não levava a palhetinha. Quem na boleia de um dos carros do cortejo mirim exibia soberbo terno vermelho que feria a vista a gente era o Beppino.

(António de Alcântara Machado. *Brás, Bexiga e Barra Funda.* Rio de Janeiro: Artium, 1996. p. 15)

Por vezes, como na maioria dos "faits divers", o actante, agente de um assassinato, parece ter agido sob a influência da fatalidade: *"Eu não queria matá-lo",* explicou *Jean-Claude Brezzo (...) como esmagado por uma fatalidade que o ultrapassa"* ou sob o efeito do medo, vítima de sua fragilidade psicológica: *"...Normal, realmente, que Jean-Claude Brezzo tivesse medo. Até os psiquiatras o desculpam: é um hiperemotivo...".* Em todo caso, ele não podia ter o *projeto de matar*: *"... Seu ato certamente ultrapassou seu pensamento."*

Pode acontecer que o actante não seja o objeto de nenhuma manipulação particular, e que, entretanto, não tenha nenhum projeto de fazer: *ele age mas com ausência de vontade.*

É o caso dos intermináveis erros de *Gustavo,* no exemplo a seguir:

O dinheiro de Gustavo? Todo com um amigo arranjado, no país que adotara. E Gustavo foi pedir de volta o dinheiro, cheio de planos, tanta coisa arquitetada, mas o amigo indagou: que dinheiro? Gustavo indignou-se, iria à comissão fiscalizadora, mas o amigo replicou: o presidente da comissão fiscalizadora sou eu.

Gustavo então quis seu jornal. Mas o dono fictício do jornal se tornara o verdadeiro dono, e expulsou-o. Ora, Gustavo sentiu que começava a entediar as personalidades, a incomodar Principais. Assim, por convite de outros países, saiu a passear, pobre, agoniado, sua notoriedade pelo mundo.

(João Uchôa Cavalcanti Netto. *O equívoco.* Rio de Janeiro: Editora Rio, 2005. p. 50-51.)

2.2. Procedimentos ligados à cronologia

Os procedimentos ligados à cronologia obedecem ao *princípio de encadeamento*. Consistem em agir sobre a ordem e as relações de causalidade das sequências entre si.

Quando o encadeamento das sequências é apresentado de maneira contínua, estas sucedem-se de modo progressivo (cronologia *em progressão*) ou de modo invertido (cronologia *em inversão*).

Quando o encadeamento das sequências é apresentado de maneira descontínua, a sucessão das sequências pode ser interrompida por uma descrição *(em expectativa)* ou pelo desenvolvimento de uma outra série de sequências *(em alternância).*

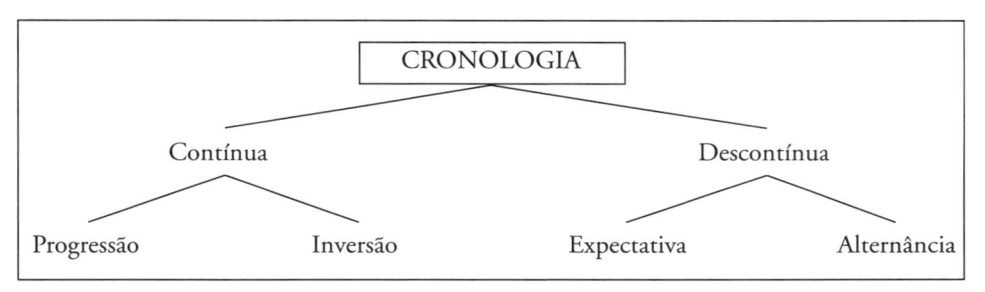

a) *Cronologia contínua em progressão*

As ações e as sequências narrativas que estão sob a dependência de um mesmo actante desenrolam-se de maneira *progressiva*, em seu encadeamento de causa e consequência, sem que sejam interrompidas.

> *Sonhei que tinha marcado uma entrevista com Deus.*
> *— Entre, falou Deus. Então, você gostaria de me entrevistar?*
> *— Se tiver um tempinho, disse eu.*
> *Deus sorriu e falou:*
> *— Meu tempo é eterno, suficiente para fazer todas as coisas; que perguntas você tem em mente?*
> (Cora Rónai (org.). *Caiu na rede*. Rio de Janeiro: Agir, 2006. p. 118)

b) *Cronologia contínua em inversão*

As ações que correspondem ao estado final (resultado) de uma sequência narrativa são apresentadas no início de um relato, e a continuação desse relato desenvolve-se retornando-se à cadeia das causas que levaram a esse resultado.

É o caso das **narrativas policiais** que se iniciam por um crime cujo responsável é um certo actante X. Um outro actante Y (detetive) retornará à cadeia das causas que correspondem à sequência do actante X.

Encontra-se tal procedimento na antiga canção popular francesa *Tout va três bien, madame la Marquise* [Está tudo bem, senhora Marquesa], na qual cada estrofe descreve a causa que provocou o resultado descrito na estrofe precedente (começa com o resultado "a morte da égua" cuja causa, "o incêndio no estábulo", aparece na estrofe seguinte, chegando, por um encadeamento causal à última estrofe, onde está o relato da "morte do marquês"). Cada causa é apresentada como se fosse um fato anódino ("lamenta-se *um pequeno detalhe*").

O filme de C. Sautet *As coisas da vida* abre-se com um acidente de carro, e vê-se o acidentado sobre a grama, o rosto contra o chão, não podendo mover-se, e que vai, em alguns instantes antes de morrer, recapitular sua vida. Essa recapitulação é como um retorno no tempo onde cada um dos episódios pode ser considerado *a posteriori* como uma causa que encontrará sua consequência última no acidente mortal.

Em *Memórias póstumas de Brás Cubas,* de Machado de Assis, a narrativa começa pela morte do protagonista. Nos capítulos seguintes, por meio de uma hábil reunião de sequências, serão relatados fatos e caracterizados personagens que emolduraram sua vida.

c) *Cronologia descontínua em expectativa*

Uma sequência narrativa é interrompida em seu desenrolar para dar lugar a uma descrição encaixada na precedente, produzindo um efeito *de expectativa, de suspense, de gênero* (reconhece-se, no emprego sistemático desse procedimento, o gênero literário chamado *realista*).

No excerto seguinte, começa *uma sequência*: "*A EXCELENTÍSSIMA, declarou Seu Ribeiro, entende de escrituração*". Logo após, *uma descrição*: "*Seu Ribeiro morava aqui, trabalhava comigo, mas não gostava de mim*". Depois, uma *sequência encaixada* destinada a ilustrar essa descrição: "*Tudo nele se voltava para o lugarejo que se transformou em cidade (...) Odiava a época em que vivia (...)*" O encaixamento é assinalado por verbos no imperfeito.

Enfim a sequência inicial é retomada, depois da intervenção do narrador-personagem: "*Entende muito, continuou. E embora eu não concorde integralmente com o método que preconiza, reconheço que poderá, querendo, encarregar-se da escrita.*"(Graciliano Ramos. *São Bernardo*. São Paulo: Record, 1985. p. 96-97).

d) *Cronologia descontínua em alternância*

Uma sequência narrativa, de maior ou menor importância, é interrompida em seu desenrolar por uma outra sequência narrativa que se desenvolve paralelamente à precedente com um agente diferente do anterior.

Esse procedimento é utilizado mais ou menos sistematicamente na construção de alguns romances como, por exemplo, *O resto é silêncio*, de Érico Veríssimo. Nele se observará que a história da morte de uma desconhecida, com a qual se abre a narrativa, é interrompida para contar a história de outros protagonistas que têm ligações entre si: o comendador, o maestro, o pequeno jornaleiro... No final do romance, todos se reúnem na plateia do teatro, num concerto regido pelo maestro, com exceção do jornaleiro – o *Sete –*, que continuaria vendendo seus jornais, naquele momento, na periferia do teatro.

2.3. Procedimentos ligados ao ritmo

Esses procedimentos obedecem igualmente ao *princípio de encadeamento*. Concernem ao que G.Genette chama de "variações de ritmo de um texto narrativo", ou seja, o fato de que a sucessão das sequências e ações que aí se acham incluídas se desenrolam ora rapidamente, ora lentamente, ora de forma condensada, ora de forma alongada.

Estas variações estão agrupadas em torno de dois procedimentos: *a condensação, a expansão:*

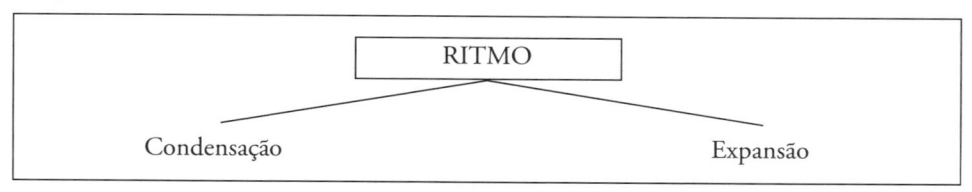

a) *Condensação*

A condensação se produz quando uma sucessão de acontecimentos (ações ou sequências) é breve, quando os acontecimentos são relatados de forma *condensada,* "enxuta", de modo que por vezes a narrativa pode coincidir com uma só frase: a famosa "Veni, vidi, vici" de César.

Esses procedimentos são frequentes nos momentos de uma narrativa que recapitulam, resumem, uma série de ações (efeito de *sumário*): *"Vários começos são assim. Fulminantes. Ver e gostar. O famoso amor à primeira vista. E não ocorrem apenas nos livros, mas podem dar o ar de sua graça em plena vida real."* (Ana Maria Machado. *Para sempre: amor e tempo.* Rio de Janeiro: Record, 2001. p. 13).

A *condensação* pode ir até a *elipse*, isto é, *um "salto no tempo"* que acarreta o não desenvolvimento de uma sequência ou de uma parte da sequência.

Este "salto no tempo" pode ser marcado (ou não) por indicações temporais mais ou menos precisas (*"10 anos mais tarde", "algum tempo depois"*). De outras vezes, a descrição de uma ação que se repete pode desempenhar a função de elipse:

> Fora em seu tempo empregado de comércio, depois corretor de escravos [...]. durante a Guerra do Paraguai ainda ganhara forte, chegando a ser bem rico; mas a roda desandou e, **de malogro em malogro**, foi-lhe escapando tudo por entre as suas garras de ave de rapina. (Aluísio de Azevedo. *O cortiço*. São Paulo: Ed. Moderna, 2001. p. 32).

b) *Expansão*

A expansão produz-se por meio de uma *interrupção narrativa*, quando um desenvolvimento sequencial se detém, imobilizando (provisoriamente) o ritmo narrativo e dando lugar a uma descrição, ou a uma sucessão encaixada de ações breves e rápidas, com o objetivo de produzir um efeito de *cena*, de *atmosfera*, de *detalhe*.

Aluísio Azevedo utilizou sistematicamente este procedimento em *O mulato*, precisamente para produzir um efeito de *imagem congelada*.

A noite exalava da floresta. Sentiam-se ainda as derradeiras claridades do dia e já também um crescente acumular de sombras. A Lua erguia-se, brilhando com a altivez de um novo monarca que inspeciona os seus domínios, e o céu ainda estava todo ensanguentado da púrpura do último Sol, que fugia no horizonte trêmulo, como um rei expulso e envergonhado.

José da Silva, entregue todo aos seus tormentos, assistia, sem apreciar, ao espetáculo maravilhoso de um crepúsculo de verão no extremo Norte do Brasil.

(Aluísio Azevedo. *O mulato*. São Paulo: Ática, 1981. p. 42)

2.4. Procedimentos ligados à localização espaço-temporal

Esses procedimentos dependem do *princípio de localização* e concernem à:

a) *situação no tempo*: a oposição "ações situadas no passado/ações situadas no presente" produz efeitos de *narrativa*. Efeito de *ficção histórica* quando a ação é situada no passado, e efeito de *ficção autobiográfica* ou *de atualidade* (verdadeira ou falsa) quando é situada no presente.

b) *localização no espaço*: é um procedimento que constrói oposições entre "ações localizadas num espaço fechado / ações localizadas num espaço aberto" e entre "ações que manifestam um deslocamento no espaço/ ações que manifestam uma fixação no espaço" e que produzem efeitos de *cena*, de *clima*, de *atmosfera*:

Para a *situação no tempo*, pode-se exemplificar com as narrativas históricas contadas no presente (como em *emissões radiofônicas* ou *televisivas* de reconstituição de acontecimentos).

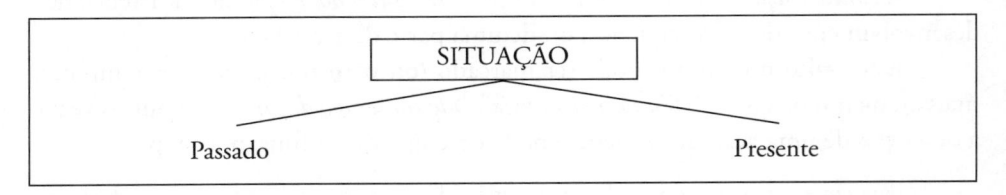

Para a *localização no espaço*, pode-se exemplificar com os filmes *westerns*, dos quais uns (raramente) se desenvolvem num *espaço fechado sem deslocamentos* (interior de um salão, de uma diligência) e outros se desenvolvem num *espaço aberto* com *deslocamentos* (perseguições).

Eis um trecho de *Diário do farol*, no qual se combinam procedimentos de ajuste no espaço e no tempo:

> Vivo na pequena casa, também construída às minhas custas e de acordo com minhas especificações, encostada à torre do farol, onde tenho um quarto de dormir, um banheiro, uma sala e um gabinete, em que guardo meus livros e meu equipamento de radioamador, que raramente uso.
>
> Não preciso de nada de fora. Como todo homem inteligente da minha idade, sessenta anos completos, descobri há bastante tempo que poucos livros são mais do que suficientes para a leitura e tenho menos exemplares do que a famosa biblioteca de seiscentos volumes que tanto maravilhava os contemporâneos de Montaigne.
>
> (João Ubaldo Ribeiro. *Diário do farol*. Rio de Janeiro: Nova Fronteira. 2002. p. 13-14)

III. A encenação narrativa

1. Componentes da encenação narrativa

> Da mesma maneira que há, no interior da narrativa, uma grande função de troca (repartida entre um doador e um beneficiário), homologicamente a narrativa é o objeto de uma comunicação: há um doador da narrativa, há um destinatário da narrativa. Sabe-se que, na comunicação linguística, *eu* e *tu* são totalmente pressupostos um pelo outro; do mesmo modo, não pode haver narrativa sem narrador e sem ouvinte (ou leitor). Isto talvez seja banal, no entanto ainda é mal explorado.
>
> (R. Barthes, in *Communications* n. 8, Seuil, 1966).*

De 1966 aos dias atuais, um longo caminho foi percorrido pelos teóricos da narrativa que se propuseram a descrever o processo de enunciação da narrativa, isto é, a maneira pela qual "narrador e leitor são significados ao longo da própria narrativa."(ibid.)

Qual é, então, em comparação com o modelo geral da comunicação que propusemos inicialmente, o dispositivo de uma comunicação que teria por objeto a narrativa? Quais são os seus componentes, e quais procedimentos permitem realizá-la?

1.1. Dispositivo narrativo

Quem conta (uma história) não é *quem escreve* (um livro) nem *quem é* (na vida). Dito de outra forma, embora aparentemente seja uma mesma pessoa, como na autobiografia, não se pode confundir o *indivíduo,* ser psicológico e social, o *autor,* ser que escreveu, por exemplo, um romance, e o *narrador,* "ser de papel" que conta uma história.

A mesma observação pode ser feita a propósito do leitor: não se pode confundir tal *indivíduo* com o *leitor real* em que ele se torna e ao qual é pedido um mínimo de

---

* N.T.: Tradução de A.M.S.C.

competência de leitura; nem este leitor real com o *leitor,* "ser de papel", que se acha implicado como *destinatário* de uma história contada por um narrador.

Toda narrativa depende, portanto, de uma *encenação narrativa,* a qual, assim como a comunicação em geral, articula dois espaços de significação:

a) *um espaço externo* ao texto (*extratextual*), onde se encontram os dois parceiros da troca linguageira: o *autor* e o *leitor "reais".* Os dois sujeitos, cujo objeto de troca é o *texto* — como coisa escrita ou dita — , são seres de *identidade social.* Eles correspondem ao *sujeito falante* e ao *sujeito receptor-interpretante* do dispositivo geral da comunicação.

b) *um espaço interno* ao texto (*intratextual*), onde se acham os dois sujeitos da narrativa: o *narrador* e o *leitor-destinatário.* Estes dois sujeitos, cujo objeto de troca é uma forma particular de texto, são seres (de papel) de *identidade discursiva.* Eles correspondem ao *enunciador* e ao *destinatário* do "dispositivo geral da comunicação".

O dispositivo da encenação narrativa compreende, por conseguinte, *quatro sujeitos* ligados dois a dois de maneira não simétrica, mas ligados igualmente entre si de um espaço a outro, podendo estar presentes numa mesma narrativa, de maneira explícita ou implícita e sob diferentes formas. Representamos esse dispositivo da seguinte maneira:

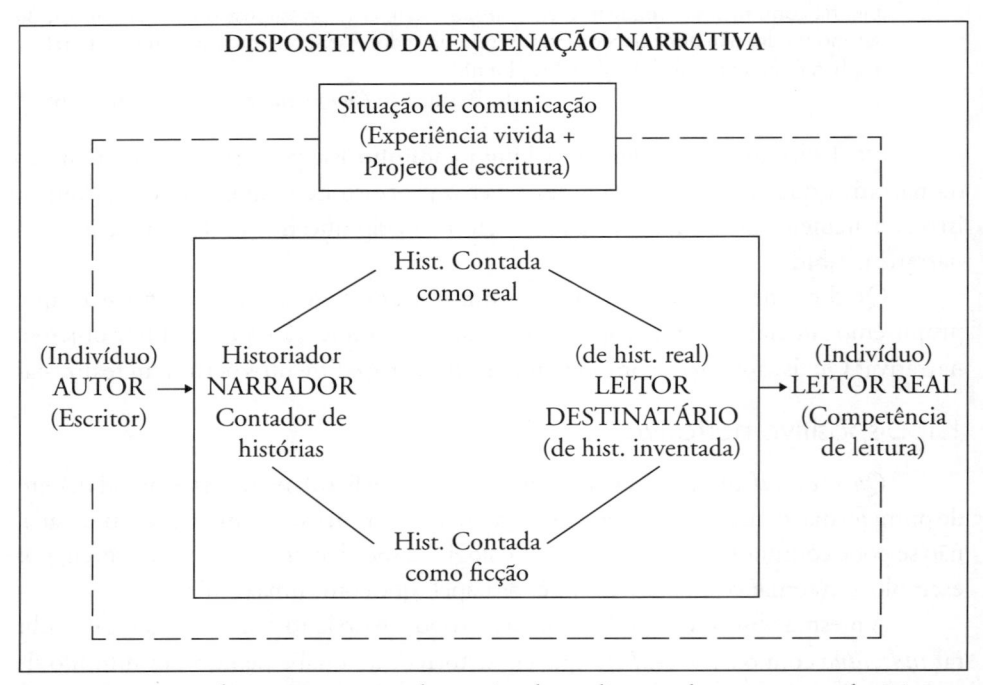

DISPOSITIVO DA ENCENAÇÃO NARRATIVA

Situação de comunicação
(Experiência vivida +
Projeto de escritura)

Hist. Contada
como real

(Indivíduo)   Historiador   (de hist. real)   (Indivíduo)
AUTOR →   NARRADOR   LEITOR   → LEITOR REAL
(Escritor)   Contador de   DESTINATÁRIO   (Competência
histórias   (de hist. inventada)   de leitura)

Hist. Contada
como ficção

Com isso, descartamos uma determinada explicação de texto que reduziria esse dispositivo a um único sujeito ao formular a pergunta: "O que o autor quis dizer?"

1.2. Parceiros e protagonistas da encenação narrativa

1.2.1. Autor/Leitor real

O *autor* pode ter dois tipos de identidade:

a) a *identidade de um indivíduo que vive e age na vida social*, tem uma personalidade própria, conhece experiências individuais e coletivas como *participante do mundo das práticas sociais*.

Como tal, tem um *nome próprio* — isto é, pode ser identificado de maneira específica — e tem uma *biografia pessoal* não obrigatoriamente pública, que pode tornar-se conhecida, mas não necessariamente. Será chamado de **AUTOR-INDIVÍDUO**.

Este **AUTOR-INDIVÍDUO** pode estar ausente da narrativa, mas pode igualmente aparecer de maneira explícita. Torna-se, então, personagem da narrativa, e *testemunha de uma história vivida* que lhe é pessoal, ancorada num contexto sócio-histórico, e cujo ordenador só pode ser a vida, o destino, o acaso, Deus, ou ele mesmo.

Ele convoca o **LEITOR REAL** a receber (e eventualmente a *verificar*) a veracidade dos fatos em função de sua própria experiência de vida, já que o **LEITOR REAL** também é considerado aqui como indivíduo:

AUTOR-INDIVÍDUO ——— História vivida ——— LEITOR REAL
• Experiência no mundo das práticas sociais • Nome próprio e biografia pessoal, não pública	• Testemunho de uma história pessoal em contexto sócio-histórico	• Convocado a receber e verificar a veracidade dos fatos em função de sua própria experiência

[Memórias]
> *Não contei, nem posso deixar de contar o final da pesca da arraia, coisa que nunca pude esquecer, nem eu nem ninguém que se encontrava na casa de Maria Farinha naquela manhã, principalmente Jorge que até hoje fala do assunto. Ao saber que eu pescara uma arraia enorme, Jorge deixou a preguiça na rede, foi até a praia para esperar nossa chegada, aplaudir a gloriosa pescadora.*
> (Zélia Gattai. *A Casa do Rio Vermelho*. Rio de Janeiro: Record, 1999. p. 16)

É claro que os fatos narrados não correspondem necessariamente ao que aconteceu, mas são apresentados "como se" – por exemplo, nas falsas autobiografias, no gênero fantástico, ou em outras formas de narrativas intimistas.

[Narrativa fantástica]
> O Mestre levantou a minha nova espada para o alto, mantendo-a dentro da bainha. As chamas na fogueira crepitaram, um presságio favorável, indicando que o ritual devia seguir adiante. Então eu abaixei, e, com as mãos nuas, comecei a cavar a terra a minha frente.
> Era a noite do dia 2 de janeiro de 1986, e nós estávamos no alto de uma das montanhas da Serra do Mar, perto da formação conhecida como Agulhas Negras. [...]
> (Paulo Coelho. *O diário de um mago*. Rio de Janeiro: Rocco, 1990. p. 13)

b) *a identidade de um indivíduo que desempenha um papel social particular, o de escritor.* Na condição de escritor, ele tem um *projeto de escritura*, o qual depende das experiências individuais e coletivas que ele conheceu como escritor, no *mundo das práticas da escritura* (literária ou não).

Como tal, ele tem um *nome próprio de escritor* (real ou fictício) e uma *biografia pública* (mais ou menos importante) *de autor*, por ter escrito outros livros (salvo se for o primeiro). Será chamado **AUTOR-ESCRITOR**.

Esse **AUTOR-ESCRITOR**, na maior parte do tempo, só transparece através da ordenação geral da narrativa, de seu "processo de narração". Esse processo revela o *projeto de escritura* e o *saber escrever* do *escritor*. O escritor é, então, testemunha de seu próprio ato de escritura e, através dela, de sua ideologia socioartística.

Ele convoca o **LEITOR REAL** a receber e principalmente *reconhecer* a natureza de seu ato de escritura. Ele exige, então, deste leitor — transformado pelas circunstâncias em "leitor possível", como diz G. Genette — uma *competência de leitura* apropriada.

A não identidade entre **LEITOR REAL** e **LEITOR POSSÍVEL** explica, por exemplo, por que Stendhal não foi reconhecido em vida e somente apreciado mais tarde.

AUTOR-ESCRITOR	Projeto de escritura	LEITOR POSSÍVEL
• Experiência no mundo das práticas sociais • Nome próprio e biografia pública de autor	• Testemunho de um projeto de escritura através de um processo de narração	• Convocado a receber e reconhecer o projeto de escritura • Competência de leitura

O *projeto de escritura* pode ser anunciado pelos próprios autores nos prefácios, preâmbulos, advertências, ou mesmo títulos de obras. Em sua maioria, em se tratando principalmente de obras literárias, o projeto de escritura é explicitado posteriormente em ensaios críticos ou em textos diversos:

Preâmbulo: Em *O selvagem da ópera*, Rubem Fonseca esclarece no primeiro capítulo: *"Este é um texto sobre a vida do músico Carlos Gomes, que servirá de base para um filme de longa metragem. Quantas pessoas em nosso país sabem realmente quem é Carlos Gomes?"*

(Rubem Fonseca. *O selvagem da ópera*. São Paulo: Companhia das Letras, 1994. p. 9)

Títulos: *Diário do farol* (João Ubaldo Ribeiro); *Memórias póstumas de Brás Cubas* (Machado de Assis).

Prefácio: *Gato preto em campo de neve* não passa, pois, de relato simples e objetivo de um passeio que foi, antes de mais nada, o feriado dum contador de histórias."

(Érico Veríssimo. *Gato preto em campo de neve*. Porto Alegre: Globo, 1950. p. 5).

1.2.2. Narrador/ Leitor-destinatário

O *narrador* é um ser de papel (ou de fala) que existe no mundo da *história contada*. Não tem, portanto, outra identidade a não ser aquela, anônima, que lhe confere o papel de *sujeito que conta*.

Entretanto, pode desempenhar esse papel de dois modos distintos, apresentando-se como um *historiador* ou um *contador:*

a) – *um historiador* que organiza a representação da *história contada* da maneira *mais objetiva possível*, mais próxima dos fatos da realidade, utilizando arquivos, testemunhos e documentos. Será chamado de **NARRADOR-HISTORIADOR.**

NARRADOR-HISTORIADOR — História contada —		**LEITOR-DESTINATÁRIO**
• Recolhe os fatos da realidade histórica • Constrói uma história fiel a essa realidade	• Representação objetiva e atestada de uma história que pertence à "realidade histórica"	• Convocado a receber e verificar a história contada como história real

Esse **NARRADOR-HISTORIADOR** implica o leitor enquanto *destinatário de uma história contada* que este deve receber (e eventualmente *verificar*) como *representação fiel de uma história real*. Esse leitor é diferente daquele que é convocado, enquanto indivíduo, a verificar a realidade da experiência do autor em relação à sua própria experiência. É verdade que algumas vezes os dois se confundem, principalmente nas narrativas autobiográficas. Por exemplo, o começo da seguinte novela apela para o "testemunho da história":

"CHEFE DE POLÍCIA decreta prontidão em São Paulo".
"Medida preventiva devido ao comício das reformas na Guanabara."
(Ignácio Loyola Brandão. Camila numa semana.
In: *Os 18 melhores contos do Brasil*. Rio de Janeiro: Bloch, 1968. p. 167)

b) – *um contador* que organiza a história contada como pertencente a *um mundo inventado*, criado por seu organizador, em relação com todos os outros mundos inventados; um mundo que não aceita outros códigos e outras leis além daqueles *da ficção*. Será chamado **NARRADOR-CONTADOR**, dando-se ao termo "contador" um sentido amplo, e não aquele, restrito, particular ao conto oral.

Esse **NARRADOR-CONTADOR** implica o leitor como *destinatário de uma história contada* que este deve receber e partilhar, num *mundo de ficção*, não necessariamente verificável.

NARRADOR-CONTADOR — História contada —		**LEITOR-DESTINATÁRIO**
• Inventa, cria uma história segundo sua própria fantasia e seu saber artístico	• Construção de uma história que pertence ao "mundo da ficção"	• Convocado a receber e compartilhar a história contada como história inventada

> **Observação:** Esses dois tipos de "história contada" (*mundo realista/ mundo ficcional*) devem ser considerados como tentativas de resposta à questão: "O que é contar?". Trata-se mais de *efeitos* (de realidade/ de ficção) que são produzidos por certas marcas textuais do que uma distinção entre contar o que efetivamente aconteceu e contar o que se imaginou.
> — O *efeito de realidade* resulta de uma convergência de índices que tendem a construir uma visão objetiva do mundo, a qual deve ser resultante de um *consenso social*. Este efeito pode ser marcado por índices que revelam o *tangível* do universo (aquilo que pode ser percebido), a *experiência* (a vivência compartilhada), o *saber* do qual o narrador constrói a ilusão de que pode ser verificado (mundo da racionalidade), etc.
> — O *efeito de ficção* responde ao desejo de se ver vivendo numa história que tem um começo e um fim, ou seja, numa *unidade do eu*. Daí a razão de ser do "herói" que participa, por definição, desse universo ficcional. Esse universo não exige necessariamente sua verificação por uma racionalidade social. Assim, veem-se proliferar os índices que remetem seja a um *mundo irracional* de mistério, de magia, de acaso, seja a um *mundo inteligível* no interior de certos códigos de verossimilhança que não representam necessariamente a realidade (gênero policial, romanesco, fantástico...).

2. Procedimentos de configuração da encenação narrativa

Trata-se dos procedimentos pelos quais os componentes que integram o dispositivo da Encenação Narrativa se manifestam.

Esses procedimentos dizem respeito à *identidade,* ao *estatuto* e aos *pontos de vista* do narrador textual.

Os procedimentos de cada um desses aspectos da narrativa estão em estreita relação, já que todos dependem do *narrador.* Isso explica por que toda modificação sofrida por um desses aspectos no decorrer da narrativa repercute nos outros, como se pode ver comparando-se os dois enunciados seguintes, extraídos de um contexto romanesco. A simples mudança de pessoa é reveladora de processos de narração diferentes:

(1) *"Eu devia preparar-me para pegar o voo de 5 horas."*

(2) *"Ele devia preparar-se para pegar o voo de 5 horas."*

Em (1), o narrador revela-se em sua identidade (verdadeira ou fictícia) de ***autor-indivíduo*** que faz uma narrativa autobiográfica (verdadeira ou fictícia). Ele conta sua própria história e tudo sabe sobre seu personagem.

Em (2), o narrador é apenas um ***narrador-contador*** que conta a história de alguém, sob um ponto de vista igualmente interno (ele sabe tanto quanto seu personagem), mas no conjunto o efeito é diferente daquele do enunciado (1), visto que neste segundo exemplo a narrativa não é autobiográfica.

2.1. Intervenções e identidades do narrador

Toda narrativa se apresenta ao leitor como um conjunto organizado e contado por um *narrador.* Mas é apenas aparência. Com efeito, viu-se anteriormente que o dispositivo do *"processo de narração"* comporta muitos tipos *de sujeitos* que têm cada um uma identidade própria, uma identidade que os leva a desempenhar um papel particular na encenação de uma narrativa.

Convém, então, determinar os procedimentos de surgimento e identificação desses diferentes tipos de sujeitos.

2.1.1. Presença e intervenção do autor-indivíduo

De um modo geral, a narrativa apresenta marcas discursivas que remetem seja ao contexto sócio-histórico contemporâneo do autor, seja ao seu pensamento (comentários que têm frequentemente uma função ideológica), principalmente se o narrador se expressa como *eu* (autobiografia).

Esse procedimento de presença (ou intervenção) de um *narrador-autor-indivíduo* tende a produzir um *efeito de verismo* e/ou apelo a compartilhar de um pensamento ou de uma experiência vivida. Ao se manifestar assim, esse *autor-indivíduo* torna-se um personagem que se dirige ao leitor de maneira explícita, apresentando-se de diferentes maneiras:

a) Como um *cronista, observador e testemunha de sua época.*

O trecho abaixo, de uma crônica de Otto Lara Resende, além de trazer a observação sobre um fato característico de uma época, expõe as opiniões pessoais do autor sobre o tema e convoca o leitor para compartilhar de suas apreciações:

> [...] A cena tinha um sabor de séculos idos e vividos. Foi aí que atentei então para a desastrada, terrível e letal mania que se apossou de nosso tempo. Refiro-me à obsessão de emagrecer. **Qualquer um de vocês** pode verificar que as mulheres de hoje, mais do que de crianças e criadas, falam de regimes para perder peso. O regime, as mil e uma variações e modas em torno desse tema sinistro entopem oitenta por cento das conversas femininas e começam a ameaçar os próprios homens. De repente, não mais que de repente, como no soneto de Vinicius, todo mundo toi tomado desse complexo de sílfide magricela e seca!
> (Otto Lara Resende. Porque as gordas salvarão o mundo. In: Herberto Sales. *Antologia escolar de crônicas.* Rio de Janeiro: Edições de Ouro, 1971.)

O exemplo abaixo, através de indicadores espaciais, indicadores temporais e datas, remete o leitor a um contexto sócio-histórico definido, vivenciado pelo personagem-narrador-autor-indivíduo. Trata-se do capítulo de abertura do livro póstumo *Viagem*, de Graciliano Ramos, escrito quando o autor está prestes a voltar, pouco antes de embarcar num navio em Cannes (situação que só se descobre lendo o resto do livro):

> **(Cannes – 31 – maio – 1952)**
> Em **abril de 1952** embrenhei-me numa aventura singular: fui a Moscou e a outros lugares medonhos situados **além da cortina de ferro** exposta com vigor pela civilização cristã e ocidental. Nunca imaginei que tal coisa pudesse acontecer a um homem sedentário, resignado ao ônibus e ao bonde quando o movimento era indispensável. Absurda semelhante viagem – e quando me trataram dela, quase me zanguei. Faltavam-me recursos para realizá-la; a experiência me afirmava que não me deixariam sair do **Brasil**; e, para falar com franqueza, não me sentia disposto a mexer-me, abandonar a toca onde vivo.
> (Graciliano Ramos. *Viagem.* Tcheco-Eslováquia-URSS. 16. ed. Rio de Janeiro/São Paulo: Record, 1986)

Pode acontecer que o *autor-indivíduo,* embora se apresente como testemunha de seu tempo, seja levado a descrever os próprios sentimentos, seu estado de espírito, ou simplesmente a maneira como se vê ao relatar acontecimentos que afetam os outros. É o caso de Luís Fernando Veríssimo, que, antes de contar o que se passou na cidade natal, descreve-se assim:

> Não é que eu fosse um bêbado, mas me lembro de todos os sábados de minha adolescência como uma luta desigual entre o cuba-libre e o meu instinto de autopreservação. O cuba-libre ganhava sempre. Já dos domingos me lembro muito pouco, salvo a tontura e o desejo de morte. Jurava que nunca mais ia beber, mas antes dos 30, "nunca mais" dura pouco. Ou então o próximo sábado custava tanto a chegar que parecia mesmo uma eternidade. Não sei o que o cuba-libre fez com o meu organismo, mas até hoje quando vejo uma garrafa de rum os dedos do meu pé encolhem.
>
> (Luís Fernando Veríssimo. *A mesa voadora.* Rio de Janeiro: Objetiva, 2001. p. 41-42)

Pode acontecer igualmente que a narrativa seja pura ficção, e que o surgimento do *autor-indivíduo* seja destinado apenas a produzir um efeito de realidade: *"A casa em que eu estava hospedado era a do escrivão Meneses, que fora casado, em primeiras núpcias, com uma de minhas primas".* (Machado de Assis. *Contos escolhidos.* São Paulo: Martin Claret, 2002. p.11).

b) Como um *contador-testemunha* de sua própria vida, ou dos momentos de sua vida. É o caso da autobiografia que pode ser real ou fictícia:

> Sim, Berlim! Levantei-me, arrepanhei sacolas e maletas, encaminhei-me de peito erguido para a saída. Berlim, vida nova, a História desenrolando alguns de seus mais empolgantes capítulos à minha frente, glórias e emoções logo ali, a esperar-me de braços abertos.
>
> (João Ubaldo Ribeiro. *Um brasileiro em Berlim.* Rio de Janeiro: Nova Fronteira, 2006. p. 15).

c) Ou o caso de outras narrativas em primeira pessoa que não são autobiográficas:

> Nunca pude entender a conversação que tive com uma senhora, há muitos anos, contava eu dezessete, ela trinta. Era noite de Natal. Havendo ajustado com um vizinho irmos à missa do galo, preferi não dormir; combinei que eu iria acordá-lo à meia-noite.
>
> (Machado de Assis. *Contos escolhidos.* São Paulo: Martin Claret, 2002. p. 11).

2.1.2. Presença e intervenção do autor-escritor

De um modo geral, a narrativa apresenta marcas discursivas que remetem ao *fazer da escritura* (isto é, ao *projeto de escritura)* – seja para revelar-lhe os aspectos, seja para estabelecer-lhe os fundamentos, e, portanto, justificá-lo.

Esse procedimento de presença e de intervenção de um autor- escritor tende a produzir, além de um efeito de *verismo* – já que o escritor é um indivíduo que desempenha um papel social particular – um efeito de *cumplicidade* com o leitor ao qual ele propõe, de alguma maneira, um *contrato de leitura.*

a) Algumas vezes, esse autor-escritor anuncia num prefácio, ou numa espécie de preâmbulo, qual foi seu *projeto de escritura* – uma maneira de justificar seu ato de escritura, isto é, de se justificar como *sujeito escritor:*

O conteúdo desta narrativa é honesto, corajoso e escrupulosamente verdadeiro, com exceção dos nomes próprios citados, mas seu final poderá ser falso – o que ainda não sei. (João Ubaldo Ribeiro. *Diário do farol*. Rio de Janeiro: Nova Fronteira, 2002. p. 9)

b) Outras vezes, ele *revela* fontes de inspiração: *"Há uma terceira e fortíssima razão para que eu escreva esta narrativa, que é a minha Vaidade"*. *Id. ibid.* p.22

Nessa mesma perspectiva, será evocado aqui o caso do *autor-indivíduo-cronista* que explica como testemunhou os acontecimentos que relata:

Uma vez me convidaram para uma festa de debulha num lugar alto, nas montanhas, bastante distante da cidade. Gostei da aventura de ir só, adivinhando o caminho daquelas serranias. Pensei que, se me perdesse, alguém me ajudaria. Com meu cavalo nos distanciamos de Bajo Imperial e atravessamos com dificuldade a barra do rio.
(Pablo Neruda. *Confesso que vivi*. Rio de Janeiro: Difel, 1977. p. 20. Trad. Olga Savary.)

c) Em outras vezes, ainda, este *autor-escritor* apresenta-se, por intermédio do *narrador,* como o simples *relator* de uma narrativa que ele transcreve fielmente, quer esta provenha da boca de alguém, de cartas ou de documentos diversos (reais ou fictícios):

• Um documento original, encontrado por acaso, teria sido traduzido pelo *relator:*

Quando chegamos ao local aonde os espanhóis nos estavam conduzindo, estes começaram a nos despojar de nossos pertences. Pedi para conservar comigo um único objeto que não lhes seria de nenhuma utilidade, o livro que eu havia encontrado. De início mostraram-se relutantes. Acabaram por ir consultar o capitão que, depois de ter examinado o livro, veio a mim e me agradeceu por ter preservado uma obra que ele tinha em grande apreço por conter a história de um de seus antepassados. Contei como ela tinha vindo parar em minhas mãos; ele me levou com ele e, no decorrer de minha estada um tanto demorada em sua casa, onde fui muito bem tratado, **pedi-lhe que me traduzisse aquela obra para o francês. Escrevi o que ele me ia ditando.**
(Jean Potocki. *Manuscrito encontrado em Saragoça*. São Paulo: Brasiliense, 1988. Trad. Lília Ledon da Silva.)

• Documentos ou cartas, encontrados por acaso, teriam sido recopiados e reorganizados em sua cronologia pelo transcritor: *"A última página do Diário de Clarissa:"* (Érico Veríssimo. *Música ao longe*. *Ficção completa*. Vol. 1. Rio de Janeiro: Aguilar. 1966. p. 574).

• Um testemunho oral teria sido transcrito. O narrador-autor-escritor-relator expõe (finge?) quais são os problemas da transcrição:

Sentindo-se íntimo do anfitrião que condecorara com o primeiro título da Ordem do Jagunço, Chateaubriand não podia perder a oportunidade de <u>pôr em dia a conversa</u> com o líder britânico, como planejava. Nos jardins do castelo, colocou-se ao lado de Gilberto na fila dos cumprimentos e, quando chegou sua vez, ele se dirigiu a Churchill com seu inglês **ininteligível:** – I am mister Chateaubriand, from Brazil. Do you remember me, of course, mister prime minister?"
(Fernando Morais. *Chatô, o rei do Brasil*. São Paulo: Companhia das Letras, 1994. p. 545)

2.1.3. Presença e intervenção do narrador-historiador

De um modo geral, a narrativa apresenta marcas discursivas que deixam pensar que o *narrador* é como um *historiador* que conta *a posteriori* acontecimentos que se produziram, após haver reunido um certo número de documentos e testemunhos. Esse procedimento é destinado a "dar cobertura" ao *narrador,* a protegê-lo de todo subjetivismo, a fazer crer que ele se apaga por detrás dos fatos que se impõem por sua credibilidade histórica.

> No quadro "O Alferes Brandão Galvão Perora às Gaivotas", vê-se que é o dia 10 de junho de 1822.[...]
>   Coisas opostas, a glória em vida e a glória na morte, somente esta parece perseguir a alma sempre encarnante do alferes. Do contrário, não estaria ele ali, naquele dia e naquele lugar, podendo ter ido a outra parte qualquer do Recôncavo onde o povo se reunisse para beber e para aclamar o Regente e Imortal Príncipe Dão Pedro, Defensor Perpétuo do Hemisfério Austral. Já finado e herói, o alferes com suas cada vez mais alargadas palavras às gaivotas circulando de boca em boca, o alferes não ouviria a alta proclamação que em muitas festas se fez na cidade do Catu, como não veria diversas outras que se seguiram desde o dia pressagioso em que o Senado da Câmara da Bahia, fervendo de ressentimento e ódio porque a Corte embarcara em seus navios para Portugal do mesmo jeito alheio com que chegara, recusou registro à Carta Régia em que se nomeava Comandante d'Armas o Brigadeiro Inácio Madeira de Melo. O povo brasileiro se levantava contra os portugueses [...]
> (João Ubaldo Ribeiro. *Viva o povo brasileiro.* Rio de Janeiro: Nova Fronteira, 1984. p. 9-10.)

2.1.4. Presença e intervenção do narrador-contador

Excetuando-se o caso da narrativa autobiográfica (real ou fictícia) na qual se confundem sob um mesmo *eu* gramatical as diferentes instâncias de personagem, narrador e autor, o *narrador* que relata a história de alguém diferente dele mesmo não aparece enquanto tal na narrativa. Ele fica apagado, o que não quer dizer que esteja ausente, pois a própria organização da narrativa é testemunha de sua presença (é chamado algumas vezes de *escrevente*).

Mas ele pode fazer mais, e revelar-se no próprio decurso da narrativa, não mais em relação a um *contexto sócio-histórico* ou a um *projeto de escritura,* como se acabou de ver, mas em relação à gestão interna da história que é contada, como se quisesse ora confiar-se ao leitor, ora guiá-lo em sua leitura.

Ele pode, por exemplo:

a) *revelar-se explicitamente,* com o auxílio de pronomes pessoais *(nós, eu)* ou de termos como **narrador, romancista,** para recapitular momentos passados da narrativa ou conduzir a momentos que vão seguir:

[**nós**]/ [**a gente**]
> *"Mas não antecipemos os sucessos; acabemos de uma vez com o **nosso** emplasto".*
> (Machado de Assis. *Memórias póstumas de Brás Cubas.* São Paulo: FTD, 1991.)

> *"Há quinze anos era diferente. O barulho dos bondes não deixava **a gente** ouvir o sino da igreja."*
> (Graciliano Ramos. *Angústia.* Rio de Janeiro: O Globo/ São Paulo: Folha de São Paulo, 2003. p. 54.)

[eu]

*"Afinal, para se livrarem de **mim**, atiraram-**me** este osso que vou roendo com ódio".*
(*Id.ibid.* p. 25)

*"Os conhecidos dirão que **eu** era um bom tipo e conduzirão para o cemitério, num caixão barato, a minha carcaça meio bichada".*(*Id.ibid.* p. 7)

[você] com um valor de generalização que passa pela implicação de um interlocutor-testemunha:
As mães ensinam que é feio escutar conversa dos outros, mas, com os coletivos entupidos de gente, somos forçados a isso [...] Mas conversas há que se desenvolvem num círculo fechado, por mais públicas que se afigurem, e não adianta **você** demonstrar ânimo participante.
(Carlos Drummond de Andrade. *Delícias de Manaus*.
In: *Poesia e prosa*. Fala amendoeira. Rio de Janeiro: Nova Aguilar, 1983. p. 1093.)

b) *implicar diretamente o leitor,* que se torna um leitor-destinatário privilegiado, pelo emprego da palavra "leitor" ou de pronomes pessoais que se referem a ele:

[leitor]

"Veja o **leitor** a comparação que melhor lhe quadrar..."
(Machado de Assis. *Memórias póstumas de Brás Cubas*. São Paulo: FTD, 1991. p. 21)

[você, tu, te], que remetem a um *leitor-interlocutor:*

Eu conto porque conto, **você** lê porque quer. Só não se atreva, como já avisei, a duvidar de mim, porque, mesmo sem jamais chegar pessoalmente perto de **você**, eu o matarei, ou mais provavelmente ajudarei a que a morte sofredora o leve...
(João Ubaldo Ribeiro. *Diário do farol*. Rio de Janeiro: Nova Fronteira, 2002. p. 20).

Às vezes, **nós** e a indeterminação do sujeito associam *narrador* e *leitor-destinatário:*

Nenhum de **nós** pelejou a batalha de Salamina, nenhum escreveu a confissão de Augsburgo; pela minha parte, se alguma vez me lembro de Cromwell, é só essa ideia de que Sua Alteza, com a mesma mão que trancara o Parlamento, teria imposto aos ingleses o emplasto Brás Cubas. Não **se riam** dessa vitória comum da farmácia e do puritanismo.
(Machado de Assis. *Memórias póstumas de Brás Cubas*. São Paulo: FTD, 1991. p. 23)

c) *chamar discretamente o leitor-destinatário a compartilhar de seus pensamentos, julgamentos e opiniões*, com a ajuda de enunciados que têm um valor de reflexão geral: *"A vida humana deve ser também assim. Os seres são desiguais, mas, para chegarmos à unidade, cada um tem de contribuir com uma porção de amor".* (Graça Aranha. *Canaã*. Rio de Janeiro: Edições de Ouro, s/d. p. 59).

Por vezes, esse procedimento é utilizado para começar uma narrativa: *"Talvez seja exatamente isso que acontece com a maioria das personagens de* Caminhos cruzados. *E da vida real".* (Érico Veríssimo. *Ficção completa. Vol.*1. Rio de Janeiro: Companhia José Aguilar, 1966. p. 182).

d) *mostrar,* por meio de incisos ou pela escolha de certas palavras, *que toma distância* em relação às personagens de sua narrativa, e aos próprios acontecimentos, distância (mais ou menos irônica) que ele, narrador, pode pedir ao leitor para compartilhar: *"Encerrada* *a questão com a Prefeitura – seja dito, de passagem, com vitória nossa – continuamos um ao lado do outro, sem encontrar aquela palavra que cederia a alma. Cederia a alma? mas afinal de contas quem queria ceder a alma? Ora essa".* (Clarice Lispector. *A legião estrangeira.* Rio de Janeiro: Editora do Autor, 1969. p. 98).

2.2. O estatuto do narrador

Como foi dito anteriormente, uma narrativa se desenvolve sempre sob o controle de um *narrador* que pode esconder-se ou manifestar-se por procedimentos de intervenção diversos. Trata-se agora de precisar qual é a relação que se instaura entre este *narrador* e *a história contada.*

Evidentemente, essa relação é complexa, pois depende ao mesmo tempo do *estatuto* do narrador e de sua *identidade*, mas também de seu *ponto de vista* sobre as personagens da história.

A determinação da *identidade* do narrador responde à questão "quem fala?", enquanto a determinação do *estatuto* do narrador responde à questão "quem conta a história de quem?" Trata-se, então, de considerar o narrador aqui como *instância que conta.*

Assim sendo, três categorias apresentam-se, ligadas a três fatos: este narrador conta a *história de um outro* diferente dele mesmo, ou conta a *história da qual ele é a personagem central* (ou uma das personagens centrais), ou existem *muitos narradores.*

2.2.1. O narrador conta a história de um outro

O narrador é externo à história que conta, e o personagem principal, o "herói", não é o narrador.

Evidentemente, isso não impede o narrador textual de intervir sob uma ou outra das identidades descritas anteriormente, mas isso será feito respeitando o que se pode chamar o *princípio de delocutividade,* isto é, ele conta uma história em *terceira pessoa*, na qual narrador e personagem principal são diferentes (**Narrador # Personagem**).

Assim sendo, esse *narrador* – por trás do qual está o *autor-escritor* portador de um *projeto de escritura* – poderá jogar com efeitos de *realidade* e de *ficção*, e contar a história no passado ou no presente, de acordo com o tipo de relação que quer estabelecer entre a história e o leitor (passado: *efeito de distanciamento,* presente: *efeito de atualização).*

Nessa categoria de narrativa, existem, dois *estatutos* do narrador:

a) O *narrador é totalmente exterior* ("extradiegético", diria G. Genette), e com exceção de algumas intervenções ("metadiegéticas"), ele conta uma história da qual é totalmente ausente enquanto personagem.

É o caso da maioria dos contos e das fábulas, de certas novelas e de certos romances, dos quais se propõe aqui um exemplo, ao acaso: *"O bater do martelo do mestre José Amaro cobria os rumores do dia que cantava nos passarinhos, que bulia nas árvores, açoitadas pelo vento".* (José Lins do Rego. *Fogo morto.* Rio de Janeiro: José Olympio, 2000. p. 55).

b) O *narrador* não é o herói da narrativa, mas se apresenta como uma *testemunha* dos acontecimentos contados.

Este caso é distinto da segunda categoria porque, embora esteja presente na história, o que o narrador conta não é a sua própria história, ele não é o herói. Apresenta-se como um simples observador dos acontecimentos que sucedem a outros personagens, assumindo a posição de um simples figurante.

É claro que este caso é difícil de distinguir da autobiografia fictícia, já que, em certos momentos – e às vezes frequentemente –, o narrador se expressa em **primeira pessoa** (**eu** ou **nós**) enquanto testemunha ou participante *involuntário* da história. Entretanto, o "princípio de delocutividade" (cf. o capítulo "Modo de organização enunciativo") é respeitado, pois o personagem que diz "**eu**" não é o herói da história. Trata-se de um narrador *interno* à narrativa ("intradiegético" diria G. Genette), que conta a história de um herói diferente de si mesmo em **terceira pessoa** ("ele").

Este caso acontece, muitas vezes, quando o narrador adulto se refere a lembranças da infância, como, por exemplo, neste romance de José Lins do Rego que começa atribuindo ao *narrador* uma visão de criança: *"Eu tinha uns quatro anos no dia em que minha mãe morreu. Dormia no meu quarto, quando pela manhã me acordei com um barulho na casa toda. Eram gritos e gente correndo por todos os cantos".* (José Lins do Rego. *Menino de engenho*. Rio de Janeiro: José Olympio, 2000. p. 33).

E continua com uma narrativa em **terceira pessoa**, na qual o narrador aparece de tempos em tempos, como *participante- testemunha*: *"À tarde, estava o meu avô sentado na sua cadeira, perto da banca, no alpendre, quando chegaram Maria Pia e a mãe. Vinham todas duas chorando. A velha correu para a tia Maria, ajoelhando-se aos seus pés: 'Proteja a minha filha, Maria Menina'".* (*Id.ibid*. p. 73.)

2.2.2. O narrador conta sua própria história

O *narrador* está no interior da narrativa, na medida em que o personagem principal, o herói, é ele mesmo.

É claro que isso não impede o narrador de encaixar na história principal, da qual é herói, outras histórias que se referem a outros personagens. Mas a narrativa, em seu conjunto, segue o *princípio de elocutividade* (Cf. capítulo "Modo de organização enunciativo"), isto é, conta uma história em **primeira pessoa**, na qual narrador e herói são supostamente idênticos.

Convém, no entanto, distinguir três casos:

a) *O narrador é o porta-voz do autor-indivíduo-escritor*, logo, confunde-se com este. É o caso da *autobiografia real*. Esta, quase sempre, é anunciada nos títulos: "memórias", "lembranças", "romance autobiográfico", etc: *"Aquele que escreve estas memórias ainda em sua infância teve ocasião de ver as Folias, porém foi já no seu último grau de decadência...".* (Manuel Antônio de Almeida. *Memórias de um sargento de milícias*. Rio de Janeiro: Edições de Ouro, s/d. p. 92).

b) *O narrador não é o porta-voz do autor-indivíduo-escritor:* há diversos índices na história que configuram esse e*statuto. O narrador é o porta-voz de um outro indivíduo* (real ou fictício), mas os dois são apresentados como coincidentes por intermédio de uma história contada em **primeira pessoa.** Trata-se aqui de uma *autobiografia fictícia,* como no caso do *romance picaresco: "Quem duvida de que lá para o futuro, quando sair à luz a verdadeira história dos meus famosos feitos, o sábio que os escrever há de pôr, quando chegar à narração desta minha primeira aventura tão de madrugada, as seguintes frases...".* (Miguel de Cervantes Saavedra. *Dom Quixote de la Mancha.* Trad. dos Viscondes de Castilho e Azevedo. São Paulo: Abril Cultural, 1981. p. 32)

Ou de um romance como *O Estrangeiro:*

> *No domingo, custou-me tanto a acordar que foi preciso a Maria chamar-me e sacudir-me. Não comemos, porque queríamos tomar cedo o banho de mar. Sentia-me completamente vazio e doía-me um pouco a cabeça. O meu cigarro tinha um gosto amargo. Maria fez troça de mim porque dizia que eu estava com uma "cara de enterro". Pusera um vestido branco e soltara os cabelos. Disse-lhe que estava bonita e ela riu de contentamento.*
> (Albert Camus. *O estrangeiro.* In: http://filosofocamus.sites.uol.com.br)

c) *O narrador-personagem, herói da história, é ao mesmo tempo o autor-indivíduo e um indivíduo fictício.* Isto é, o leitor pode supor, em virtude de certos índices, que o herói da história coincide em parte com o *autor-indivíduo (*utilização de lembranças próprias, de episódios de sua vida, etc.), e que procede em parte da imaginação, da invenção do *autor-escritor.*

A ambiguidade é aqui sabiamente sustentada (pelos procedimentos que criam *efeito de real* e *efeito de ficção)* o que dá à narrativa um certo poder de fascinação. Eis um exemplo: *"O fundador da minha família foi um certo Damião Cubas, que floresceu na primeira metade do século XVIII".(* Machado de Assis. *Memórias póstumas de Brás Cubas.* São Paulo: FTD, 1991. p. 21)

2.2.3. Existem muitos narradores

A narrativa é um jogo de integração ou de encaixamento de histórias, umas nas outras, cada uma tendo seu próprio narrador.

Nesta categoria, distinguir-se-á um *narrador primário* que domina o conjunto do texto e corresponde então ao *autor-escritor,* e um (ou mais*) narrador secundário* ("secundário" não querendo dizer de menor importância) cuja história contada se integra ou se encaixa na narrativa do narrador primário.

Convém distinguir dois casos:

a) *O narrador primário relata a narrativa de um outro narrador que foi a testemunha de uma história,* sem ser o herói, mesmo se dela participou na qualidade de figurante.

Nesse caso, *o narrador primário* não intervém, ou intervém pouco, na narrativa primária e pode mesmo ser totalmente apagado.

b) *O narrador primário relata a (ou as) narrativa de um outro narrador*, mas, diferentemente do caso anterior, de um lado *o narrador secundário é a personagem principal*, herói da história que ele conta; de outro, o *narrador primário intervém* explicitamente na realização do dispositivo da narração.

Por exemplo, nos contos que apresentam como tema recorrente o futebol, do livro do escritor Edilberto Coutinho, intitulado *Maracanã, adeus*, constata-se uma alternância entre os dois casos:

> Enquanto a nova média esfria, estou vendo tudo de novo pelo televisor do bar. Repetem o filme sobre a carreira de Vadico. [...] **Acordo todos os dias muito cedo, Vadico diz logo depois, e saio pra rua, que está sempre meio deserta.**
> (Edilberto Coutinho. *O Cem Pés. In: Maracanã, adeus.*
> Rio de Janeiro: Tempo Brasileiro, 1994. p. 44-48).

> **A Argentina tem o mesmo número de pontos que o Brasil, mas perde no saldo de gols e depende do resultado de Brasil e Polônia para saber como enfrentar os peruanos.** [...] Sempre parnasianamente apaixonado por sua caprichosa bela (segunda mulher, quase 20 anos mais jovem) Cornélio Bandeira se permitia repetir, a seco (não tocava em álcool) coisa assim, sem dor na consciência...
> (Edilberto Coutinho. *A celebração dos pés. In Maracanã, adeus.*
> Rio de Janeiro: Tempo Brasileiro, 1994. p. 84-85).

2.3. Os pontos de vista do narrador

Trata-se da relação que se estabelece entre o *narrador* e sua (ou suas) *personagem*, quanto ao *saber que possui sobre ela*, saber que ele transcreve em sua narrativa e que, dessa maneira, ele comunica ao leitor.

Existem sobre esta questão numerosos estudos. Uns utilizam o termo "visão" (J. Pouillon e T. Todorov); outros utilizam o termo "focalização" (G. Genette), e, de maneira geral, fala-se de "ponto de vista". Mas pode-se constatar que os principais teóricos concordam, com algumas diferenças de definição, quanto a estabelecer uma tipologia em três termos:

— a "visão por detrás" de J. Pouillon, a simbolização "narrador > personagem" de T. Todorov, e a "focalização zero" de G. Genette, correspondendo ao caso em que *o narrador saberia mais e diria mais que a personagem.*

– a "visão com" de J. Pouillon, a simbolização "narrador = personagem" de T. Todorov e a "focalização interna" de G. Genette, correspondendo ao caso em que *o narrador só diria o que a personagem sabe.*

– a "visão de fora" de J. Pouillon, a simbolização "narrador < personagem" de T. Todorov e a "focalização externa" de G. Genette, correspondendo ao caso em que *o narrador só diria o que ele vê do exterior da personagem*, sem nunca penetrar na sua vida interior.

O primeiro tipo caracteriza as narrativas romanescas do século XIX; o segundo seria uma das características da técnica de H. James, e o terceiro corresponderia a um determinado gênero policial, escrito e filmado.

Convém, contudo, fazer duas observações sobre esta tripartição:

– Estes tipos de visão não podem constituir, por si só, um princípio de categorização das narrativas. É, com efeito, raríssimo que um único destes pontos de vista seja mantido ao longo de uma mesma obra. Trata-se, por conseguinte (assim como para as demais categorias da encenação narrativa) de visões que se estabelecem momentaneamente em tal ou qual sequência de narrativa.

– A chamada "visão por detrás", comumente chamada de "onisciência" (*o narrador sabe tudo sobre suas personagens, ele é onisciente*) é difícil de conservar como termo da trilogia, na medida em que, como observa o próprio G. Genette, a *onisciência* é um "termo que, em ficção pura, é literalmente absurdo (o autor nada tem 'a saber', já que ele inventa tudo) (...) a 'onisciência' faz parte de seu contrato (...)". (In: ___. *Nouveau discours du récit*, Le Seuil); esta é a razão pela qual, aliás, G. Genette utiliza o termo "focalização zero".

No que nos concerne – e sem contestar o valor dessa tipologia de três termos – preferimos propor uma distinção entre apenas *dois pontos de vista* (*externo* e *interno*), postulando que cada um deles se combina com as outras categorias da encenação narrativa.

Permanecemos, assim, fiéis a nossa tentativa que consiste em definir nem gêneros de narrativa nem tipos de textos, mas componentes cuja combinação é que determinarão as características da organização narrativa de um texto.

Nossa distinção apoia-se não no fato de que o narrador saberia *mais, tanto* ou *menos* que a personagem — já que ele sabe tudo por definição — , mas na resposta à interrogação seguinte: de onde lhe vem seu saber sobre o personagem, visto que ele o descreve assim?

Se seu saber lhe vem de uma simples observação da aparência física do personagem, falar-se-á de um *ponto de vista externo, objetivo.*

Se, para descrever o personagem, o narrador apela para uma interpretação, para suposições sobre o que sente ou pensa este, trata-se então de *ponto de vista interno, subjetivo.*

Por exemplo, no romance *Helena*, a passagem: *"Era uma moça de dezesseis a dezessete anos, delgada sem magreza, estatura um pouco acima da mediana, talhe elegante e atitudes modestas"* (Machado de Assis. *Obra completa*. Rio de Janeiro: Nova Aguilar, 1979. Vol. 1, p. 283.) corresponde a um *ponto de vista externo* seguido de um ponto de vista interno: ao qualificar as atitudes da personagem como "modestas", o ponto de vista do narrador denota uma interpretação subjetiva. As atitudes qualificadas como "modestas" poderiam, a um outro observador, ser tidas como "altivas", por exemplo.

2.3.1. O ponto de vista externo, objetivo

É o ponto de vista do *narrador* sobre *a exterioridade do personagem*, sobre sua aparência física, seus fatos e gestos visíveis, todas as coisas que seriam suscetíveis de serem *percebidas* (o Ver) ou *verificadas* (o Saber) por um outro sujeito diferente do *narrador* achando-se no lugar deste. Por isso, pode-se atribuir a esse "ponto de vista" o qualificativo de *objetivo: ele não depende da visão que a personagem descrita poderia ter sobre si mesma, e, portanto, também não depende da visão do narrador sobre o interior da personagem:*

> Melchior era capelão em casa do conselheiro, [...]. Tinha sessenta anos o padre: era homem de estatura mediana, magro, calvo, brancos os poucos cabelos, e uns olhos não menos sagazes que mansos. De compostura quieta e grave, austero sem formalismo, sociável sem mundanidade, tolerante sem fraqueza, era o verdadeiro varão apostólico, homem de sua Igreja e de seu Deus [...].
>
> (Machado de Assis. *Obra completa*. Helena.
> Rio de Janeiro: Nova Aguilar, 1979. Vol. 1, p. 287)

2.3.2. O ponto de vista interno, subjetivo

Ponto de vista do *narrador* sobre o *interior da personagem*, seus sentimentos, seus pensamentos e seus impulsos interiores (que este pode ignorar), os quais não seriam necessariamente percebidos como tais, nem verificados por um outro sujeito diferente do *narrador,* que estivesse no lugar deste.

Por isso, pode-se atribuir a esse ponto de vista o qualificativo de *subjetivo: ele depende da visão que a personagem descrita pode ter sobre si mesma e depende, portanto, do narrador que é o único que decide,* como na seguinte passagem, sequência do último exemplo acima: [...] *íntegro na fé, constante na esperança, ardente na caridade. Conhecera a família do conselheiro algum tempo depois do consórcio deste. Descobriu a causa da tristeza que minou os últimos anos da mãe de Estácio; respeitou a tristeza, mas atacou diretamente a origem.* (idem, ibidem).

As qualificações anteriores: *"sociável sem mundanidade, tolerante sem fraqueza, era o verdadeiro varão apostólico, homem de sua Igreja e de Deus"* correspondem a características observáveis a partir do comportamento exterior do padre. Já "íntegro na fé, constante na esperança, ardente na caridade" dependem de um conhecimento dos sentimentos do personagem: as virtudes da fé, da esperança e da caridade são de foro íntimo, não acessíveis de um ponto de vista externo.

Da mesma forma, na passagem que começa por *"Descobriu... "*, o narrador revela algo que só o padre sabia, provavelmente um segredo de confissão – configurando, igualmente, um ponto de vista interno.

> **Observação:** A maior parte das narrativas alterna *ponto de vista externo/ponto de vista interno,* mas pode acontecer também que o narrador, partindo da observação externa de determinadas características e de fatos, proponha ao leitor compartilhar suas interpretações, em nome de uma certa verossimilhança que faz o *ponto de vista interno* converter-se em *ponto de vista externo.*

Para fazê-lo, ele toma a precaução de explicitar suas hipóteses empregando **modalidades** (Cf. o capítulo "Modo de organização enunciativo").

O procedimento utilizado por Luis Fernando Veríssimo na crônica "Pesadelos", passa ao leitor a função de narrador ao empregar o tratamento **você** (à maneira de Michel Butor no romance *A modificação*), criando uma ambiguidade entre pontos de vista interno e externo: "*Você está dormindo. De repente acorda, sobressaltado. Alguém o acordou. O quê? Uma voz. Um sussurro. Tem alguém dentro do quarto. / A escuridão é tão densa que é como se você estivesse de olhos vendados. Você não sabe se deve sair da cama. Melhor ficar onde está. Quieto. Não acender a luz. Não fazer um movimento.*" (Luis Fernando Veríssimo. *Novas comédias da vida privada*. Pesadelos. Porto Alegre: L&PM, 1996. p. 332.)

Em outras narrativas, é através do emprego das modalidades que se alternam esses dois pontos de vista: "*Mas **talvez** o que chame mais atenção neste corpo singular sejam os olhos. Há neles inteligência, impaciência, desconfiança, ansiedade. **Dizem que** Carlos herdou as feições da mãe, bela cariboca (ou cafuza, **há dúvidas**), principalmente o nariz fino; do pai, mulato, recebeu o mau gênio e o talento para a música*". (Rubem Fonseca. *O selvagem da ópera*. São Paulo: Companhia das Letras, 1994. p. 8). Ou, mais adiante: "***Provavelmente** a ideia de fazer essa ópera ocupava sua mente desde os tempos em que estudava no Conservatório do Rio de Janeiro.*" (Ibidem, p. 53).

(Tradução e adaptação: Lílian Manes de Oliveira e Angela M. S. Corrêa)

Modo de organização argumentativo

I. Sobre o modo argumentativo

1. Proposta crítica

O *Modo de organização argumentativo* é mais difícil de ser tratado do que o *narrativo*. Talvez porque o Narrativo, levando em conta as ações humanas, confronta-se com uma forma da realidade, visível e tangível. O argumentativo, ao contrário, está em contato apenas com um saber que tenta levar em conta a experiência humana, através de certas operações do pensamento.

Aliás, não se pode *anular* uma narrativa. Pode-se dizer que ela é inexata ou inventada, mas sua contestação não a destrói. Em contraste, uma argumentação pode ser anulada em seu próprio fundamento ou, em todo caso, anulada em sua validade. A argumentação desaparece sob a contestação se não logra superá-la.

A argumentação, entretanto, é um setor de atividade da linguagem que sempre exerceu fascínio, desde a *retórica* dos antigos que dela fizeram o próprio fundamento das relações sociais (*a arte de persuadir*) até hoje, quando voltou à moda.

Por isso, o termo *argumentação* tem sido objeto de um grande número de definições, o que não torna fácil o estudo e a apresentação desse fenômeno da linguagem.

a) A tradição escolar nunca esteve muito à vontade com essa atividade da linguagem, em contraste com o forte desenvolvimento do *Narrativo* e do *Descritivo*.

Se as *instruções oficiais* recomendam que se desenvolvam as capacidades de raciocínio dos alunos, nada é dito sobre o modo de se chegar a isso.

Aliás, essa aprendizagem é devolvida, de maneira mais ou menos explícita, aos matemáticos, enquanto, nas lições de gramática, há muito tempo tem sido praticada uma "análise lógica" que de lógico tem somente o sistema construído de maneira *ad hoc* para levar em conta a combinação das *frases* (ou das *orações*). Além disso, a descrição dessas combinações (as das orações *subordinadas*) raramente tem considerado as situações de comunicação.

Ocorre que a *argumentação* não está no âmbito das categorias da língua (as conjunções de subordinação), mas sim da organização do discurso.

b) Em contrapartida, há uma longa tradição filosófica e linguística que permite dizer que existe uma "história da argumentação".

Desde a Antiguidade, os gregos fazem da argumentação um cavalo de batalha, colocando-a no centro da Retórica, essa maravilhosa máquina de seduzir e persuadir: "a arte de falar".

Os gregos já eram conscientes de que "ter influência sobre outrem" não era o apanágio da *razão*, pois o ser humano é igualmente feito de *paixões*. É por isso que, desde aquela época, distinguia-se o que derivava da pura "ratio", para a qual devia existir uma técnica demonstrativa suscetível de "dizer a verdade", daquilo que derivava da "interação dos espíritos", para a qual devia existir uma técnica *expressiva* suscetível de "comover e captar" o interesse de um auditório.

Assim sendo, fazia-se uma distinção que vai acompanhar a história da argumentação: de um lado, o que pertence ao *raciocínio*, livre dos resíduos da psicologia humana; de outro, o que pertence à persuasão e que se mede pela capacidade de comover o outro através dos movimentos da psicologia. Uma certa tradição filosófica continuou a interessar-se pela linguagem, de um ponto de vista externo, procurando adaptá-la às exigências do rigor de uma *lógica formal* inspirada nas operações definidas pela linguagem matemática (como "a condição necessária e suficiente"), até que alguns linguistas retomassem a distinção feita pelos retóricos gregos.

O. Ducrot, por exemplo, propõe distinguir, de um lado, o estudo do *raciocínio linguístico* – que deve ser confrontado com as linguagens formais para daí observarem-se as semelhanças e diferenças –, de outro, o *estudo da argumentação* que tem por função "orientar" a sequência do discurso e, portanto, representar *uma maneira de agir sobre o outro* (interlocutor ou destinatário).

J. B. Grize[1], por seu turno, opõe *argumentação* a *demonstração*: esta última não deve levar em conta "a situação concreta..., do sujeito que raciocina..., e daqueles aos quais este se dirige" – na medida em que a demonstração) se presta mais facilmente a uma formalização; já a argumentação (que ele chama de "lógica natural") leva em conta o contexto, os sujeitos da comunicação e, portanto, compreende outras operações além daquelas da pura demonstração.

Há, porém, uma outra tendência próxima daquela de Grize, representada pelos trabalhos de C. Perelman[2], que procura definir uma "nova retórica", estudando um dos

---

[1] J. B. Grize. Logique et organisation du discours. In: David, J. et Martin, R. *Modèles logiques et niveaux d'analyse linguistique*. Paris: Klincksiek, 1976.

[2] C. Perelman. *L'empire rhétorique*. Paris: Vrim, 1977.

objetos da retórica antiga, a saber: "as técnicas discursivas que permitem provocar ou aumentar a adesão dos espíritos às teses que se apresentam a seu assentimento".

Trata-se neste caso da argumentação como *lógica* estabelecida pela linguagem, mas sem que sejam considerados os outros aspectos da comunicação que intervêm no processo da persuasão.

Paralelamente a essas posições logico-filosóficas e logico-linguísticas, a psicossociologia interessou-se, a partir dos anos 50, primeiramente nos Estados Unidos e depois na Europa, pelas *mensagens persuasivas* e por tudo aquilo que, na sociedade moderna, concerne à comunicação como fenômeno que tenha um certo impacto sobre os grupos sociais (particularmente nos domínios da política, da publicidade, do marketing e, mais recentemente, da comunicação na empresa).

O ponto de vista dessa disciplina não é – ou é pouco – o da linguagem; ele estuda mais o que vem antes ou depois da produção discursiva, a saber o *condicionamento* das situações de comunicação e os mecanismos de *recepção* (compreensão – interpretação – reação) da fala persuasiva.

Finalizando este breve percurso histórico, não nos surpreendemos em constatar que existe no "mercado" da argumentação uma terminologia bastante rica, na qual termos iguais referem-se a conceitos diferentes segundo o ponto de vista teórico que os define. Isso ocorre com os termos: argumentação, raciocínio, demonstração, persuasão, explicação, implicação, justificativa, refutação, etc.

Tal como o fizemos com relação ao modo de organização Narrativo, o ponto de vista escolhido aqui não pretende substituir nenhuma dessas teorias, que têm cada uma sua legitimidade, nem propor uma síntese impossível.

Trata-se de apresentar as noções de base, que são destinadas a fazer compreender como funciona a *mecânica do discurso argumentativo*; ou seja, não um tipo de texto, mas os *componentes* e *procedimentos* de um modo de organização discursivo cujas combinações podem ser vistas em funcionamento dentro de qualquer *texto* em particular.

2. Definição e função do argumentativo

2.1. O que é argumentar?

a) *A* argumentação *não se limita a uma sequência de frases ou de proposições ligadas por conectores lógicos.*

Isso porque muitas combinações frásticas não comportam marcas explícitas de operação lógica, como nos versos assinalados da canção abaixo transcrita:

> Prepare o seu coração prás coisas que eu vou contar
> **Eu venho lá do sertão, eu venho lá do sertão**
> e posso não lhe agradar

Aprendi a dizer não, ver a morte sem chorar
E a morte, o destino, tudo, a morte e o destino, tudo
Estava fora do lugar, **eu vivo prá consertar**

(Disparada. Geraldo Vandré)

E também porque, principalmente, o aspecto argumentativo de um discurso encontra-se frequentemente no que está *implícito*.

Por exemplo, o enunciado aparentemente avaliativo: *"Pode fazer melhor"*, inscrito na caderneta escolar de um aluno, pode significar: *Considerando as possibilidades deste aluno, ele pode obter melhores resultados se estudar mais.*

Veja-se este pequeno cartão, acompanhando um folheto que apresenta uma revista:

> *Aceito seu convite*
> *para receber grátis os próximos 12 números de X,*
> *a revista dos livros*
> *e para beneficiar-me de uma tarifa especial*
> *para uma assinatura de experiência:*
> *R$60,00 somente,*
> *sendo R$15,00 de redução*
> *sobre o preço normal de venda por número.*
>
> Envie o presente cartão, no envelope anexo, completando-o com seus dados.

Isto significa: Se você enviar este cartão a X, então você receberá, para experimentar, os 12 números; e se você decidir fazer uma assinatura, então se beneficiará de uma tarifa especial.

Ou ainda, os slogans publicitários, por menos argumentativos que sejam em sua aparência, devem sempre ser compreendidos em função do esquema argumentativo que define esse gênero de comunicação:

"Acolher, Escutar, Aconselhar – BNP" interpreta-se: **Se** você vier ao BNP , **então** você será acolhido, ouvido, aconselhado; **ora**, é o que você mais deseja, **logo** você não pode deixar de vir ao BNP.

b) Não se confunda a ***argumentação*** com outros atos de discurso que se combinam frequentemente com ela, mas têm uma existência autônoma:

A *negação*, por exemplo, não é uma *refutação*, apesar de combinar-se com ela. A *negação* consiste somente em *negar* (rejeitar) uma asserção: *"A – O clima ficou maluco. B – Não. Não é verdade."*

A *refutação* procede de um movimento argumentativo que consiste em *demonstrar que uma tese é falsa: "Dizer que o clima ficou maluco não é verdade, porque..."*

A *proibição*, por exemplo, é um ato de fala que consiste em *impor* ao interlocutor um comportamento ("não fazer"):

[Uma mãe a seu filho]
"Não ande na beira do parapeito"

Já a argumentação dirige-se à parte do interlocutor que raciocina, (capacidade de refletir e compreender) ainda que seja para obter o mesmo resultado. O sujeito que argumenta passa pela expressão de uma convicção e de uma explicação que tenta transmitir ao interlocutor para persuadi-lo a modificar seu comportamento:

[Outra mãe a seu filho]
"Se você andar na beira do parapeito, vai acabar caindo e se machucando."

c) Para que haja ***argumentação***, é necessário que exista:
— uma *proposta sobre o mundo* que *provoque um questionamento*, em alguém, quanto à sua *legitimidade (um questionamento quanto à legitimidade da proposta)*.
— um *sujeito* que *se engaje* em relação a esse questionamento (convicção) e *desenvolva um raciocínio* para tentar estabelecer uma *verdade* (quer seja própria ou universal, quer se trate de uma simples *aceitabilidade* ou de uma *legitimidade*) quanto a essa *proposta*.
— *um outro sujeito* que, relacionado com a mesma *proposta*, *questionamento* e *verdade*, constitua-se no *alvo* da argumentação. Trata-se da pessoa a que se dirige o sujeito que argumenta, na esperança de conduzi-la a *compartilhar* da mesma verdade (persuasão), sabendo que ela pode aceitar (ficar *a favor*) ou refutar (ficar *contra*) a argumentação.

A argumentação define-se, portanto, numa relação triangular entre um *sujeito argumentante*, uma *proposta sobre o mundo* e um *sujeito-alvo*:

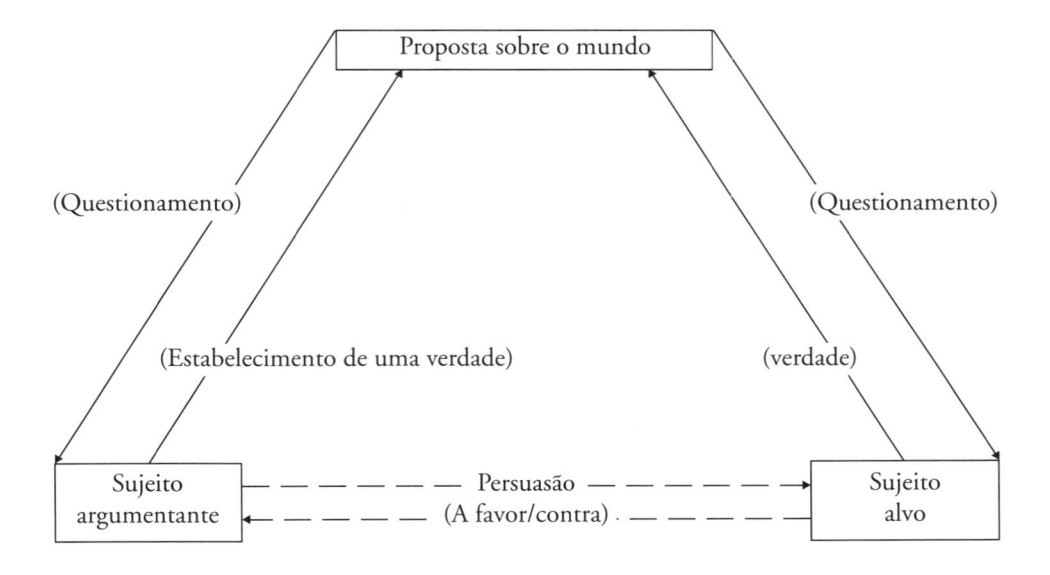

d) Argumentar é, portanto, uma atividade discursiva que, do ponto de vista do sujeito argumentante, participa de uma dupla busca:
– uma *busca de racionalidade* que tende a um ideal de verdade quanto à explicação de fenômenos do universo.

Não se trata aqui, no entanto, somente de um *ideal*, pois, mesmo que esses fenômenos tenham uma explicação (= uma razão de ser) universal, são percebidos através de duas filtragens: uma, da *experiência* individual e social do indivíduo, que se inscreve necessariamente num quadro espacial e temporal determinado; e outra, de *operações do pensamento* que constroem um *universo discursivo* de explicação, o qual depende de "esquematizações" coletivas (cf. Grize).

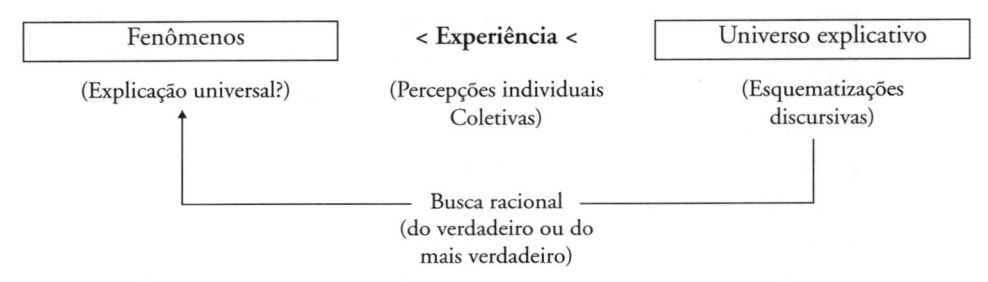

Pelo fato de que nenhum sujeito é ingênuo, essa busca do verdadeiro torna-se uma busca do *mais verdadeiro*, ou seja, do *verossímil* (*o verdadeiro* não sendo graduável), de um verossímil que depende das representações socioculturais compartilhadas pelos membros de um determinado grupo, em nome da experiência ou do conhecimento.

É claro que o sujeito argumentante, apesar da consciência da relatividade da verdade, continua a fazer o jogo do verdadeiro e da universalidade das explicações, e isso porque seu engajamento em face dessa verdade depende do olhar de um outro. Daí deriva-se uma segunda busca.

– uma *busca de influência* que tende a um *ideal de persuasão*, o qual consiste em compartilhar com o outro (interlocutor ou destinatário) um certo *universo de discurso* até o ponto em que este último seja levado a ter as mesmas propostas (atingindo o objetivo de uma coenunciação).

Esta segunda busca, entretanto, é um tanto ambígua, pois se apresenta como integrando um processo racional e lógico, quando "compartilhar com o outro a sua própria convicção" pode ser obtido por outros meios diferentes do raciocínio; por exemplo, pelos meios da *sedução* tomados de empréstimo a outros modos de discurso (Descritivo e Narrativo).

Assim sendo, ao se tratar da definição da argumentação, deve-se tomar cuidado para não cair em dois extremos:

– um deles consistiria em tratar a argumentação na sua vertente racional, buscando aí somente lógicas de raciocínio.

– o outro consistiria em considerar que o único problema da comunicação humana é fazer com que o outro venha a aderir e ingressar em seu próprio universo de discurso, daí porque seriam utilizadas estratégias de sedução e de persuasão que tenderiam a se confundir.

Nossa posição é a seguinte:

-) Não se deve confundir "fazer aderir", "fazer compreender", "manipular o outro", que correspondem a *objetivos de comunicação*, com "seduzir" e "persuadir", que resultam do emprego de certos *meios discursivos*.

-) Admitimos que argumentar é uma atividade que inclui numerosos procedimentos, mas o que distingue esses procedimentos daqueles de outros modos de discurso é precisamente o fato de que se inscrevem numa *finalidade racionalizante* e fazem o jogo do raciocínio que é marcado por uma lógica e um *princípio de não contradição*. Os procedimentos de outros modos (Descritivo, Narrativo) se inscrevem numa *finalidade descritiva e mimética* das percepções do mundo e das ações humanas.

2.2. A ordem do argumentativo

A *argumentação* – como a narração – é uma totalidade que o modo de organização argumentativo contribui para construir.

A argumentação é o resultado textual de uma combinação entre diferentes componentes que dependem de uma situação que tem finalidade persuasiva. Esse texto, total ou parcialmente, poderá apresentar-se sob forma *dialógica* (argumentação interlocutiva), *escrita* ou *oratória* (argumentação monolocutiva), e é nesse quadro que poderão ser utilizadas as expressões "desenvolver uma boa argumentação", "ter bons argumentos", "bem argumentar", etc.

O *argumentativo*, como Modo de organização do discurso, constitui a mecânica que permite produzir argumentações sob essas diferentes formas.

Esse modo tem por função permitir a construção de *explicações* sobre asserções feitas acerca do mundo (quer essas asserções tratem de experiência ou de conhecimento), numa dupla perspectiva de *razão demonstrativa* e *razão persuasiva*:

– a *razão demonstrativa* se baseia num mecanismo que busca estabelecer relações de causalidade diversas (*causalidade:* conceito tomado aqui num sentido amplo de relação entre duas ou várias asserções). Essas relações entre asserções se estabelecem através de procedimentos que constituem o que chamamos de *organização da lógica argumentativa*. Seus componentes estão ligados, ao mesmo tempo, ao sentido das asserções, aos *tipos de relações* que as unem e aos *tipos de validação* que as caracterizam.

– a *razão persuasiva* se baseia num mecanismo que busca estabelecer a *prova* com a ajuda de *argumentos* que justifiquem as propostas a respeito do mundo, e as relações de causalidade que unem as asserções umas às outras. Esse mecanismo depende muito particularmente de *procedimentos de encenação discursiva* do sujeito argumentante, razão pela qual o chamamos – paralelamente aos outros modos de organização do discurso – de *encenação argumentativa*.

Assim, mais uma vez, distinguir-se-ão as *categorias de língua*, as *categorias de discurso* e os *tipos de textos*, como três domínios da construção linguageira que estão em relação uns com os outros.

No que concerne à relação entre as categorias de língua e as categorias de discurso, por exemplo, constatar-se-á que todas as operações lógico-linguísticas participam de maneiras diversas, diretas ou indiretas, da organização argumentativa do discurso.

É o caso da operação de *Disjunção* que estabelece uma relação de *discriminação* entre duas proposições: "*Com carro **ou** sem carro*", mas pode também servir para expressar um modo de raciocínio de *escolha alternativa*:

> "**Ou** você para com as hostilidades, e **então** recolhemos as armas, **ou** você continua, e **então** partimos para o ataque."

Isso também ocorre na operação de *Conjunção* que estabelece uma relação de *adição* entre duas asserções: "*Ele come e bebe*" mas pode também servir a um raciocínio implícito quando as duas asserções se inscrevem no quadro de um *questionamento*. É o que se verifica em textos publicitários. Por exemplo, o slogan: "*Peugeot. Qualidade comprovada e o preço de uma 5 cv*" nos diz, no final das contas: *Você não pode não querer um carro Peugeot, **pois** habitualmente, "qualidade comprovada" conduz a um preço elevado; **ora, aqui**, não somente você tem "qualidade comprovada", mas ao mesmo tempo "um preço muito baixo"* ("*5 cv*" *designando a cilindrada mais barata*). E mais: não se trata de uma restrição ("*qualidade comprovada, **mas** o preço de uma 5 cv*"); trata-se de uma adição ("*e*"), isto é, você obtém as duas ao mesmo tempo.

No que concerne à relação entre *categorias de discurso* e *tipos de textos*, sem entrar nos detalhes de uma tipologia (difícil de estabelecer pelo fato de que os textos raramente são homogêneos), constatar-se-á que:
- os textos científicos são organizados segundo um modo em que predomina o argumentativo (o explicativo);
- os textos didáticos são organizados de maneira ora descritiva ora argumentativa;
- os textos de imprensa – embora seja necessário fazer uma distinção por gênero – utilizam principalmente o descritivo e o narrativo, vindo o argumentativo somente em contraponto.
- os textos publicitários raramente são argumentativos em sua configuração explícita, mas se observará que a publicidade de revistas técnicas faz muito mais apelo a esse modo de organização do que a publicidade que aparece nos grandes suportes populares, revistas, cartazes de rua, etc.).

II. Organização da lógica argumentativa

1. Componentes da lógica argumentativa

1.1. Elementos de base da relação argumentativa

Toda *relação argumentativa* se compõe de pelo menos três elementos: uma *asserção de partida* (dado, premissa), uma *asserção de chegada* (conclusão, resultado), e uma (ou várias) *asserção de passagem* que permite passar de uma a outra (inferência, prova, argumento).

a) *A asserção de partida* **(A1)**

Como toda asserção, ela constitui uma fala sobre o mundo que consiste em fazer existirem *seres*, em atribuir-lhes *propriedades*, em descrevê-los em suas *ações* ou *feitos*.

Essa asserção (A1), que é configurada sob a forma de um enunciado, representa um dado de partida destinado a fazer admitir uma outra asserção em relação à qual ela se justifica. Pode, portanto, ser chamada *dado* ou *premissa* ("proposição colocada antes (...); fato do qual decorre uma consequência").

b) *A asserção de chegada* **(A2)**

Essa asserção (A2) representa o que deve ser aceito em decorrência da asserção de partida (A1) em decorrência da relação que une uma à outra.

Essa relação é sempre uma "relação de causalidade" (ver abaixo, Observações) pelo fato de que a asserção de chegada (A2) pode representar a *causa* da premissa ("A1 porque A2"), ou sua *consequência* ("A1, portanto A2").

Essa asserção pode ser chamada de *conclusão* da relação argumentativa; ela representa a *legitimidade* da proposta.

c) *A asserção de passagem*

A passagem de A1 a A2 não se faz de modo arbitrário. Ela deve ser estabelecida por uma asserção que justifique a relação de causalidade que une A1 e A2.

Essa asserção representa um *universo de crença* sobre a maneira como os fatos se determinam mutuamente na experiência ou no conhecimento de mundo. Esse universo de crença deve, portanto, ser compartilhado pelos interlocutores implicados pela argumentação, de maneira a ser estabelecida a *prova* da validade da relação que une A1 e A2, o *argumento* que, do ponto de vista do sujeito argumentante, deveria incitar o interlocutor ou o destinatário a aceitar a proposta como verdadeira.

Essa asserção (ou série de asserções), frequentemente não dita, implícita, poderá ser chamada de *prova, inferência ou argumento* segundo o quadro de questionamento em que se inscreve.

Exemplos:

• *O céu está azul (A1),você pode fechar o guarda-chuva (A2).*
[Inferência]: *Quando o céu está azul, não chove. Quando não chove, não há necessidade de abrir o guarda-chuva.*

• São cinco horas (A1), eles não virão mais (A2)
– Você acha? Dê-me um só argumento que prove o que você está dizendo.
– O último trem parte às três horas e chega aqui às quatro e meia. Ora às três horas eles ainda estavam em casa quando telefonei para lá .
[argumento – prova]

Observações:
1. O termo *conclusão* não é reservado somente à relação de consequência. Ele representa, de uma maneira geral, um ponto a ser alcançado, a partir de uma asserção de partida. E esse ponto a ser alcançado pode corresponder a uma causa ("Ele fechou o guarda-chuva (A1) **portanto** não está mais chovendo(A2)"), ou a uma consequência ("Não está mais chovendo (A1), **por conseguinte** ele fecha o guarda-chuva (A2)").
Aliás, encontra-se essa dupla correspondência no uso corrente das marcas linguísticas, com **então**:
"Ele não está comendo, **então (Eu concluo disso que)** não está com fome (causa)."
"Ele não está comendo, **então (Eu concluo disso que)** vai emagrecer (consequência)."
– ou com **pois**:
"A brincadeira devia dar prazer à ingênua
pois na fonte frequentemente
ela ia se banhar toda nua..." (Brassens *Dans l'eau de la claire fontaine*)
que corresponde a: "Na fonte frequentemente ela ia banhar-se toda nua. Eu concluo disso, **então**, que a brincadeira devia dar prazer à ingênua."
2. A própria *asserção-premissa* pode corresponder à conclusão de uma outra relação argumentativa.
"O céu está azul", por exemplo, pode ser a conclusão-consequência da asserção "O vento levou as nuvens" que pode , por sua vez, ser a conclusão de "o vento soprou", etc.
É por essa razão que se utiliza o termo "causalidade" para denominar toda relação argumentativa.

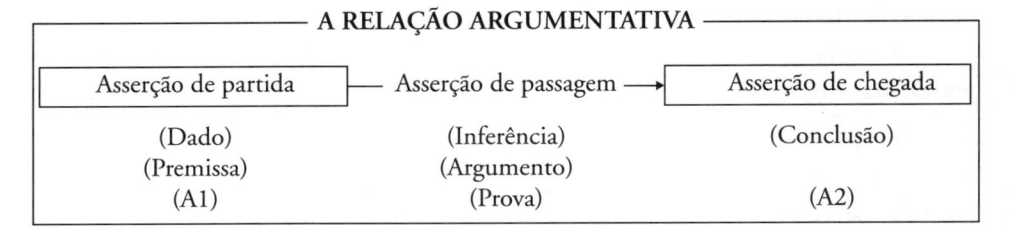

———— **A RELAÇÃO ARGUMENTATIVA** ————

Asserção de partida	— Asserção de passagem →	Asserção de chegada
(Dado)	(Inferência)	(Conclusão)
(Premissa)	(Argumento)	
(A1)	(Prova)	(A2)

1.2. Modos de encadeamento

Considerando que a relação argumentativa se define no seu fundamento como uma relação de causalidade, é normal que as relações lógicas pertencentes às categorias da *Implicação* e da *Explicação* sejam destinadas a expressá-la.

Pode acontecer, entretanto, que outros tipos de relações lógicas se inscrevam diretamente numa relação argumentativa e tomem, então, um valor de *causalidade*.

As articulações lógicas serão listadas e comentadas a seguir, para mostrar em que medida elas podem inscrever-se num *modo de encadeamento* geral de *causalidade*.

a) *A conjunção*

Em *"João e Maria partiram de trem"*, tem-se uma operação de *adição*; mas em *"Parte de manhã bem cedo e não encontrarás engarrafamento na estrada"*, a conjunção serve para expressar uma relação argumentativa: **Se** *partires bem cedo,* **então** *não encontrarás engarrafamento na estrada.*

"Multiplique isso por 38 milhões e você vai ter uma ideia do alcance de uma campanha pelo rádio." (Publicidade)

b) *A disjunção*

Em *"Virei a pé, a cavalo* **ou** *de carro, mas virei"*, tem-se uma operação de *discriminação*; mas em *"Termine o dever ou não irá ao cinema hoje à noite"*, a disjunção acompanhada de uma negação serve para expressar uma relação de causalidade: **Se** *você não terminar o dever,* **então** *não irá ao cinema esta noite.*

c) *A restrição*

Sabe-se que essa operação se baseia numa relação de causa e consequência cuja conclusão esperada é anulada e substituída por uma asserção contrária: *"Ele é inteligente* [portanto poder-se-ia esperar que compreendesse], *entretanto não compreende essas coisas".*

d) *A oposição*

Essa operação opõe duas asserções: **"Enquanto alguns pensam** *que somente a educação da população pode trazer uma resposta a este flagelo,* **outros proclamam** *que é necessário enfrentar a realidade".* Desse modo, "se é verdadeiro de uma parte, é também de outra", mas a oposição não estabelece propriamente uma relação de causalidade entre as duas partes.

e) *A causa*

Essa operação se inscreve, evidentemente, numa relação de "causalidade explicativa". É expressa tipicamente por "A1 **porque** A2" (e algumas outras marcas).

f) *A consequência*

Essa operação também se inscreve numa relação argumentativa de "causalidade explicativa ou implicativa". Ela é expressa por "A1 **portanto (logo)** A2" ou "**Se** A1, **então** A2"(e algumas outras marcas).

g) *A finalidade*

Essa operação se inscreve numa relação de "causalidade explicativa". Ela é expressa por "A1 **para** A2"(e algumas outras marcas).

É necessário, entretanto, observar que a *relação argumentativa de causalidade* nunca é puramente formal. Ela depende, com efeito, tanto do conteúdo semântico das asserções – e, portanto, das *relações de sentido* que se estabelecem entre elas – quanto dos *tipos de vínculo* (ou *condições lógicas*) que caracterizam a relação A1 → A2, enfim, do *escopo* do valor de verdade da Proposta em seu conjunto.

1.3. Modalidades (ou condições de realização)

A1 e A2 podem estar ligadas, em sua articulação lógica, de maneira mais ou menos estreita. A passagem de uma a outra se fará segundo uma inferência que estabelece, entre premissa e conclusão, um *vínculo modal* que se situa no domínio do *possível*, do *necessário* ou do *provável*.

Essas *modalidades* foram estudadas sob a designação de *condições lógicas* no capítulo dedicado às "relações lógicas" da *Grammaire*[3]. Aqui, apenas relembraremos suas definições, inserindo-as no quadro discursivo da lógica argumentativa para definir o lugar e a função do argumento de inferência numa relação argumentativa.

a) *O eixo do possível*

O eixo do possível caracteriza-se pelo fato de que A2, em graus diversos, *não é a conclusão única de A1*.

– O vínculo modal entre A1 e A2 é da ordem do possível: A2 é uma conclusão aleatória dentre outras: *"O que você vai fazer domingo? – Eu ainda não sei... Se o tempo estiver bom (A1), talvez eu vá à praia (A2)."*

– O vínculo modal entre A1 e A2 é da ordem do *provável*, é o objeto de um cálculo: *A2 é uma conclusão que se impõe, mas relativamente a certas circunstâncias* que aumentam ou diminuem sua probabilidade de ocorrência: *"Há 80% de chances de que a causa dessa doença (A1) seja um vírus (A2)".*

Uma variante da probabilidade é a *plausibilidade*. Em lugar de um cálculo quantitativo, tem-se um cálculo qualitativo que se funde com a experiência e, portanto, com a *veracidade* da conclusão: *"Se ele não quis nos acusar (A1), é sem dúvida porque espera tirar algum partido da situação em que nos encontramos (A2)."*

– O vínculo modal entre A1 e A2 é da ordem da *presunção* – A2 é a conclusão que se impõe na ausência de indicação contrária: *"A menos que me mostrem a prova do contrário, direi, por ora, que ele é (A1) o responsável pelo acidente (A2)."*

b) *O eixo do obrigatório*

O eixo do obrigatório caracteriza-se pelo fato de A2, em graus diversos, representar *obrigatoriamente a conclusão de A1*.

– O vínculo modal entre A1 e A2 é da ordem do *necessário*; *A2 é uma conclusão entre outras, mas obrigatória: "Se você quiser entrar nesta boate (A1), tem que pagar 50 reais."* (mas pode haver outras condições).

– O vínculo modal entre A1 e A2 é da ordem do *indiscutível*; *A2 é a conclusão que se impõe diante de A1, na medida em que a negação de A2 provocaria a negação de A1, mas nada garante que A1 seja a única asserção que possa ter essa relação com A2: "Tudo o que você encontrar nesta escrivaninha (A1) é para jogar no lixo (A2)"* (mas é possível que outras coisas, em outros locais, sejam igualmente próprias para se jogar no lixo).

---

[3]   Cf. Charaudeau, Patrick (1992). Op. cit., p. 527 –550.

– O vínculo modal entre A1 e A2 é da ordem do *exclusivo*: *A2 é a conclusão que se impõe diante de A1, na medida em que a negação de A2 conduziria à negação de A1. Além disso, somente A1 se encontra nessa relação com A2: "Para ser feliz (A1) preciso de amor (A2)".* (Se não tenho amor não sou feliz).

1.4. O escopo do valor de verdade

Esse componente se assemelha aos tipos de vínculos modais entre asserções, mas deles se distingue na medida em que abrange a *proposta* em sua totalidade, isto é, é o conjunto da relação argumentativa que está sob o "escopo" do valor de verdade: "para todos os casos" (*generalização*), "para um caso específico" (*particularização*), "para um caso suposto" (*hipótese*).

a) *A generalização*
Na generalização a proposta A1 → A2 vale para um grande número de casos que se repetem com frequência.

A proposta pode combinar-se com o eixo do *necessário* quando a *generalização* é abrangente, o que se verifica em slogans publicitários: *"Tomou Doril, a dor sumiu"*, (cada vez, todas as vezes em que se toma...); com o eixo do *possível*, quando a *generalização* é mais fraca: *"Quando nos achamos numa tal situação, há fortes possibilidades – mas possibilidades somente – de que venhamos a pedir ajuda".*

b) *A particularização*
A Proposta A1 → A2 vale para um caso específico que depende de circunstâncias particulares. A proposta pretende ser uma constatação:
"Quando fui a sua casa, encontrei a porta fechada".

c) *A hipótese*
A proposta A1 → A2 depende, para que se realize, do grau de existência que é atribuído a A1.

A1 existe, neste caso, como uma *suposição*, mas feita a suposição, a conclusão pode ser da ordem do *necessário*: *"Caso ele venha à reunião, tenho certeza de que ele vai apresentar uma proposta interessante"*; ou do *possível*: *"Se ele viesse, é possível que apresentasse uma proposta interessante".*

2. Procedimentos da lógica argumentativa: modos de raciocínio

Os diferentes componentes da lógica argumentativa combinam-se entre si para dar lugar a *modos de raciocínio* que permitem organizar a lógica argumentativa em relação com o que chamamos de *razão demonstrativa*.

Com efeito, esses modos de raciocínio se inscrevem numa determinada encenação argumentativa e se combinarão com os componentes dessa encenação.

2.1. A dedução

Trata-se de um *modo de raciocínio* que se baseia em A1 para chegar a uma conclusão A2, conclusão que representa a sequência, o resultado, o efeito, em resumo, a consequência mental (mesmo que esta se baseie na experiência dos fatos) da tomada em consideração de A1, através de uma *inferência*.

Da mesma forma, A1 representa a origem, a causa de A2, e pode-se dizer que na *dedução*, A1 e A2 estão numa relação de *causalidade orientada da causa para a consequência*.

Pode-se concluir daí muitos tipos de dedução:

a) *A dedução por silogismo*

A dedução por silogismo se baseia no modo de encadeamento *consequência implicativa* (**se...então**, **logo**, **portanto**), com asserções que se encontram numa relação de sentido de *Equivalência* (inclusão unilateral ou bilateral), através de um vínculo modal de *Necessidade*; tem o escopo de *generalização* e se configura, de maneira mais ou menos explícita, numa construção em três tempos e em três asserções:

(1) (**Se**) as flores são plantas

(2) (e **se**) uma tulipa é uma flor

(3) (**então**, **portanto**) a tulipa é uma planta.

> **Observação:**
> Frequentemente a segunda asserção não está explícita, como em "Penso, **logo** existo", o que permite, na argumentação corrente, produzir um *efeito de silogismo*, mesmo que as condições para realizá-lo não sejam preenchidas de maneira rigorosa. Esse efeito pode ser produzido com base nos argumentos seguintes:
> – *A parte pelo todo*: "Você está feliz, portanto toda a família está feliz".
> – *O todo pela parte*: "Todo mundo está de bom humor, portanto eu estou de bom humor".
> – *A transferência de qualidade* (a transitividade): "Você é amigo de meu amigo? Então você é meu amigo." Isso produz a máxima: "Os amigos de meus amigos são meus amigos".
> – *O encadeamento fatal* (a engrenagem que supõe que se reproduza necessariamente o que foi feito uma vez): "Se você mentir uma vez, então vai mentir toda a vida." O que produz máximas do gênero: "Quem rouba um ovo rouba um boi."

b) *A dedução pragmática*

A dedução pragmática se baseia nos modos de encadeamento *Consequência explicativa* e *Conjunção* (**logo**, **portanto**, **e**), com asserções da ordem do *Narrativo*; o vínculo modal pertence ao eixo do *Necessário*, e a dedução tem um escopo de *particularização*: *"Chove, (portanto) eu levo o guarda-chuva", "O ônibus estava atrasado, logo, eu cheguei atrasada", "Proibem-me de falar, então eu não falo".*

c) *A dedução por cálculo*

A dedução por cálculo se baseia no modo de encadeamento *Consequência implicativa* (**Se...então**), com asserções da ordem da *Qualificação, da Narração, ou da Posse*; o vínculo modal pertence ao eixo do *Possível* (Probabilidade), e tem o escopo de uma *Hipótese* que tende a tornar-se uma *generalização*.

É o caso da *extrapolação* (mais ou menos justificada) que se baseia:
– ora num resultado ou numa opinião majoritária para tirar uma conclusão que se aplicaria a um todo. Ocorre nos discursos políticos e de informação:. *"Se 51% dos brasileiros aprovam esta medida, então o Brasil está em perigo."* E também nos discursos publicitários: *"A maior parte das mulheres escolheu o produto X. Faça como as brasileiras, adote o produto X".*
– ora num fato existente, já estabelecido, que servirá de modelo, ou de justificativa para não se agir de outra forma. É o caso do raciocínio que utiliza um precedente: *"Não se mexe em time que está ganhando".*

d) *A dedução condicional*

A dedução condicional se baseia nos modos de encadeamento *Consequência* e *Conjunção* (**Se...então, e**), com as asserções da ordem do *narrativo, do qualificativo ou da posse*; o vínculo modal pode pertencer ao eixo do *Possível* ou do *Necessário*, e tem o escopo da *Hipótese* que pode combinar-se com uma *generalização* ou uma *particularização*:

"*Se você acabasse o trabalho, poderia ir ao cinema*" (**vínculo modal**: *Possível*; **escopo**: *particularização*).

"*Se você não fizer o trabalho, vai tirar uma nota ruim*" (**vínculo modal**: *Necessário*; **escopo**: *particularização*)

"*Se as cavidades formadas pela erosão atingem dimensões notáveis, então podem formar-se verdadeiros riachos*" (**vínculo modal**: *Possível*; **escopo**: *generalização*)

"*Analise suas atitudes e terá notícias minhas.*" (**vínculo modal**: *Necessário*; **escopo**: *particularização*).

Observação:
É nesse último tipo de dedução que se situam os raciocínios que consistem em levantar, de início, uma hipótese, uma suposição, ou um postulado, de que dependerá todo o resto da argumentação, como nos textos científicos ou didáticos: "Supondo que...", "seja....", "levantamos a hipótese de que...", "postulando que...", "admitamos que...".

2.2. A explicação

Esse *modo de raciocínio* é simétrico do precedente. Ele se baseia em A1 para chegar a uma conclusão A2, mas desta vez A2 representa a origem, o motivo, a razão e até a *causa mental* (mesmo que dependa da experiência) da tomada em consideração de A1, através de uma *inferência*.

Ao mesmo tempo, A1 representa a consequência de A2, e pode-se dizer que, na *explicação*, A1 e A2 encontram-se numa *relação de causalidade que é orientada da consequência para a causa*.

Pode-se distinguir vários tipos de "explicação":

a) *A explicação por silogismo*

Define-se da mesma maneira que a *dedução por silogismo*, com exceção do modo de encadeamento que é *causal* (X, **porque...**). Ela consiste, portanto, em remontar à cadeia de implicações: *"A rosa é uma planta (A1)*, **porque** *uma rosa é uma flor (A2)* **e porque** *as flores são plantas (A'2)."* *"Ele engordou porque comeu carne de ovelha e porque carne de ovelha é gorda."*

> **Observação:** Esse modo de raciocínio pode prestar-se também às mesmas derivas que o da dedução: *"Existo porque penso".*

b) *A explicação pragmática*

Define-se como a *dedução pragmática*, com exceção do modo de encadeamento que é *causal*:

– *A causa é pontual*, ocasional, temporária: *"Eu fui embora* **porque** *fecharam a porta no meu nariz."*

– *A causa é um desejo*, um sentimento, um estado de alma: *"Eu não como* **porque** *não tenho vontade."*

– *A causa é uma experiência pessoal*: *"Eu sei que ela é linda*, **porque** *eu a vi."*

c) *A explicação por cálculo*

Define-se da mesma maneira que a *dedução por cálculo*, com exceção do modo de encadeamento que é *causal*.

Aí se inclui o raciocínio *por extrapolação* e *por precedente*, remontando à causa: *"O Brasil está em perigo, porque 51% dos brasileiros dizem que..."*, *"As coisas são assim porque sempre foram assim."*

d) *A explicação hipotética*

Este modo de raciocínio não é simétrico da dedução, salvo precisamente o raciocínio por *hipótese*, visto que se trata de colocar que a causa é o objeto de uma suposição: "Não tirei nenhuma conclusão de sua atitude, **talvez porque** pensasse que ele não havia feito de propósito."

2.3. A associação

Trata-se de um modo de raciocínio que pode utilizar a *Conjunção*, a *Causa* ou a *Consequência* como encadeamento, e cuja característica é a de colocar A1 e A2 numa relação de *contrário* ou *identidade*.

a) *A associação dos contrários*

Esse *modo de raciocínio*, que consiste, como se diz comumente, em "trabalhar com o paradoxo", deveria ser eliminado como procedimento de argumentação, uma vez que não atende ao *princípio de não contradição*. Encontra-se em textos cuja finalidade estratégica é mais a sedução do que a persuasão, através de uma cumplicidade que passa pelo humor.

É comum encontrá-lo em exemplos tirados de publicidade, de críticas humorísticas, de declarações políticas:

*"Se você não sabe **ganhar** dinheiro com as **mãos**, saiba, pelo menos, **gastá-lo com os pés**."*
(Publicidade)

*"Os **pequenos** vinhos só são **pequenos** porque estão ao lado dos **grandes**."*
(Publicidade)

*"As fronteiras se **abrem**... Alguns deverão **fechá-las**.*
(Publicidade)

*"É interessante notar que nesse **mundo apertado** onde há **cada vez menos lugar**, há **cada vez mais espaços**."*
(Bilhete de humor)

"Os contribuintes são incorrigíveis, eles querem fazer a omelete sem quebrar os ovos!"
(Declaração de um político)

b) *Associação do idêntico*

Esse *modo de raciocínio* – que frequentemente é chamado de *tautologia* – deveria ser igualmente eliminado como procedimento de argumentação, em virtude da *redundância*. Com efeito, exceto quando participa de uma argumentação fraca (por exemplo: *"A aspirina vitaminada não faz dormir porque contém vitamina"*), o raciocínio dito tautológico pode causar um efeito de diversão e de cumplicidade. Além disso, ao contrário do que possa parecer, é uma maneira de discriminar os dois termos postos em relação, de mostrar que, sob o mesmo significante, colocam-se significados diferentes.

Em: *"O **Brasil** nunca é tão **Brasil** quando é **ele mesmo**"*, o primeiro *"O Brasil"* significa: o país e seus habitantes; o segundo significa: o valor simbólico desse país; o terceiro significa: a autenticidade desse país, a fidelidade a seus valores.

Em: *"Ele está **presente** porque **não está ausente**"*, *"presente"* pode significar: atento, disponível; *"não ausente"* pode significar: presente fisicamente.

Há, porém, uma outra utilização da *associação do idêntico*. É aquela que permite construir um raciocínio por *extensão* ou por *simetria*:

– *por extensão*: *"Os **amigos** de meus **amigos** são meus **amigos**"* (Se são amigos de meus amigos, então são meus amigos)
– *por simetria (ou assimetria)*: *"– Mas então, se você não **foi embora**, você **ficou** – Você compreendeu tudo"; "Se você é **compreensivo**, eu serei **compreensivo**; se você **coloca barreiras no meu caminho**, eu farei **o mesmo**."*

2.4. A escolha alternativa

Este *modo de raciocínio* se inscreve num raciocínio *dedutivo* e *explicativo*. Coloca em oposição duas relações argumentativas (A1 → A2 e A'1 → A'2), deixando a possibilidade de escolher entre as duas, ou mostrando a incompatibilidade que resultaria da conjunção das duas.

Assim sendo, consiste em evitar o raciocínio paradoxal que pode pôr em evidência:

a) _uma simples incompatibilidade_:
"**Ou** se é juiz, **ou** se é réu, mas não se pode ser as duas coisas ao mesmo tempo."
(A1 → A2: _"Se X é juiz, X julga"_; A'1 → A'2: _"Se X é réu, X se defende"_)

b) _uma escolha entre positivo/negativo_:
"Ou eu ou o caos."
(A1 → A2: _"Se sou eu, é a ordem"_; A'1 → A'2: _"Se não sou eu, é o caos"_)

c) _uma escolha entre duas negativas (dilema)_:
"Estamos numa situação difícil. **Ou** continuamos a perder dinheiro, **ou** declaramos falência".

"**Ou** eu reduzo seu salário, **ou** você trabalha mais. Escolha." (Se eu reduzir seu salário, você ganhará menos dinheiro. Se você trabalhar mais, disporá de menos tempo).

Esse dilema pode tornar-se uma chantagem:
"**Ou** você me paga, e eu me calo, **ou** você não me paga, e eu falo."

d) _uma escolha entre duas positivas (dilema)_:
"**Ou** eu aumento seu salário e você ganha mais dinheiro, **ou** eu reduzo sua jornada e você dispõe de mais tempo."

Observação:
O valor da "escolha" depende evidentemente do ponto de vista dos interlocutores. O vendedor, por exemplo, parece sempre propor _uma escolha entre positivo/negativo_: "Se você comprar o carro hoje, você pagará menos do que se comprar na próxima semana, com a nova tarifa".
Para o comprador, porém, que não tem dinheiro em caixa e que não pode despender uma certa soma "hoje", pode tratar-se de um _dilema entre duas negativas_.

2.5. A concessão restritiva

Este _modo de raciocínio_ também se inscreve num raciocínio _dedutivo_.

Consiste em aceitar A1, em colocá-la como verdadeira (fazer uma concessão), e, ao mesmo tempo, retificar a relação argumentativa. Aceita-se a asserção de partida, mas contesta-se que ela possa levar à conclusão proposta ou subentendida. Essa conclusão é negada ou modificada e é frequentemente em função dessa modificação ou negação que se descobre o que podia ser a conclusão inicial:

"A1, certamente, mas em lugar de A2, A'2."

Esse _modo de raciocínio_ ocorre em diálogos que se caracterizam por má fé, briga de casal, polêmica agressiva ou, simplesmente, mal-entendido:

"– Você disse que ele é amável, **mas** eu não acho que ele seja maleável.
– **Mas** eu nunca disse que ele era maleável, eu disse que ele era amável."

Encontra-se esse *modo de raciocínio* em situações de troca polêmicas, nas quais se concorda (ou se finge concordar) com certas asserções do outro para melhor invalidá-las ou retificá-las (procedimento menos agressivo do que uma negação brutal):

• *Publicidade:* uma maneira de resolver os efeitos negativos do raciocínio paradoxal. A uma qualidade positiva, acrescenta-se uma outra qualidade positiva que deveria ser contrária ou oposta, para significar: "Este produto combina os extremos":

> [O café X]
> *"Tão suave e, no entanto, é um café".*

> [Grande marca de bijuteria]
> *"Os homens nascem livres e iguais em direitos. (**Mas** nada os impede de serem diferentes)".*

> [A companhia aérea X]
> *"As pessoas não viajam pela X pelas mesmas razões... **mas** todas têm boas razões para viajar por ela."*

> [As telecomunicações]
> *"Ele não está no Estado do Rio de Janeiro, **mas** tem boas informações sobre o petróleo."*

• *Política*: Esse modo de raciocínio permite a um político obtemperar a oposição a seu adversário para melhor justificar o que quer propor:

> *"**Reconheço** que o governo já fez um esforço para diminuir a poluição da Baía da Guanabara. **Mas** resta ainda muito a fazer. E nossa função é propor os meios para isso."*

Ou então serve para denunciar ou para advertir:

> *"Admito que seu argumento é inteligente, **mas** você sabe muito bem que é pura demagogia."*

• *Coluna de opinião*: manuseia frequentemente a polêmica com um humor mais ou menos amargo:

> *"Não sou eu, cronista medíocre, quem poderia julgar a decisão da Comissão de Justiça; **mas** há decisões que fazem mal. Esta, por exemplo: (...)"*

• *Análises e comentários jornalísticos:* buscam pesar os prós e os contras:

> *"Os brasileiros reclamam da falta de empenho dos governos no que diz respeito à educação, **mas** o candidato X está com apenas 10% das intenções de voto."*
> *"O retrospecto das partidas de futebol entre brasileiros e equatorianos é bastante favorável aos pentacampeões, entretanto, no último confronto, o Equador ganhou de 1 a 0."*

• *Textos de vulgarização científica:* buscam ponderar a análise e fazer um confronto entre os argumentos:

> *"A luta pela redução do tempo de trabalho é tão antiga quanto o movimento operário. **Mas** o desemprego ao longo dos anos lhe deu uma dimensão nova (...)".*

• *"Assim as "quarenta horas" se impuseram com uma força irresistível, encabeçando as reivindicações da Frente Popular. No entanto a semana de quarenta horas manteve-se a mais contestada das reformas de 1936."*

• *"Se o laser começa a ser utilizado em medicina humana (...),* **ainda é apenas** *a título experimental."*

• *"****Sim****, alguma coisa em nós negocia a adesão a esse mundo organizado, controlado, tecnicizado, padronizado, asséptico, livre de todas as taras, depurado da desordem e do risco... Sim,* **certamente***, será a idade do ouro... A vida será mais segura, mais fácil, mais longa.* **Mas valerá ainda a pena ser vivida?"***

(J. Rostand, *Peut-on modifier l'homme?* [Pode-se modificar o homem?]. Gallimard)*

Resumo dos modos de raciocínio.

"DEDUÇÃO":	– por silogismo – pragmática – condicional
"EXPLICAÇÃO":	– por silogismo – pragmática – por cálculo – hipotética
"ASSOCIAÇÃO":	– dos contrários – do idêntico
"ESCOLHA ALTERNATIVA":	– incompatibilidade – escolha entre positivo/negativo – escolha entre duas negativas – escolha entre duas positivas
"CONCESSÃO RESTRITIVA"	

III. A encenação argumentativa

1. Componentes da encenação argumentativa

A lógica argumentativa não é o único elemento da *argumentação*. Como já dissemos, à *razão demonstrativa* deve associar-se uma *razão persuasiva*. Esta depende do *sujeito* que argumenta e da *situação* em que este se encontra diante do interlocutor (ou do destinatário) a que está ligado por um *contrato de comunicação*.

---

* N. T.: Tradução de L.H.M.G. e A.M.S.C.

Assim, o sujeito está uma vez mais no centro de uma *encenação*, que depende de determinados componentes.

Não é suficiente que sejam emitidas *propostas* sobre o mundo, é necessário também que estas se inscrevam num *quadro de questionamento* que possa gerar um *ato de persuasão*.

Longe de pensar, como certos teóricos, que toda asserção é necessariamente argumentativa, propomos um ponto de vista mais terra a terra que consiste em dizer: toda asserção pode ser argumentativa *desde que se inscreva num dispositivo argumentativo*.

É necessário, portanto, definir esse dispositivo e mostrar seu funcionamento. Uma vez definido o dispositivo, constatar-se-á que:
– sua encenação pode ser feita através de *configurações* diversas que dependem do *contrato de fala* que liga os parceiros da comunicação;
– o sujeito, que se encontra no centro desse dispositivo, é instado a *tomar posição* com relação ao quadro e ao desenvolvimento da argumentação;
– para justificar a posição tomada ao longo da argumentação, e para atingir da melhor maneira possível seu objetivo de persuasão, o sujeito que argumenta utilizará determinados *procedimentos*: *semânticos, discursivos e de composição*.

1.1. O dispositivo argumentativo

Um *processo argumentativo* não deve ser confundido nem com uma simples asserção (*"Eu bebo água"*) nem mesmo com um simples encadeamento lógico de duas asserções (*"Eu bebo água para emagrecer"*).

Asserção e encadeamento de asserções combinam-se para constituir a parte do *processo argumentativo* que chamamos de PROPOSTA. Porém, para que tal processo se desenvolva, são necessárias mais duas condições:
– que o sujeito que argumenta tome posição com relação à veracidade de uma Proposta existente (quer tenha sido emitida por ele mesmo ou por um outro); isto é, que essa Proposta esteja relacionada ao que chamamos de PROPOSIÇÃO.

Essa condição, no entanto, não é suficiente, pois o sujeito pode contentar-se em dizer que está de acordo (*"Sim, é verdade"* ou *"você está com a razão"*) ou não (*"não é verdade"* ou *"você não está com a razão"*), sem desenvolver uma argumentação. É necessário, portanto:
– que o sujeito diga *por que* está de acordo ou não, ou então, se quem propõe o questionamento é ele mesmo, que traga a prova da veracidade de sua Proposta, que desenvolva o que chamamos de ato de PERSUASÃO (*"Eu bebo água para emagrecer, porque, graças a seu poder diurético, a água elimina as toxinas"*).

Isso nos leva a definir o *dispositivo argumentativo* como sendo composto de três quadros: PROPOSTA, PROPOSIÇÃO, PERSUASÃO, que são suscetíveis de se superpor na configuração discursiva de uma argumentação.

a) *A Proposta*

A *Proposta* se compõe de uma ou mais asserções que dizem alguma coisa sobre os fenômenos do mundo (o que advém e o que é), através de uma *relação argumentativa* (tal como se definiu anteriormente).

A asserção "*X morreu*" não constitui uma proposta em si, e estaríamos no direito de replicar: "*E daí?*"

É somente quando se põe (explícita ou implicitamente) uma asserção em relação com uma outra que se configura uma Proposta sobre o mundo.

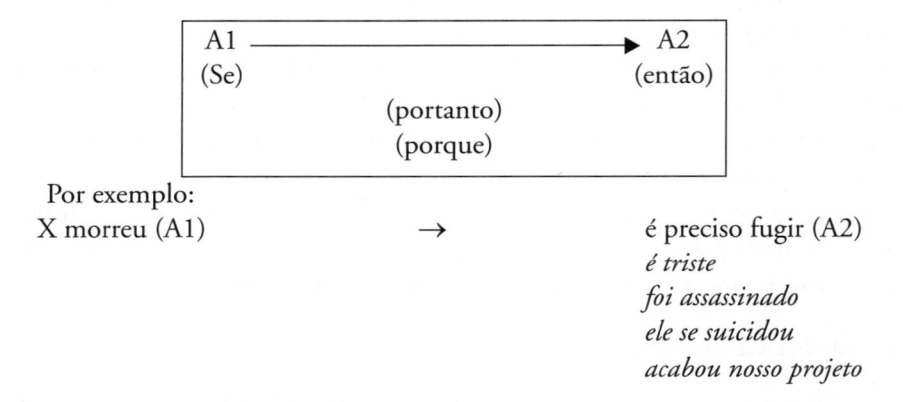

Por exemplo:

X morreu (A1) → é preciso fugir (A2)
é triste
foi assassinado
ele se suicidou
acabou nosso projeto

A Proposta corresponde ao que, em algumas abordagens da argumentação, se chama de *tese*.

b) *A Proposição*

A *Proposição* parte de um *quadro de questionamento* baseado na possibilidade de *pôr em causa* a *Proposta*. Essa "colocação em causa" depende da posição que o sujeito adota quanto à veracidade da Proposta, o que o levará a desenvolver a argumentação em tal ou qual direção. As posições do sujeito são as seguintes:

– *tomada de posição*:

O sujeito pode mostrar-se *de acordo* ou *em desacordo* com a Proposta.

Se o sujeito se mostra *em desacordo*, dir-se-á que é "contra" a Proposta; ele a "põe em causa":

"Tem gente que acredita que um produto é melhor simplesmente porque é mais caro."
(Publicidade)

É necessário então que o sujeito declare falsa a Proposta, o que o levará a desenvolver um ato de *Persuasão* destinado a provar essa falsidade, isto é, a *refutar a Proposta*. Esse processo de refutação pode ser *total* (quando atinge toda a Proposta) ou *parcial* (quando atinge um dos elementos, uma parte da Proposta).

Se o sujeito se mostra *de acordo*, dir-se-á que é "a favor" da Proposta, que ele defende porque está sendo posta em causa, ameaçada em sua verdade:

"A língua francesa está tão viva na Europa quanto antes da expansão do inglês."

É necessário, então, que o sujeito declare a Proposta como verdadeira, o que o levará a desenvolver um ato de Persuasão destinado a provar a veracidade da Proposta, isto é, a *justificá-la*. Esse processo de justificativa pode ser *total* ou *parcial*.

– *não tomada de posição*:

Neste caso, o sujeito não pode mostrar-se, a priori, *de acordo* nem *em desacordo* com a Proposta; ele não pode ser, a priori, nem *a favor* nem *contra*. Ele coloca a Proposta *em questão*, pois não pode engajar-se quanto à sua veracidade. Esse processo de *questionamento* é frequentemente apresentado no início de um texto cuja sequência desenvolve uma argumentação.

Por exemplo, no seguinte trecho de um ensaio:

[**A respeito da "onipotência da ciência"**]
A ciência, até agora, jamais se viu obrigada a arrepender-se de suas descobertas, nem a eliminar algum de seus progressos. Ela sempre os manteve e os consolidou, obtendo ganho de causa diante da opinião, mesmo quando esta se mostrava um pouco arredia. Jamais a ciência se colocou na posição de ter de voltar atrás. E, **entretanto**, hoje, em certos momentos, **uma leve dúvida nos aflora. Ocorre-nos perguntarmos se** a ciência não chegou ao ponto de tocar numa espécie de limite, além do qual seus avanços poderiam ser mais prejudiciais do que vantajosos.
... **Será que**, pouco a pouco, de ousadia em ousadia, não teríamos atingido certos domínios que deveriam permanecer proibidos? Não seria necessário, **talvez**, remontar às origens do ser? A vida humana deveria, **talvez**, continuar a se propagar na sombra, e sem que a ciência viesse a projetar nela suas indiscretas luzes?
(J. Rostand, *Peut-on modifier l'homme?* [Pode-se modificar o homem?]. Gallimard)*

Ou na análise de um acontecimento político ou desportivo:

[**A propósito da vitória eleitoral dos Republicanos nos EUA**]
"**Desastre** de Carter **ou triunfo** de Reagan? **Rejeição** de Carter ou **ratificação** de Reagan?"
(*Le Point*)**

[**A propósito da vitória da França sobre o Brasil na Copa do Mundo**]
Os franceses dizem que a França ganhou do Brasil. Eu me pergunto: **vitória da seleção francesa ou derrota** *da seleção brasileira?* **Superioridade da** *seleção francesa* **ou desatenção** *da seleção brasileira?*

Nessa atitude (real ou estratégica) de *não tomada de posição*, o sujeito que argumenta se dispõe a *admitir sua ignorância* (que pode ser provisória) e a desenvolver

---

* N. T.: Tradução de L.H.M.G. e A.M.S.C.
** Ibidem.

um ato de Persuasão que traga as provas da verdade e da falsidade da Proposta. Ele se dispõe a ponderar *os prós* e *os contras*. Esse processo de ponderação pode ser *total* ou *parcial*.

> **Observações:**
> **1.** A Proposta pode ser contestada ou defendida em totalidade ou em parte, seja quanto à *asserção de partida* (A1), seja quanto à *relação argumentativa* (A1 → A2):
> – A1 pode ser contestada no seu *fundamento*. Essa contestação pode incidir sobre totalidade da asserção ("Os números em que você se baseia para fazer sua demonstração são completamente falsos"), ou em parte dela ("Não é totalmente falso dizer..., mas é necessário precisar que ..." – processo de *retificação*).
> – A relação argumentativa A1 → A2 pode ser contestada do ponto de vista da sua validade, isto é, do ponto de vista da *prova*, ou da garantia, que deve justificar a passagem de A1 à sua conclusão A2. Essa contestação pode incidir sobre a totalidade da relação. Por exemplo: **"É falso dizer que** 'beber água (A1) faz emagrecer (A2)'** dado o fato que a água elimina as toxinas (prova), porque não é a água que elimina as toxinas, mas sim um tipo de alimentação acompanhado de uma certa higiene de vida." Essa contestação, no entanto, pode limitar-se ao tipo de vínculo que é estabelecido entre A1 e A2. O discurso publicitário, por exemplo, apresenta sempre o vínculo entre o produto (A1) e o benefício que ele traz (A2) como sendo *exclusivo* (só o produto X traz tal benefício). Esse vínculo poderia ser contestado, por exemplo, do seguinte modo: "É possível que a água mineral X (A1) elimine as toxinas (A2), **mas somente uma parte** e, aliás, **ela não é a única** a possuir essa propriedade."
> Também pode ser contestado um vínculo de necessidade: "Por que você espera que sua declaração (A1) provoque **obrigatoriamente** o fim das reivindicações (A2)?"
> 2. O confronto entre um sujeito que é a favor da Proposta e um sujeito que é contra pode resultar numa sucessão de argumentos e contra-argumentos.

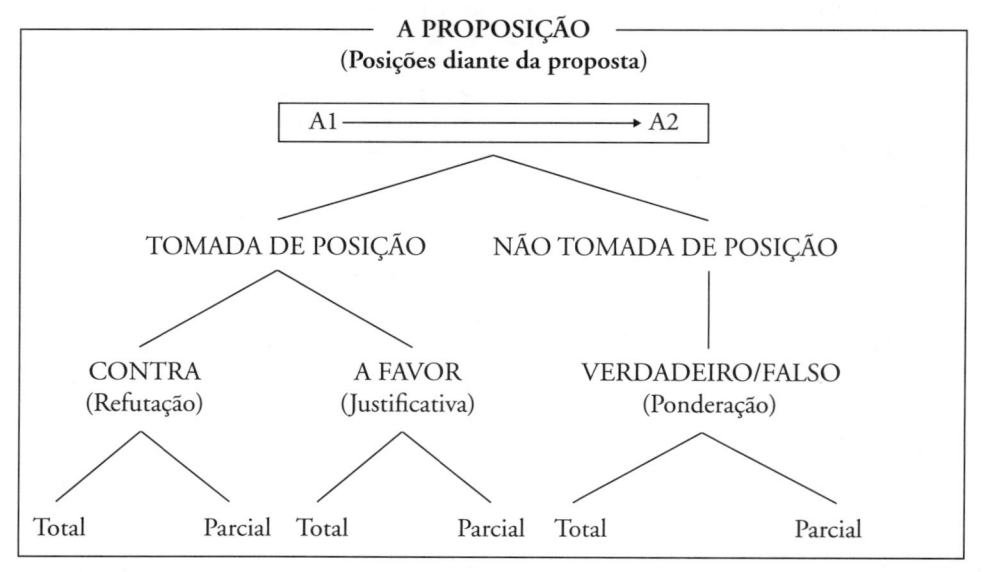

c) *A Persuasão*

A Persuasão coloca em evidência um *quadro de raciocínio persuasivo* que é destinado a desenvolver uma das opções do quadro de questionamento: *refutação, justificativa, ponderação.*

É nesse quadro que o sujeito desenvolve o que se pode chamar de "controvérsia", recorrendo a diversos procedimentos - *semânticos, discursivos* e de *composição* – a fim de estabelecer *a prova* da posição adotada na Proposição.

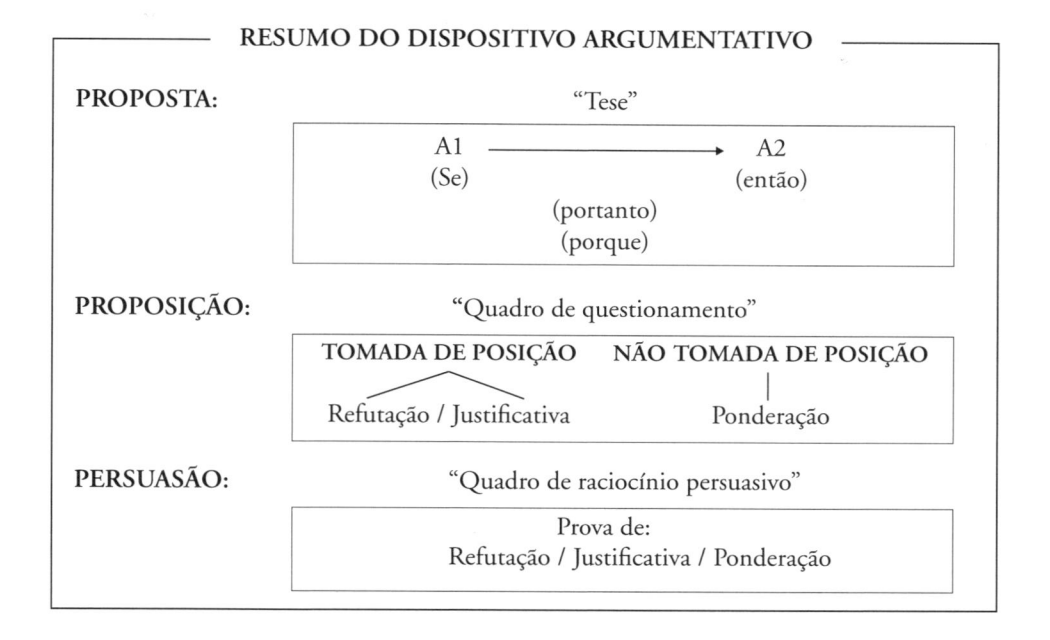

EXEMPLO ILUSTRATIVO

[Carta publicitária para uma revista de televisão (MTV)]

PROPOSTA 1: Se você adquirir MTV, você poderá escolher

Mensagem para você:

Você está em casa, o dia chega ao fim.

A tela da televisão está lá, vazia, fria. A vontade de vê-la com vida toma conta de você.

O que escolher? Basta uma olhadinha na MTV e seu programa está pronto.

Se quiser, ao contrário, terminar a leitura de um romance apaixonante escutando música, MTV lhe sugere a melhor estação de rádio. Ou então ouvir em seu aparelho de som um dos CDs que você comprou, seguindo os conselhos de MTV.

Mas se decidir sair e ir ao cinema, a leitura da crítica cinematográfica lhe permite escolher o que há de melhor em cartaz.

PROPOSIÇÃO 1: Isto é verdade (leva a uma justificativa)

Tudo isso? Claro, com a ajuda da MTV. Para que você possa escolher entre viver e olhar a vida.

PERSUASÃO 1: Justificativa: Lista de vantagens. Conclusão: um guia único e completo.

Toda semana, MTV lhe apresenta o programa claro, completo e comentado de todos os canais, com uma paginação, ilustrações, e uma tipografia que facilitam a leitura (...)

Toda semana, MTV apresenta, classificados por dia, os programas de rádio, de todas as emissoras francesas, periféricas e francófonas, assim como um quadro das emissoras estrangeiras. Coloca a seu dispor uma escolha diária comentada por gênero.

Toda semana, com MTV, você vai conhecer todos os filmes novos (...)

25 000 CDs saem por ano. MTV não pode analisar todos. Entretanto toda semana assinala os melhores em todos os domínios, jazz, pop, clássico, variedades. (...)

Mas, além disso, pois há muito mais, as transmissões particularmente importantes, alguns filmes e gravações são comentados num artigo de fundo ilustrado, o que permite compreender melhor sua importância. (...)

Quando você precisar fazer uma escolha, os jornalistas de MTV estarão a seu dispor. Seus comentários e análises vão ajudar a toda a família, pais e filhos, a não perder tempo.

Então, MTV não é o guia mais completo para o seu lazer? MTV não é o que melhor corresponde às suas exigências?

PROPOSTA 2: Se ela tem tantas qualidades, então é cara.

Mas talvez você pense: se essa revista oferece tantas coisas, ela deve ser cara.

PROPOSIÇÃO 2: É falso, mas deixamos que você avalie a Proposição (tomada de posição).

Avalie você mesmo.

PERSUASÃO 2: Não somente seu preço não é elevado (3 Euros), como também há uma oferta excepcional.

3€ por semana é seu preço de venda em todos os jornaleiros: todas as quartas-feiras.

Mas esqueça este preço, ele não é para você.

Como você não é obrigado a acreditar sem ver,para apreciar realmente MTV você deve utilizá-la durante várias semanas.

Assim sendo, oferecemos a você UMA OFERTA EXCEPCIONAL DE EXPERIÊNCIA: MTV nas próximas10 semanas por 25€.*

1.2. Tipos de configuração

A existência de um *dispositivo argumentativo* não antecipa a forma particular que uma argumentação pode tomar num texto.

A argumentação depende da *situação de comunicação* na qual se encontra o sujeito que argumenta, e é em função desta situação de comunicação e do *projeto de fala* do sujeito que serão utilizados os componentes do dispositivo.

Os fatores situacionais que contribuem para configurar uma argumentação sob forma de texto são de duas ordens, segundo se considere a *situação de troca* ou o *contrato de fala*.

a) *A situação de troca*

A situação de troca linguageira pode ser *monologal* ou *dialogal*.

– *monologal*: implica que o próprio sujeito que constrói a totalidade do texto argumentativo coloque em evidência a Proposta, a Proposição que questiona a Proposta, e desenvolva o ato de Persuasão (ver exemplo acima).

---

* N.T.: Tradução de L.H.M.G. e A.M.S.C.

– *dialogal:* Proposta, Proposição e Persuasão se desenvolvem ao longo das réplicas que se sucedem na troca linguageira.

Dependendo da situação, muitos aspectos do quadro de questionamento e do quadro de raciocínio persuasivo permanecem em suspenso, são interrompidos, esquecidos, não têm sequência e, portanto, não atingem o objetivo.

b) *O contrato de comunicação*

É o *contrato de comunicação* que fornece as chaves de interpretação de um texto.

Pode acontecer, portanto, que o texto remeta a esse contrato (nesse caso a argumentação é explícita) ou que o dissimule (nesse caso a argumentação é implícita):

– *explícita* (frequentemente em situação de troca *monologal*): o texto apresenta qual é a Proposta, em que consiste a Proposição e qual vai ser o quadro de Persuasão.

> Retirar uma tatuagem não é coisa simples (Proposta). Se a cirurgia permite fazê-lo, ela não resolve tão elegantemente o problema. A excisão da pele devendo ser larga e a colocação de um ou de vários enxertos necessária, a cicatriz pós-operatória está longe de ser estética (Proposição). Recorrer a um outro método parece, portanto, bastante indicado. Qual? (anúncio da persuasão)
>
> (Revista de vulgarização)

– *implícita:* o texto não especifica o quadro argumentativo, sendo necessário, frequentemente, interpretar asserções simples como participantes de uma Proposta, de uma Proposição e de um ato de Persuasão.

Assim:

"Ninguém é bela por acaso. X." deve ser entendido como: "Se você utiliza o produto X, você será necessariamente bela, pois somente X faz com que a beleza tenha uma lógica" – porque se trata de um *texto publicitário.*

"Forçar a abstenção é uma má ação" deve ser entendido como "Se você se abstiver de votar no próximo domingo, você não é um bom cidadão" – porque se trata de uma *declaração política* de um chefe de estado que se dirige aos cidadãos de seu país, na véspera de um referendo.

"Os mesmos supracitados habitarão no imóvel alugado, sem poder mudar a finalidade do mesmo" somente poderá ser entendido como "Se o locatário de um apartamento muda a finalidade de sua habitação, o contrato pode ser rescindido unilateralmente" – porque se trata de um *texto de lei* que rege o "contrato de locação de um imóvel residencial".

1.3. Posições do sujeito

Vimos, quando da descrição do *dispositivo argumentativo* (1.1), que o sujeito deveria *tomar posição* com relação à veracidade da Proposta, estabelecendo um quadro de questionamento (Proposição).

Efetivamente, em toda argumentação o sujeito é instado a tomar posição: com relação à Proposta, com relação ao sujeito que emitiu a Proposta e com relação a sua própria argumentação.

1.3.1. Posições em relação à Proposta

Trata-se de posições, já descritas, que dependem tanto do saber que o sujeito detém sobre a Proposta quanto da opção em relação à veracidade da Proposta: o sujeito *toma* ou *não toma posição*. Se toma posição, ele é *a favor* ou *contra* a Proposta; se não toma posição, ele revê os *prós* e os *contras*.

1.3.2. Posições em relação ao emissor da Proposta

Trata-se das posições que dependem do modo pelo qual o sujeito julga, não a Proposta propriamente dita, mas o seu emissor.

Vários casos podem-se apresentar:

a) *rejeição do status do emissor:* o sujeito responsável pelo quadro de questionamento (Proposição) pode não dar crédito (ou dar pouco crédito) ao sujeito que emitiu uma asserção com valor argumentativo. Sendo assim, ele pode *rejeitar* ou *colocar em suspenso* a Proposta.

Ele pode decidir, por exemplo, não participar de uma argumentação desenvolvida numa conversa ou num debate, se julga que "o jogo não vale a pena", isto é, tendo em vista o estatuto e o pouco crédito dos participantes da discussão, não é útil tomar posição com relação à Proposta. É o que aparece nesta sequência de réplicas, retiradas de um debate no rádio:

> "– Os jovens de hoje não são competentes, porque eles não querem trabalhar.
> – Talvez, mas o que lhe permite dizer isso e, a propósito, quem é você para dizer isso?"

Num artigo científico, por exemplo, o autor começa por colocar em causa a atitude daqueles que se sentem "injuriados" com o termo "social democracia", atitude que não lhes permite debater sobre o assunto num quadro de questionamento "racional":

> Há quem fique tão ofendido na esquerda francesa quando se fala de "social democracia" que isto o leva a não se dar o trabalho de definir o que tal designação significa. Tradicionalmente, é identificada com a traição aos ideais do socialismo (...). Essa reescritura da história, em termos de desvio com relação a uma linha que se supõe justa, permite, à esquerda francesa, dissimular de maneira oportuna três problemas nos quais eu gostaria de insistir brevemente: (...).
> (Revista *Dialectiques*)

Em debates políticos, por exemplo, a seguinte réplica é dirigida com frequência ao adversário: *"Você não é o mais indicado para apresentar tais propostas. Você tem a memória curta."*

Um jornalista de esportes, por exemplo, coloca em discussão a declaração de alguns dos jogadores acerca de um assunto sobre o qual não têm autoridade para falar:

> Fazem toda sorte brincadeiras nos treinamentos. Mais interessante do que isso, porém, é o fato de alguns dos jogadores brincalhões declararem que a molecagem na preparação para as partidas deve ser combatida. Tal assertiva provoca espanto nos jornalistas e nos torcedores.
> (Artigo da coluna de esportes de um jornal de grande circulação)

b) *aceitação do estatuto do emissor:* a partir do momento em que se engaja numa argumentação ou numa contra-argumentação, o sujeito admite que os outros participantes têm suficiente autoridade, crédito e saber para participarem de um quadro de questionamento. Pode ser também que essa posição de *aceitação do estatuto do emissor* da Proposta seja comandada pela própria situação de comunicação.

O discurso de vulgarização didática ou midiática, por exemplo, não pode rejeitar ou colocar em discussão o estatuto de autoridade dos discursos científicos que estão na origem dos textos em que os vulgarizadores se apoiam.

c) *autojustificativa do estatuto:* o sujeito pode ser levado a justificar seu próprio estatuto ou o de um outro enquanto sujeito argumentante, porque este teria sido colocado em discussão.

Assim sendo, ele pode proceder à sua justificativa apelando para o saber: "É assim (eu digo isso), porque eu sei"; ou apelando para a experiência: "É assim (eu digo isso), porque eu vi / ouvi."

Esse procedimento é o que se chama correntemente de "recorrer a um argumento de autoridade".

É a esse procedimento que recorrem certos textos publicitários, quando expõem os testes ou experiências científicas que atestam os benefícios do produto:

> *"Corretor das linhas de expressão:*
> *Duas semanas para combater as rugas.(*)*
> **(Testes efetuados pelo Instituto S. de Pesquisa Medicinal, e por laboratórios independentes)"*

> "SL reduz realmente rugas e ruguinhas, até 50% em certos casos, **provados por computador**. Esses desempenhos resultam do complexo biológico GAM **cuja atividade foi medida em laboratório**."

1.3.3. Posições em relação à própria argumentação

Trata-se de posições que dependem do *tipo de engajamento* que o sujeito adota diante de seu próprio quadro de questionamento:

a) *Engajamento:* ele pode escolher *implicar-se pessoalmente* no questionamento, fazê-lo seu, defendê-lo. Nesse caso, o questionamento torna-se uma *controvérsia* na qual os outros sujeitos e os outros argumentos são direta e explicitamente colocados em causa (e até colocados em acusação) por julgamentos de valor mais ou menos passionais, por denúncias, por tomadas de posição irônicas.

Trata-se nesse caso de *argumentação polêmica*.

Nos artigos citados anteriormente, podem ser identificados traços de uma "argumentação polêmica discreta" (o que não quer dizer que o conjunto da argumentação o seja):

• *Indeterminação* do sujeito ao qual o argumentante se opõe, o que o globaliza e impede de se saber com precisão quem é esse sujeito:

"Há **quem** fique tão injuriado na esquerda francesa", "Tradicionalmente, [a social democracia] é identificada com a traição aos ideais do socialismo"

"**Fazem** toda espécie de brincadeiras nos treinamentos."

• *Processo de acusação* do sujeito ao qual se opõe o argumentante, o que personaliza a argumentação:

"Há quem fique **tão injuriado...**" "isto a leva a **não se dar o trabalho de definir...**" "com relação a uma linha **que se supõe** justa..." "permite, à esquerda francesa, **dissimular...**"

• *Autoatribuição* da argumentação: "[...] três problemas nos quais eu gostaria de insistir brevemente"

• *Posicionamentos irônicos*:

"Mais **interessante** do que isso, porém, é o fato de alguns dos jogadores brincalhões declararem que a molecagem na preparação para as partidas deve ser combatida."

b) *Não engajamento:* o sujeito pode escolher *não se implicar pessoalmente* na argumentação, mantê-la a distância, não colocar os outros em causa a não ser pelo jogo das conclusões argumentativas.

Trata-se aqui de *argumentação demonstrativa*, como é o caso (ou pelo menos deveria ser) dos textos científicos ou didáticos com:

• qualificações *objetivas*, verificáveis e precisas.

• uma descrição das *operações de pensamento* (operações ditas *cognitivas*) às quais se dedica o sujeito que demonstra : "**observar, examinar, postular que, fazer a hipótese que, etc.**"

• o emprego de *frases impessoais*, que apagam a presença do sujeito que argumenta: "**convém dizer**", "o problema **aqui colocado** é o seguinte", "**é lógico que**", etc.

• o uso de *citações* e de *referências* sob forma de **parênteses, notas, remissões**, etc.

Resumo dos componentes da encenação argumentativa.

O dispositivo argumentativo	– Proposta – Proposição – Persuasão	– "Tese" – "Quadro de questionamento" – "Quadro de raciocínio"
Os tipos de configuração	– Situações de troca – Contrato de comunicação	–"Monologal" – "Dialogal" – "Explícito" – "Implícito"
As posições do sujeito	• Com relação à Proposta • Com relação ao emissor (E) da Proposta • Com relação a sua sua própria argumentação	– "Tomada de posição" (A favor/Contra) – "Não tomada de posição" – "Rejeição do estatuto" – "Aceitação do estatuto" – "Autojustificativa" – "Engajamento e argumentação polêmica" – "Não engajamento" e argumentação racional

2. Procedimentos da encenação argumentativa

A *encenação argumentativa* consiste, para o sujeito que quer argumentar, em utilizar procedimentos que, com base nos diversos componentes do modo de organização argumentativo, devem servir a seu propósito de comunicação em função da situação e da maneira pela qual percebe seu interlocutor (ou seu destinatário).

Esses procedimentos têm por função essencial *validar* uma argumentação, isto é, mostrar que o *quadro de questionamento* (Proposição) é *justificado*. E para isso, é necessário produzir *a prova*.

Os diversos procedimentos contribuem, portanto, cada um de maneira particular, para produzir aquilo que tende a provar a validade de uma argumentação.

Alguns se baseiam no *valor dos argumentos*. São os *procedimentos semânticos*.

Outros utilizam categorias linguísticas com o objetivo de produzir certos *efeitos de discurso*. São os *procedimentos discursivos*.

Outros, enfim, organizam, quando a situação de comunicação o permite, o conjunto da argumentação. São os *procedimentos de composição*.

2.1. Procedimentos semânticos

Os procedimentos semânticos consistem em utilizar um argumento que se fundamenta num *consenso social* pelo fato de que os membros de um grupo sociocultural compartilham determinados *valores*, em determinados *domínios de avaliação*.

2.1.1. Domínios de avaliação

Os domínios de avaliação são cinco:

a) *O domínio da Verdade*, que define de maneira absoluta, e em termos de *verdadeiro* e *falso*, tanto o que concerne *à existência de seres* em sua *originalidade*, sua *autenticidade* e sua *unicidade*, quanto o que pertence ao âmbito do *saber* como *princípio único de explicação* dos fenômenos do mundo.

Argumento tipo: *"É verdadeiro porque é autêntico (ou científico)."*

b) *O domínio do Estético,* que define em termos de *belo* e de *feio* o que são os seres da natureza, as representações que os homens fazem dela (na expressão artística) ou os objetos que fabricam.

Argumento tipo: "Este objeto tem valor porque é belo."

c) *O domínio do Ético,* que define em termos de *bem* e de *mal* o que devem ser os comportamentos humanos diante de uma *moral externa* (as regras de comportamento são impostas ao indivíduo pelas leis do consenso social) ou *interna* (o indivíduo dá a si mesmo suas próprias regras de comportamento).

Em ambos os casos, o indivíduo deve agir de uma certa maneira. É o domínio do *dever* e da *obrigação* no qual, ao contrário do domínio Pragmático (ver a seguir), o argumento é colocado como *origem* de uma ação. Esta se realiza *em nome de um princípio*, e esse princípio é o próprio argumento:

Argumento tipo: *"É porque eu sou X que eu ajo assim"*

(e não: *"Eu ajo assim para me tornar X"*)

d) *O domínio do Hedônico*, que define em termos de *agradável* ou de *desagradável* o que pertence ao âmbito dos *sentidos* que buscam *prazer* em relação com os projetos e as ações humanas. Esse prazer é suscitado pela satisfação de um fim desejado *no instante mesmo de sua realização*.

Argumento tipo: *"Eu bebo cerveja quando faz calor, porque é refrescante."*

(é no instante do consumo que se sente o prazer do frescor).

Muitas publicidades utilizam esse domínio de avaliação.

e) *O domínio do Pragmático*, que define em termos de *útil* e de *inútil* o que depende de um *cálculo*. Esse cálculo consiste em medir os projetos e os resultados das ações humanas em função das necessidades racionais dos sujeitos agentes que os realizam (mesmo que tenham de passar por estágios desagradáveis). É o domínio do *interesse* no qual, ao contrário do domínio da Ética, o *argumento é colocado como consequência de uma ação*.

Argumento tipo: *"É necessário agir rápido para pegar o inimigo de surpresa."*

2.1.2. Valores

Os valores correspondem às *normas de representação social*, que são construídas em cada *domínio de avaliação*.

a) *concernente ao domínio da Verdade*:

> Com X você encontrará seu **verdadeiro** rosto. (Publicidade)
> Ela nunca deixou de amá-lo, porque ele sempre disse **a verdade**.
> A juventude é **eterna**. Beba X. (Publicidade)
> A água X, a **pureza** das montanhas, a **fonte da vida**, o **equilíbrio do corpo**. (Publicidade)
> E eis **o homem**! O gosto de escolher e de vestir-se na loja X. (Publicidade)

b) *concernente ao domínio do Estético:*

> Você é **linda**
> Mais que demais
> Vocé é **linda sim**
> Onda do mar do amor
> Que **bateu em mim** (...)
> (Caetano VELOSO. *Você é linda.*)

c) *concernente ao domínio do Ético:*

Os valores podem ser de *solidariedade, fidelidade, disciplina, honestidade e lealdade, responsabilidade, esforço e superação, justiça, bondade, etc*. São encontrados principalmente nos discursos políticos:

> [*Solidariedade*]
> "Longe de afetar somente os atuais alunos, pais e professores da escola, esta grave questão concerne a **todos**."
>
> (Carta aos colegas de uma escola)

> [*Honestidade*]
> "Esta revista deve representar para vocês, leitores, um conselheiro atento e perfeitamente **imparcial** que **não impõe escolhas**, mas que **dá**, pela primeira vez, **todos os meios de vocês mesmos escolherem...**"   (Carta publicitária)

> [*Justiça*]
> "Isso constitui uma medida de **seleção complementar** que anula nossos esforços no sentido de **permitir a nossos alunos o acesso ao curso secundário**."
>
> (Carta aos colegas de uma escola)
>
> "Esta é uma medida importante cuja finalidade é **permitir às crianças pertencentes a estratos sociais mais baixos ter acesso às escolas de bom nível**."
>
> (Discurso político)

> "Por **uma vida digna**
> Pelos **direitos de todos**
> No Brasil e no mundo."
>
> (Panfleto político)

[*Responsabilidade*]
Brasileiras, Brasileiros, não vendam seu voto por benefícios próprios. Troquem-no pela convicção de que o candidato trabalhará pelo bem de todos. **Mais do que um direito, é um dever votar com responsabilidade.**

[*Esforço, superação*]
Caros eleitores:
Sei que sua vida não é fácil, que lhes falta muita coisa, mas **façam um esforço** para pensar no bem de todos, e não apenas no bem individual.

[*Disciplina*]
Faça a sua parte.
Estude, regularmente, cinco horas por dia. Alimente-se nas horas certas. Destine uma hora, três vezes por semana, para se exercitar. Reserve uma hora por dia para descansar a cabeça, ouvindo música, assistindo a um filme, enfim. Este é o caminho para aprovação no vestibular.

d) *concernente ao domínio do Pragmático*:

Os valores desse domínio são fundados na experiência que se apoia tanto no que é *habitual, durável, frequente* e se inscreve, portanto, numa *norma de comportamento*, quanto no que é *singular, original, único* (e até *especial, excepcional*), e se inscreve, portanto, numa *diferença* com relação à norma de comportamento.

[*Norma* **fundada na** *quantidade*]
"...Desde o início do ano seu nome está em todas as bocas, em **todas as ondas**, em **todas as telas.** ...E, graças a ele, **milhões de pessoas** já começaram a fazer uma poupança totalmente livre de impostos!" (Carta dos Correios)

[*Norma* **como** *modelo de comportamento*]
Muitas já o adotaram. **Faça como elas,** e você não vai se arrepender. (Slogan publicitário)
Com o método X, **você também** pode aprender a escrever sem erro. (Publicidade)
Quem disse que **os cariocas** não são fiéis?
Na Rádio X-FM, são **66% de ouvintes regulares e 2 milhões de ouvintes exclusivos.** (Publicidade)

[A *norma* **como argumento de** *prudência* **ou de** *conservadorismo*]
"Mais vale um pássaro na mão do que dois voando." (Máxima)

" – Mas por que você não modernizou seu sistema de vendas?
– Até agora **sempre se fez assim**, e funciona. Aliás, na região, **todo mundo trabalha assim.**"

[A *diferença* **como argumento de** *sedução*]
"Perceba **a diferença**" (Publicidade)
"Todos vão pensar que **você não usa nada.**" (Publicidade para sutiã)

[A *diferença* **e a** *singularidade*]
"Sempre imitado e **nunca igualado.**" (Publicidade para esponja de aço)

"**O único com** cristais refrescantes feitos de enxaguante bucal que se dissolvem instantaneamente durante a escovação" (Publicidade para creme dental)

e) *concernente aos domínios do Pragmático e do Ético*

Esses dois domínios podem combinar-se na medida em que uma regra de comportamento cuja eficácia se mediu e verificou (Pragmática) torna-se um dever ou um modelo de conduta (Ética). É o caso tanto dos valores que giram em torno da *organização racional da vida – o trabalho, o sucesso, o mérito –* quanto, inversamente, os valores que dependem da *imaginação: a invenção, a criação*, etc.

> [*A racionalidade* **contra** *o acaso*]
> "Ninguém é bela **por acaso**" (Publicidade para produtos de beleza)
>
> "Naturalmente, você também está satisfeito com o atual Governo, pois sabe muito bem que **tantas realizações não seriam obra do acaso**" (Propaganda política)
>
> [*O trabalho* **e o** *mérito*]
> – E no tempo de calor?
> O que fazia? me diga,
> perguntou-lhe a formiga,
> sem pena da sua dor.
> – Eu cantava, noite e dia.
> Eu cantava toda hora.
> – Cantava, né? Já sabia!
> Muito bem... Dance agora!
> (La Fontaine. Tradução de Angela Lago)
> (Contrariamente à interpretação moderna, essa fábula, na época de La Fontaine, valorizava o trabalho: *Temos a sorte que merecemos. Todo trabalho merece salário. Ele trabalhou toda a sua vida, ele bem merece um pouco de repouso.*)
>
> [**A imaginação**]
> "Sejam criativos!"
> "Soltem a imaginação!"
> "A imaginação no poder!"

f) *concernente ao domínio do Hedônico*

> Não é surpresa que a publicidade seja o seu lugar privilegiado:
> **A cultura tem um lugar importante na sua vida**: você faz parte dessa minoria de brasileiros que compra regularmente livros e para quem **uma semana sem leitura é uma verdadeira punição** (...). (...) A variedade, que **renova o prazer** do leitor, tem também outra vantagem (...): **após a leitura de um trecho, você saberá se o livro é de seu agrado e se você realmente deseja lê-lo.**
>
> (Carta publicitária)
>
> • "X faz a sopa **que você ama**"
> • "Sabonete X. **Suavidade de corpo inteiro**"
> • "A lâmina de barbear X. **Uma carícia amorosa**"
> • "A lã, **quanto mais se usa, mais se ama**"
> • "**Não há prazer sem X**"   (Slogans publicitários)

[**Provérbios**]

• "O amor faz passar o tempo
e o tempo faz passar o amor"
• "Quem ama muito sofre muito"
• "O apetite vem, comendo"
• "Quem ama o feio, bonito lhe parece."

2.2. Procedimentos discursivos

Os *procedimentos discursivos* consistem em utilizar ocasionalmente ou sistematicamente certas categorias de língua ou os procedimentos de outros Modos de organização do discurso, para, no âmbito de uma argumentação, produzir certos efeitos de persuasão.

Destacar-se-ão, principalmente: *a definição, a comparação, a citação, a descrição narrativa, a reiteração* e *o questionamento.*

2.2.1. A definição

A *definição* é uma atividade de linguagem que pertence à categoria da *Qualificação* e ao modo de organização *Descritivo.*

Consiste em descrever os traços semânticos que caracterizam uma palavra, num certo tipo de contexto.

No âmbito de uma argumentação, a *definição* é utilizada com fins estratégicos. Mesmo no caso em que não se trata de uma verdadeira definição (ela toma a aparência de uma definição), ela serve para produzir um *efeito de evidência* e *de saber* para o sujeito que argumenta.

A *definição* não pode ser *posta em causa*, uma vez que é, por definição, *consensual* (saber popular) ou *científica* (saber do conhecimento).

Distinguir-se-ão dois tipos de *definição*, segundo defina um *ser* (objeto, pessoa, noção abstrata, palavra *etc.*) ou um *comportamento*:

a) *definição de um ser*

[**distinções de sentido em torno de uma noção**]

• "Eu falo da **liberdade de expressão** e não da **liberdade de agir**"
• "Ah, mas atenção! É que **há democracia e democracia**"

[**Recurso à propriedade dos termos**]

• Eu emprego esta palavra porque ela **traduz com clareza o que eu quero dizer.**
• É preciso considerar essa palavra **em seu sentido pleno.**

[**Falsa tautologia**]

• **Um som é um som.**
• **O Brasil é o Brasil.**

b) *definição de um comportamento*

[Na publicidade, para sugerir que um comportamento é equivalente a um outro, ou seja, que um comportamento ganha uma nova essência]

- "Escolher o supermercado X, **é economizar.**"
- "Com o cartão X, assinar **é pagar.**"
- "Fazer economia de energia **é fazer economia rapidamente.**"
- "Crescer **é NESTLÉ.**"

[Nos provérbios, máximas, ditados ou frases feitas, modelos de comportamento ou sabedoria popular]

- "Partir **é morrer um pouco**"
- "Abster-se **é uma má ação**"
- "Não se engajar **é fugir à realidade**"

2.2.2. A comparação

A *comparação* participa, ao mesmo tempo, de duas categorias de língua: a *Qualificação* e a *Quantificação*. A comparação participa da Qualificação, porque quase sempre as *propriedades* são focalizadas para que sejam destacadas a semelhança ou a dessemelhança entre elas; e participa da Quantificação, porque ora se comparam quantidades, ora se faz uma comparação graduada de propriedades.

No âmbito de uma argumentação, a *comparação* é utilizada para reforçar a prova de uma conclusão ou de um julgamento, produzindo um *efeito pedagógico* (comparar para ilustrar e fazer compreender melhor) quando a comparação é *objetiva*; ou um *efeito de ofuscamento* (desviar a atenção do interlocutor para um outro fato analógico que, por ser semelhante ao outro, impede que se examine a validade da prova) quando a comparação é *subjetiva*.

As marcas da *comparação* são diversas:

- *vocábulos gramaticais*: como, tal, tal como, assim, assim como, da mesma forma (que), mais que..., menos que...;
- *vocábulos lexicais*: assemelhar-se (semelhança entre x e y), parecer, corresponder (correspondência entre x e y), aproximar (aproximação entre x e y), comparar (comparável, comparação entre), ter em comum, ter de diferente, diferenciar (diferença), opor (oposição entre).

A *comparação* pode incidir sobre uma *semelhança* ou uma *dessemelhança* e pode ser *objetiva* ou *subjetiva*.

a) *A comparação por semelhança.* Ela pode pôr em evidência:

- *uma igualdade*: (porque) x é como y
  "– Por que você acha que vai ser difícil andar no centro da cidade?
  – Porque a temperatura deste ano **é como** a do ano passado."

• *uma proporcionalidade* (homologia): (porque) x está para z como y está para t
"Apesar do reajuste dos salários, o poder de compra não mudou, porque o aumento é **proporcional** ao aumento do custo de vida."

• *uma extensão* (comparação de relação e transitividade): "x faz parte de y", é comparável a "y faz parte de z", portanto "x faz parte de z".
"Como você é amiga de Renato (**e como** Renato é meu amigo), **você ficou minha amiga.**"

b) *A comparação por dessemelhança.* Ela pode pôr em evidência:

• *uma desigualdade:* (porque) x não é como y
"**Não confunda** alhos com bugalhos."

• *uma não proporcionalidade: x não está para z como y está para t*
"Seu argumento seria válido, **se** o real **fosse para** o dólar **o que** o dólar **é para** o euro. O que não é o caso."

• *uma não extensão:*
"**Não é porque** Luísa é sua amiga que ela deva ser minha amiga."

c) *A comparação objetiva.* Ela se faz com um *comparante* verificável:

"Este menino se parece comigo porque tem os cabelos ondulados como eu tinha na sua idade."
"Pode-se dizer que a tendência é favorável porque há um ano a porcentagem de satisfeitos era de 39% e hoje é de 41%."
"– No fim das contas, eu prefiro viver na capital sem grande conforto a viver luxuosamente no interior.
– Eu penso o contrário."
"Um verdadeiro patrão sabe enfrentar os sindicatos"(subentendido: aquele que não sabe fazê-lo não é um verdadeiro patrão).
"Isto é um homem de bem!" (subentendido: os outros não são).

d) *A comparação subjetiva*

A comparação subjetiva procede de uma analogia mais ou menos imagética, destinada a produzir no interlocutor uma evidência, que é mais forte quando a imagem recorre ao humor:

[**Locuções**]
"Ele é teimoso como uma mula"
"É feio como quasímodo! "
"Ele é sutil como um trator"
"Ele é médico como eu sou arcebispo"

A subjetividade da comparação é às vezes anunciada por um "como se": "*É como se eu te dissesse que adoro comer verduras pela raiz.*"

Observações:
1. As comparações objetiva e subjetiva são frequentemente empregadas no discurso de vulgarização. Com efeito, esse discurso consiste, entre outras coisas, em denominar de maneira não técnica (com termos considerados mais simples) conceitos pertencentes a um discurso especializado.

As expressões **isto é, assim denominado, também designado por, vulgarmente dito, mais simplesmente chamado, é somente isso**, assim como os **parênteses, travessões, apostos**, entre vírgulas e dois pontos, correspondem ao arquétipo:
"É como se dissesse..."
2. Esse procedimento de comparação, como argumento, pode sempre ser contestado numa relativização:
– "é verdade, mas não é a única comparação possível"
– "à sua comparação eu oponho uma outra (tão ou mais válida)"
– "sua comparação é muito bonita, mas não é realista (é muito forçada)"
Dito de outra maneira: "comparação não é razão".

2.2.3. A descrição narrativa

Esse procedimento se assemelha à comparação, na medida em que é descrito um fato, ou contada uma história, para reforçar uma prova ou para produzi-la.

Entretanto, a descrição narrativa tem uma existência própria, pois pode servir para desenvolver todo um raciocínio dito "por analogia", que produz um *efeito de exemplificação*.

É encontrado na Imprensa, principalmente nas análises e comentários de correspondentes no estrangeiro, nas *críticas* de cinema ou de teatro; na *literatura policial*: os retratos destinados a fornecer indícios ou pistas falsas; no *ensino*: as histórias contadas para explicar melhor, assim como as alegorias e parábolas no ensino religioso ou na transmissão da palavra sagrada.

[**Palavra sagrada**]

Parábola do Semeador

Mateus 13.5-8

Naquele dia, saindo Jesus de casa, sentou-se à beira-mar. Em torno dele reuniu-se uma grande multidão. Por isso, entrou num barco e sentou-se enquanto a multidão estava em pé na praia. E disse-lhes muitas coisas em parábolas:
"Eis que o semeador saiu a semear. E ao semear, uma parte da semente caiu à beira do caminho e as aves vieram e a comeram. Outra parte caiu em lugares pedregosos, onde não havia muita terra. Logo brotou, porque a terra era pouco profunda. Mas, ao surgir o sol, queimou-se e, por não ter raiz, secou. Outra ainda, caiu entre os espinhos. Os espinhos cresceram e a abafaram. Outra parte caiu em terra boa, e produziu fruto, uma cem, outra sessenta e outra trinta. Quem tem ouvidos, ouça!"
Aproximando-se os discípulos, perguntaram-lhe: "Por que lhes falas em parábolas?"
Jesus respondeu: "Porque a vós foi dado conhecer os mistérios do Reino dos Céus, mas a eles não (...) porque veem sem ver e ouvem sem ouvir nem entender.

Ouvi, portanto, a parábola do semeador.
Todo aquele que ouve a Palavra do Reino e não a entende, vem o Maligno e arrebata o que foi semeado no coração; **este é o que foi semeado à beira do caminho**. O que foi semeado em lugares pedregosos **é aquele que ouve a Palavra**, e a recebe imediatamente com alegria, **mas não tem raiz em si mesmo**, é de momento: quando surge uma tribulação ou uma perseguição por causa da Palavra, logo sucumbe. O que foi semeado entre os espinhos **é o que ouve a Palavra; mas** os cuidados do mundo e a sedução das riquezas sufocam a Palavra,

e ela se torna infrutífera. O que foi semeado em terra boa é aquele que ouve a Palavra e a entende. Esse dá fruto, produzindo à razão de cem, de sessenta, e de trinta."

[Críticas de filme]
"Este filme de vulgarização sobre a máquina humana, **que poderia causar um tédio mortal**, é um surpreendente caleidoscópio **sob a forma de uma história em quadrinhos que desperta uma bela convivência.**"

"... e o músico negro caindo sob as balas da polícia, vítima da lei dos brancos (...) **parece anunciar, na América, os milhões de mortos que cairão em busca de um equilíbrio jamais encontrado.**"

[Uma conversa entre um adulto e um adolescente: para explicar que na vida é necessário levar em conta os obstáculos e não crer que se ganhou antes de ter alcançado o objetivo]

É como quando você vai pela estrada. Você ultrapassa todo mundo, crê que é o mais rápido e depois, subitamente, entra num desvio sem saída e, no momento de voltar, os outros o ultrapassaram.

Observação:
Fatos concretos, cifras, um inventário ou uma lista de elementos podem servir para reforçar uma prova e constituem uma descrição pura, não narrativa.

2.2.4. A citação

Esse procedimento participa do fenômeno linguístico chamado discurso relatado.

A **citação** não terá, portanto, aqui, o sentido que o uso corrente lhe atribui com frequência, a saber: trazer ou relatar fatos, dados, precisões, cifras, detalhes para reforçar um argumento (como se diz: "citar os fatos", "citar as cifras", "citar os nomes", etc.). Esse sentido corresponde à categoria precedente da descrição.

A **citação** consiste em referir-se, o mais fielmente possível, (ou pelo menos dando uma impressão de exatidão) às emissões escritas ou orais de um outro locutor, diferente daquele que cita, para produzir na argumentação um efeito de autenticidade.

A **citação** funciona como uma fonte de verdade, testemunho de um dizer, de uma experiência, de um saber:

a) *de um dizer*: quando se refere às declarações de alguém, simplesmente para provar a veracidade de alguma coisa, para constatá-la, ou para destacar sua exatidão:

"O próprio ministro **disse que** os impostos iam baixar para algumas categorias de produtos. Eu não inventei nada!"

"Não, senhor, não me faça dizer o que eu não disse. **Eu disse que** haveria uma nova entrega de mercadorias 'daqui a alguns dias', **eu não disse** 'em dois dias'".

"– Mas **você disse** que ainda havia vagas!.
– Sim, é exatamente o que eu **disse**. Mas isso foi de manhã. Agora de tarde não há mais lugar."

b) *de uma experiência*: quando a citação se refere às declarações de alguém que testemunha o que viu ou ouviu:

> "Ricardo pode testemunhar. **Ele me disse ter visto** umas pessoas suspeitas saindo da loja naquela manhã."

> "– O que levou seu pai a afirmar que o apartamento é agradável?
> – **Ele disse que visitou o apartamento**."

> "– Por que você acha que querem cortar nossos créditos?
> – Porque **eu ouvi isso do próprio presidente, quando ele falou na reunião**."

c) *de um saber*: quando a **citação** relata uma proposta científica, ou emana de uma pessoa que representa autoridade.

No discurso científico, trata-se de citar os outros autores em relação aos quais se situa aquele que escreve um artigo ou um trabalho de teor argumentativo:

> **Texto:** Ducrot (1978b) ressalta a existência, na linguagem ordinária, de uma estratificação do dizer[3].

> "Após esta vitória, **eu poderei dizer como César** 'Vim, Vi, Venci'."

> **Observação:**
> A citação de máximas, provérbios e ditados é um modo de relatar um discurso que pertence ao "consenso social". Seu efeito de *autenticidade*, porém, é ambíguo, na medida em que o saber popular é ambíguo, pois a toda máxima ou provérbio citado pode-se opor uma outra máxima ou um outro provérbio:
> – Não é certo dizer que essas crianças são delinquentes porque são oriundas de famílias pobres. Você bem sabe que 'pobreza não é vício'.
> – Talvez, mas você também sabe, como eu, que 'a miséria é a mãe de todos os vícios'.
> Assim, esse gênero de citação tem fins estratégicos semelhantes aos *efeitos de evidência* e *de ofuscamento* da *definição*."

2.2.5. A acumulação

Esse procedimento consiste em utilizar vários argumentos para servir a uma mesma prova. Isso pode ser feito por:

a) *uma simples acumulação* (que pode parecer suspeita quando se trata de uma desculpa):

> "Desculpe-me, eu estou atrasado **porque** o telefone tocou justamente antes de eu sair, e **depois** eu fiquei imprensado, numa rua, por um caminhão que descarregava, e **depois** fiquei rodando por dez minutos para encontrar um lugar."

b) *uma gradação*

> "Ele **não somente** quebrou sua promessa de não intervir no negócio para deixar o campo livre para meu cunhado, **como também** o impediu de agir através de intermediários."

c) *uma (falsa) tautologia*

> "É assim porque é assim."

---

[3] Cf. Koch, Ingedore. *Argumentação e linguagem*. São Paulo: Cortez, 1987. p. 25.

"Eu sou eu, e ele é ele. Eu faço isto porque sou eu, e ele faz de outra forma porque é ele."
"A vida vai como vai, porque é a vida."

Observa-se que esse procedimento é, de alguma forma, uma recusa em argumentar, pois o que se faz, no caso, é impor uma evidência ou uma autenticidade que tem valor de verdade.

2.2.6. O questionamento

Esse procedimento consiste em colocar em questão uma Proposta cuja realização depende da resposta (real ou suposta) do interlocutor.

O **questionamento** tem valor argumentativo correspondente a um tipo de validação hipotética: "Será que...? (então)..." equivale a: "Se..., então..."

"Será que você colocou pilhas no rádio? Senão ele não vai funcionar."

(Se você não colocou pilhas no rádio, então o rádio não vai funcionar).

O *questionamento argumentativo* pode ter diferentes visadas:

a) *de incitação a fazer*:

A questão coloca em evidência uma carência, uma insuficiência, e solicita o preenchimento dessa carência:

"Você diz que não compreende a hostilidade do proprietário da casa diante da jovem, mas será que você não consegue lembrar-se de um incidente ocorrido, no passado, entre as duas famílias?!"

(Se você tivesse voltado ao passado ..., você teria compreendido).

"Você se lamenta o tempo todo. Você quer receber o adiantamento. Então valorize o seu trabalho, ou trabalhe mais."

(Se você trabalhar mais, receberá o adiantamento)

b) *de proposta de uma escolha*:

A questão corresponde a uma oferta que é feita ao interlocutor. Da sua resposta, isto é, da escolha que ele terá feito, dependerá, ao mesmo tempo, a realização da oferta e daquilo que se acha expresso na consequência:

"André, será que você estaria pronto para partir como Conselheiro Cultural para o México? Eu o coloco na lista."

"Senhor William, será que isto o tentaria a ir viver no interior? Eu lhe dou uma promoção."

c) *de verificação do Saber*:

Quando os dois interlocutores se encontram numa situação de troca polêmica (debate, discussão face a face), o questionamento argumentativo permite ao questionador mostrar que *ele sabe* e assegurar eventualmente sua *superioridade* sobre aquele que é questionado. Da resposta, boa ou má, dependerá a sanção positiva ou negativa:

"Você pede dois anfiteatros a mais, mas você sabe, ao menos, qual é o montante de nossa verba de custeio?"

(Resposta: **sim**, então seu pedido é inócuo; **não**, então se informe antes de pedir.)

Observações:

1. Sabe-se que esse procedimento é frequentemente utilizado no corpo a corpo político:

   a) Se o questionado responde a uma *verificação de saber*, ele permanece sob o domínio daquele que teve a iniciativa da pergunta, como um aluno diante do professor.

   b) Se ele se recusa a responder, a dúvida se instala quanto ao seu saber.

   c) Outra estratégia: o questionado pode retornar a pergunta, isto é, responder perguntando ao questionador do mesmo modo: "E você, será que você sabe?" Essa estratégia não nos diz se o primeiro questionado sabe, mas ela tem a vantagem de reverter a relação de força, e a sequência da discussão dependerá da habilidade dos participantes em evitar essas inversões sucessivas de posição.

   d) Enfim, resta a possibilidade, para o questionado, de colocar em evidência que a situação de troca não é de dominante para dominado, e que o questionador não tem o estatuto que justifique o papel que ele se dá. O questionado pode colocar em discussão esse estatuto por um: "Quem é você para me fazer tal pergunta?", ou "Você não é aquele que acredita que é para me fazer tal pergunta", ou ainda "Eu não tenho de responder a alguém que não tem estatura suficiente (ou adequada) para fazer tal pergunta."

2. Em toda situação de ensino, considera-se que o questionador é conhecedor da resposta (ele tem o saber). Ele está, portanto, em posição dominante diante do questionado. Essa posição é, aliás, reforçada pela existência de uma sanção natural (o aprendiz toma consciência de seu saber) ou institucional: a nota.

d) *de provocação*:

O questionamento comporta uma apreciação sobre o questionado, colocando-o em causa. Para "proteger sua face" este é instado a responder. Essa resposta pode consistir em uma rejeição pura e simples da apreciação, ou em uma justificativa.

Esse tipo de questionamento é frequentemente utilizado nas entrevistas, quando o entrevistador quer provocar uma reação no entrevistado, sob diferentes formas:

• "Você é um grande preguiçoso, não?"
• "Será que é verdade que você é um grande preguiçoso?"
• "Diz-se que você é um grande preguiçoso. Isso é verdade?"

Observe-se que a apreciação pode ser particularmente elogiosa, o que pode ter como efeito embaraçar o entrevistado e conduzi-lo a responder com modéstia.

"– Mas, você é um grande músico, não?

– Oh, você sabe, eu não faço nada mais do que explorar os dons que a natureza me deu."

e) *de denegação*:

O questionamento consiste em propor um argumento que é rejeitado antecipadamente, ao mesmo tempo em que é feita a pergunta:

"Por que eu deveria me cansar para ir procurar clientes, se os clientes chegam sozinhos?"

"Será que vale a pena mandar consertar o secador, se custará mais caro que comprar um novo?"

"É mesmo necessário equipar-se de material sofisticado se (enquanto, já que) nós não temos ninguém competente para fazê-lo funcionar?"

2.3. Procedimentos de composição

Os procedimentos de composição podem ser usados quando o sujeito tem a possibilidade de construir sua argumentação em texto oral ou escrito.

Esses procedimentos consistem em repartir, distribuir, hierarquizar os elementos do processo argumentativo ao longo do texto, de modo a facilitar a localização das diferentes articulações do raciocínio (composição linear), ou a compreensão das conclusões da argumentação (composição classificatória).

2.3.1. A composição linear

A composição linear consiste em programar os argumentos segundo uma certa cronologia, acompanhada de um jogo de vai e vem entre seus diferentes momentos e de uma pontuação dos tempos fortes da argumentação:

a) *As etapas da argumentação*

Não se deve confundir esse procedimento com a tradicional composição escolar que se divide em: introdução, tese (articulação), antítese, conclusão. Trata-se, aqui, da organização interna de uma argumentação que pode coincidir com o texto todo (o texto exclusivamente argumentativo), ou somente representar uma parte desse texto.

Trata-se, aqui, de uma sucessão em três etapas: começo, transição e fim.

• **começo:** Trata-se de expor os elementos da Proposta e da Proposição, seja diretamente seja com a ajuda de marcas como:

> • "**Começaremos** por..."
> • "Observemos **inicialmente**..."
> • "Consideremos para **começar**..."
> • "**Gostaríamos de focalizar** nesta exposição..."

ou como se faz frequentemente no discurso matemático escolar:

> • "**Seja** um triângulo tal que..."
> • "**Examinemos** a equação seguinte..."
> • "**Suponhamos (postulemos, determinemos)** que..."

• **transição:** Trata-se de passar de um momento da argumentação a um outro, seja ao interior de um mesmo modo de raciocínio, seja para propor inserções. Isto se faz, na maior parte do tempo, com a ajuda de certas marcas como:

> • "Acabamos de ver..., **vejamos agora**..."
> • "Após essa breve análise, seguida de uma recapitulação de..., **passemos então**..."
> • "Antes de ir adiante, me parece necessário..."
> • "Resta mostrar que..."
> • "Mas, não é tudo, pois ainda falta provar que..."
> • "Ei-nos agora diante de um dilema que é necessário tentar resolver"
> • "A segunda questão que me propus a responder é a seguinte..."
> • "Minha terceira observação será de bom senso..."

• **fim**: Trata-se de apresentar ou de anunciar o último momento da argumentação, ou de uma parte dela (que não coincide necessariamente com a conclusão da Proposta):

> • "**Terminemos por** (em, sobre)..."
> • "**É patente que** (produz-se, verifica-se), portanto, ..."
> • "Podemos, portanto, **concluir** que..."
> • "**Compreende-se agora** porque..."
> • "**Somos agora capazes de responder** à pergunta feita no início dessa exposição"
> • "**Ao término dessa** demonstração, vê-se que..."

b) *O vai e vem*

Esse procedimento consiste em *retomar* certos momentos do desenvolvimento argumentativo ou *anunciar* outros para melhor captar o conjunto da argumentação:

• **Retomadas:**

> • "Segundo nossa **hipótese inicial**..."
> • "**Lembremos** que foi colocado..."
> • "**Como já vimos acima**..."

• *os tempos do passado:* **vimos, determinamos, mostramos.**

• *os demonstrativos que marcam a proximidade daquilo que é retomado:* **essa hipótese, esse texto, esse argumento.**

• *os indicadores de espaço:* **logo adiante, anteriormente, acima.**

• *os indicadores de tempo:* **antigamente, daqui a pouco, no início, naquele instante.**

• **Anúncios:**

> • "Como **veremos mais tarde**..."
> • "Ver **abaixo, logo adiante, mais longe**"
> • "**Voltaremos** a esse assunto **daqui a pouco**"
> • "**Examinaremos** esse problema **quando abordarmos**..."

A linguagem jurídica, em seus textos de lei, de decreto, de contrato utiliza-se de numerosas marcas de referência: **em seguida, abaixo, acima; acima designado, acima enunciado, supracitado, precitado.**

> "**De acordo** com a lei nº (referência) do (data) sobre (domínio)..."
> "**De acordo** com o código penal, artigo nº..."
> "*...é considerado como abusivo no sentido da alínea 1 do artigo (nº) **da lei citada acima**...*"

c) *Os tempos fortes*

Esse procedimento consiste em sublinhar certos momentos do desenvolvimento argumentativo para estabelecer uma hierarquia nos argumentos, imprimir um certo ritmo a uma argumentação um pouco longa e, por conseguinte, despertar a atenção do locutor ou do ouvinte.

- "É preciso **ressaltar** que..."
- "Eu **chamo sua atenção particularmente** para este ponto."
- "Este quadro **coloca em relevo** a diferença que existe entre..."
- "Este aspecto é **digno de interesse**"
- "Um outro ponto **merece atenção**..."
- "Assim sendo, **evitemos (tenhamos cuidado em não) confundir**..."
- "**Não poderíamos deixar** de destacar..."
- "**Reconheçam** que esse ponto é **surpreendente** e que..."
- "Aqui, **convém fazer uma observação**..."
- "**Notemos (precisemos, mencionemos)** que..."

Evidentemente, encontrar-se-á de modo frequente, com essa finalidade, *adjetivos* e *advérbios* como: **essencial** (essencialmente), **principal** (principalmente), **particular** (particularmente), **importante** etc.; *marcas de realce*: não é ..., mas sim...; *de distribuição e de anúncio* de uma lista de argumentos: de uma parte..., de outra parte..., de outra parte ainda..., enfim; seja..., seja...; por um lado..., por outro; etc.

> **Observação:**
> Esses procedimentos de composição podem aplicar-se à totalidade de um texto.
> É o caso, por exemplo, em que se aconselha o seguinte para a redação de uma tese:
> – **fazer uma introdução** expondo a problemática do trabalho, anunciando suas diferentes partes
> – **fazer um balanço do momento histórico** da questão
> – **traçar os limites do campo** de estudo
> – **justificar a escolha** da posição teórica e dos instrumentos de análise
> – **apresentar o corpus** de estudo
> – **descrever os procedimentos** de análise
> – apresentar os resultados
> – **fazer uma conclusão** aberta

2.3.2. A composição classificatória

Também chamado de "taxonômico", esse procedimento consiste em retomar os diferentes argumentos, dados ou resultados de um texto argumentativo, apresentando-os de modo resumido:

– seja por uma reformulação mais condensada, mais sintética, que pode apresentar-se sob as formas de listas ou de inventários como as descritas no modo de organização descritivo;

– seja por quadros ou outras representações figuradas (diagramas, histogramas, esquemas, cartazes etc) como os apresentados no modo de organização descritivo.

Resumo dos procedimentos da encenação argumentativa.

1 – Os procedimentos semânticos	(a) Os domínios de avaliação	< de Verdade < Ético < Estético < Hedônico < Pragmático
	(b) Os valores	< domínios da Verdade, do Estético, do Ético, do Pragmático, do Hedônico
2 – Os procedimentos discursivos	(a) A definição	< de um ser < de um comportamento
	(b) A comparação	< por semelhança / dessemelhança (igualdade, proporção, extensão) < objetiva / subjetiva
	(c) A descrição narrativa	
	(d) A citação	< de um dizer < de uma experiência < de um saber
	(e) A acumulação	
	(f) O questionamento	< incitação a fazer < proposta de uma escolha < verificação de um saber < provocação < denegação
3 – Os procedimentos de composição	(a) A composição linear	< etapas < vai e vem < tempos fortes
	(b) A composição classificatória	< resumos, quadros, figuras

A organização taxonômica é frequentemente anunciada ou apresentada por marcas ou expressões como:

- "Resumindo (em resumo)..."
- "Gostaríamos de resumir nossa proposta, dizendo..."
- "Tentamos (procuramos)..."
- "Encontraremos o resumo (a síntese) de nossa descrição no quadro seguinte"
- "Remetemos à figura (ou diagrama) nº x (abaixo) para observar..."
- "Consultando o mapa em frente, encontraremos diferentes elementos abaixo expostos"

TEXTO

À guisa de ilustração dos procedimentos argumentativos apresentados, transcrevemos os inícios de parágrafos de uma conferência pronunciada no VI Congresso mundial do petróleo em Frankfurt em junho de 1963.

As referências entre parênteses (algarismo e letra) remetem aos diferentes procedimentos resumidos no quadro anterior. Deixamos ao leitor a função de descobrir, se o desejar, a subcategoria que corresponde à passagem assinalada:

> *Senhoras, Senhores,*
>
> *O fim do século acontecerá dentro de 37 anos. (...)*
>
> *Temos muita dificuldade em pensar que o tempo modificará profundamente a fisionomia de nossa indústria. (...)*
>
> ***A afirmação da influência dos progressos da ciência sobre os progressos da indústria tornou-se hoje uma verdade banal** (1a); mas, no período em que vivemos, alguma coisa está mudando, o que justifica **uma nova análise** (1a) do mecanismo pelo qual o progresso científico e a evolução industrial se associam. (...)*
>
> *A indústria do petróleo seria **fiel a sua tradição, participando dessa revolução** (1d) (...) **Procuraremos determinar mais adiante** (3a) algumas das manifestações que marcam o lugar que ela tomará (...)*
>
> *Para medir as mudanças que acontecerão até o ano 2000, **podemos retornar a 1926, ano a que nos referiremos várias vezes em seguida** (3a) (...).*
>
> *Essa **enumeração** (2e), por mais eloquente que seja, dá apenas uma pequena ideia do caminho que será percorrido pela ciência **no período entre 1963 e 2000** (2b) (...).*
>
> *A pesquisa científica torna-se – **não se deve esquecer que isso é recente** – (2a) uma função social (...).*
>
> *Isso porque **as atividades humanas** assemelham-se às espécies (2b): uma atividade humana deve **adaptar-se a seu meio** – ou envelhecer e decrescer (1a). **Sem dúvida** (3a) a agricultura estaria em posição mais elevada na escala de atividades humanas se tivesse procurado tirar maior partido dos progressos técnicos. **Talvez com isso** (3a) a indústria do carbono também estivesse mais florescente? **E observamos** (3a) que a indústria do petróleo não é mais, já há algum tempo, aquela que mais recorre às fontes da ciência. **É bom** (1a) que ela descubra que as relações entre a ciência e a indústria estão mudando de caráter (...).*

Não é mais possível deixar à própria sorte (1a) as relações entre o progresso científico e a evolução industrial que hoje se tornaram mais rápidas (...) **Mas como efetuar as grandes escolhas necessárias?**

* * * * *

Crítica dos princípios das técnicas existentes, destruição das ideias preconcebidas, exploração lógica das descobertas científicas recentes, utilização dos progressos técnicos nas disciplinas vizinhas, busca das consequências técnicas dos fatos econômicos novos (2e) *– são essas que deveriam ser as fontes das grandes modificações técnicas de nossa indústria. (...)*

O **quadro** *1 (3b) mostra algumas datas significativas da técnica petroleira. A curva* **da figura** *1 (3b) mostra os progressos da perfuração (...)*

É provável que diversos meios devam ser postos em ação simultaneamente:

– aumentar o esforço financeiro;

– tirar partido de todas as terras emersas;

– sondar o fundo dos oceanos;

– diminuir o preço da perfuração;

– aumentar a taxa de recuperação das reservas (2c), (3b), (...)

Também é possível *(3a) que os métodos de ausculteação da terra se enriqueçam nos próximos anos (...).*

O **ideal** *(3a) seria a descoberta de um fenômeno físico específico dos hidro-carboretos (...)*

Mas voltando à dura realidade *(3a) percebemos que a necessidade de perfurar continuará. (...)*

* * * * *

Seria vão deixar rolar nossas reflexões sobre o futuro da ciência e suas aplicações à evolução industrial sem nos lembrarmos de que **o objetivo último de todos esses progressos engenhosos é o homem (1a)***(...)*

Eis porque *(3a), cabe a nós, técnicos, (...)* **observar à nossa volta e imaginar o amanhã** *(1a) (...)*

Que o técnico **saia de seu laboratório, de sua sala de estudo, de sua fábrica** *(1a)* **Que ele se misture a seus semelhantes como o escravo recém-liberto e enriquecido do romance de Saint-Exupéry, que dilapidaria seu dinheiro em presentes para as crianças (2b).** *Não era absolutamente de dinheiro ou de liberdade que ele precisava para ser feliz.* **Deixemos falar o escritor (2d).**

"Faltavam-lhe as relações humanas que impedem a caminhada, lágrimas, adeuses, repreensões, alegrias, tudo o que um homem acaricia ou destrói cada vez que ele esboça um gesto, **esses mil laços que o prendem aos outros e o tornam pesado." (1a)**

* * *

(Tradução e adaptação: Angela M. S. Corrêa e Lúcia Helena Martins Gouvêa)

O autor

Patrick Charaudeau é um dos mais renomados especialistas em Análise do Discurso no mundo. Professor doutor de Ciências da Linguagem na Universidade Paris Nord, e diretor do CAD (Centre D´Analyse du Discours), tem como objeto de estudo os discursos sociais, particularmente os midiáticos. Autor de diversos artigos e livros de destaque, como *Dicionário de análise do discurso* (com Dominique Maingueneau), *Discurso político e Discurso das mídias*, todos publicado pela Editora Contexto.

As organizadoras

Aparecida Lino Pauliukonis – (CIAD-Rio). É doutora em Língua Portuguesa, professora associada de Língua Portuguesa da UFRJ. Atua na linha de pesquisa "Discurso e ensino de língua", sobre os processos enunciativos do discurso midiático. Coordena o Grupo de pesquisa CIAD-Rio (Círculo Interdisciplinar de Análise do Discurso) e desenvolve projeto integrado com pesquisadores da UFRJ, da UFF, da UERJ e do CAD (Universidade de Paris XIII). Além de várias publicações em livros e revistas da área, é coautora de *Ensino de gramática: descrição e uso*, publicado pela Contexto.

Ida Lucia Machado – (NAD-UFMG). Mestre e doutora em Letras, coordenou com o professor Patrick Charaudeau dois projetos no âmbito dos acordos Capes/Cofecub. Atualmente coordena um projeto de Análise do Discurso entre a UFMG e a Universidade de Paris XII. Realizou dois pós-doutorados em Análise do Discurso na França. É professora associada da UFMG. Tem experiência na graduação, na área de Literatura Francesa, e na pós-graduação, na área de Estudos Linguísticos, com ênfase em Teoria e Análise Linguística. Editou diversos livros sobre Análise do Discurso, criando a coleção do NAD/FALE/UFMG, laboratório do qual é também a fundadora e coordenadora.

Os tradutores

Angela Maria da Silva Corrêa – (CIAD-Rio). É doutora em Linguística pela UFRJ e professora do Programa de Pós-Graduação em Letras Neolatinas da Faculdade de Letras da mesma universidade. Tem diversos artigos e obras publicadas sobre Análise do Discurso. Traduziu o *Discurso das mídias*, de Patrick Charaudeau, publicado pela Editora Contexto.

Emilia Mendes – (NAD-UFMG). Mestre e doutora em Estudos Linguísticos-Análise do Discurso pela UFMG. Fez estágio doutoral na Universidade de Paris XIII sob a orientação do professor Patrick Charaudeau. Também é tradutora de artigos científicos para publicações especializadas.

Lilian Manes de Oliveira – (CIAD-Rio). Doutora em Língua Portuguesa pela UFRJ, é coordenadora do Curso de Especialização em Língua Portuguesa e Linguística da Universidade Estácio de Sá, da qual é professora titular de Língua Portuguesa. Professora aposentada do Colégio Pedro II. Pertence à Associação dos Professores de Francês.

Lúcia Helena Martins Gouvêa (CIAD-Rio) – Doutora em Língua Portuguesa pela UFRJ, é professora adjunta de Língua Portuguesa do Departamento de Letras Vernáculas da mesma universidade. Membro do Projeto Integrado CIAD-Rio e do Projeto PROADE, possui vários trabalhos publicados nas áreas de Discurso, Semântica Argumentativa, Sujeito da Enunciação e Construções Concessivas.

Marcio Venicio Barbosa – (NAD-UFMG). É professor de Língua e Literatura Francesa na UFRN e doutor em Literatura Comparada pela UFMG. Atualmente é presidente da Federação Brasileira de Professores de Francês e membro de outros organismos internacionais ligados ao ensino de francês.

Norma Cristina Guimarães Braga – (CIAD-Rio). Mestre e doutoranda em Literatura Francesa pela UFRJ, é professora da Aliança Francesa no Rio de Janeiro e tradutora em língua francesa.

Rosane Santos Mauro Monnerat – (CIAD-Rio). É doutora em Língua Portuguesa pela UFRJ. Professora associada de Língua Portuguesa do Departamento de Letras Clássicas e Vernáculas da UFF, onde também coordena a subárea de Língua Portuguesa da pós-graduação. Suas pesquisas versam sobre Linguística do Texto, Linguística Aplicada ao ensino de Língua Materna e Análise do Discurso. Possui vários trabalhos publicados nessas áreas de interesse.

GRÁFICA PAYM
Tel. [11] 4392-3344
paym@graficapaym.com.br